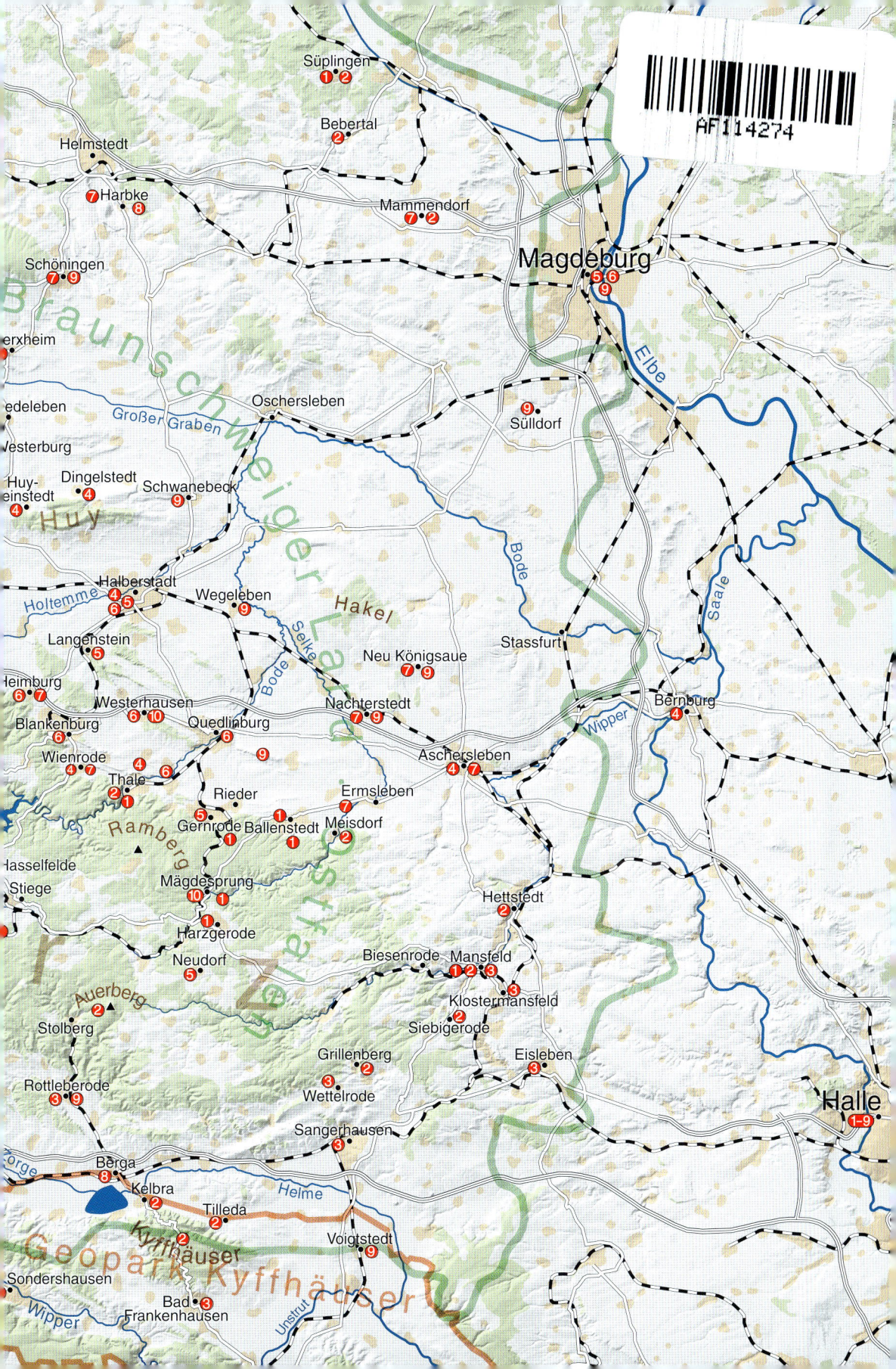

Bibliografische Information der Deutschen Nationalbibliothek

Die Deutsche Nationalbibliothek verzeichnet diese Publikation in der Deutschen Nationalbibliografie; detaillierte bibliografische Daten sind im Internet über http://dnb.dnb.de abrufbar.

Titelbild

Der Umgang mit alten Baustoffen ist immer eine Herzensangelegenheit. Das bestätigt auch die vor einigen Jahren erneuerte Umfassungsmauer der Burg Arnstein westlich von Hettstedt. Inmitten von Bruchsteinen aus Zechsteinkalk beleuchtet die Morgensonne ein herzförmiges Geröll aus Rotliegend-Sandstein. Beide Komponenten entstanden unter trocken-heißen Klimaverhältnissen, als sich der Harz noch in Äquatornähe aufhielt.

Vorderer Innenumschlag und Seite 1

Topografische Übersichtskarte 1 : 460 000
Die mit Zahlen versehenen Punkte verweisen auf die jeweiligen Kapitel des Buches. Sie bezeichnen die Herkunftsorte abgebildeter Objekte, Positionen von Fotomotiven und die empfohlenen Exkursionsziele.

Hinterer Innenumschlag und Seite 192

Geologische Karte 1 : 460 000.

Rückseite

Eisbehang auf dem Brockengipfel – wie lange noch?
Die Wetterstation Brocken registrierte seit Anfang des 20. Jahrhunderts einen Anstieg der jährlichen Durchschnittstemperaturen von 2 °C zu gegenwärtig 4,3 °C. Von diesem Trend sind auch die umliegenden Höhen betroffen. Dort schrumpfte die von Natur aus schneesichere Saison von fünf Monaten auf nur wenige Wochen im Jahr. Weiße Weihnachten und verschneite Ostertage geraten in den unteren Gebirgslagen zu Glückstreffern.

Copyright © 2017 by Verlag Dr. Friedrich Pfeil, München

Dieses Werk ist urheberrechtlich geschützt.
Jede Art der Vervielfältigung und Weitergabe,
auch auszugsweise und in elektronischer Form, insbesondere im Internet,
bedarf der ausdrücklichen Genehmigung durch den Verlag.

Druckvorstufe: Verlag Dr. Friedrich Pfeil, München
Druck: PBtisk a.s., Příbram I – Balonka
Printed in the European Union
ISBN 978-3-89937-126-0
1. Auflage Dezember 2010
2., verbesserte Auflage Oktober 2017

Verlag Dr. Friedrich Pfeil, Wolfratshauser Straße 27, 81379 München
Tel.: +49 89 5528600-0 – Fax: +49 89 5528600-4 – E-Mail: info@pfeil-verlag.de – www.pfeil-verlag.de

Wanderungen in die Erdgeschichte

28

Wackersteine, Wald und Wüste
– unterwegs im Harz –

Hartmut Knappe

2., verbesserte Auflage

Erster Band zur Geologie des Harzes

309 Abbildungen
Topografische Übersichtskarte 1:460 000
Stratigrafische Tabelle
Geologische Karte 1:460 000

Verlag Dr. Friedrich Pfeil · München 2017

Inhalt

Das gebirgige Tagebuch	6
Dank	7
1. Wanderung der Wackersteine	9
2. Ausflug ins Vulkangebirge	24
3. Der Chinabaum vom Inselwald	47
4. Kaviar aus der roten Wüste	59
5. Vitamine für die Saurier	71
6. Amerika lässt grüßen	85
7. Als noch Gold vom Baume tropfte	101
8. Blätterfall und Willifant	133
9. Das Einhorn und sein scharfer Zahn	144
10. Der Harz mit seinen Grenzen	168
Quellenverzeichnis	185
Schriften	185
Karten und Tabellen	187
Mündliche Mitteilungen	187
Abbildungsnachweis	188
Geologische Tabellen und geologische Karte	189

Unerwartet schnell war die Erstauflage dieses Buches vergriffen. Verlag und Autor haben sich deshalb für die überarbeitete Nachauflage entschieden, kenntlich gemacht durch das ausgetauschte Titelbild. Diesem nunmehr ersten Band zur Geologie des Harzes werden drei weitere folgen. Zeitgleich zum vorliegenden Nachdruck erscheint der zweite Teil "Forellen auf der Autobahn – unterwegs im Harz" als Band 34 in der Reihe "Wanderungen in die Erdgeschichte".

Das gebirgige Tagebuch

Dort, wo Norddeutschland aufhört und Mitteldeutschland beginnt, erhebt sich der Harz. Die Insel aus Berg und Wald ist beliebt. Sie lädt ein zum Wandern oder Radfahren und hat als Kernland deutscher Kaiser für Geschichtsinteressierte einiges zu bieten. Gleich zweimal gibt es hier Sehenswürdigkeiten, die zum UNESCO-Weltkulturerbe zählen. Wie aber sieht es aus mit Ferien am Palmenstrand – Sonne, Süden, Segeln? Bitteschön, auch das ist kein Problem am Fuße des Brockens. Allerdings mit einer gewissen Einschränkung: nicht heutzutage, sondern ziemlich lange vor unserer Zeit wären solche Angebote durchaus ernst gemeint. Als einst die Nordsee eine Südsee war und den Harz umspülte, gab es hier so manche Traumlandschaft mit Stränden wie am Mittelmeer, aber auch den Wüstenhauch im Hinterland. Ist das alles für immer vorbei?

Vielleicht hat der Harz auf diese Frage längst gewartet und deshalb frühzeitig ein Tagebuch angelegt. Beim ersten Blick ist die in Stein verfasste Aufzeichnung noch unverständlich. Aber mit etwas Phantasie und kriminalistischem Gespür gelangt man bald hinter ihr Geheimnis. Korallenskelette oder Haifischzähne sind die Schriftzeichen vormaliger Meeresfluten, rostrote Felsen künden von heißer Wüstenzeit, versteinerte Palmenblätter kannten regenreiches Tropenklima. Darüber hinaus wissen die fossilen Dokumente noch Erstaunliches von den »Weltreisen« des Brockens zu berichten. Als Teil eines uralten Kontinents pflegte er enge Beziehungen zu Afrika und war Amerika sehr verbunden.

Einige Seiten des versteinerten Tagebuchs sind in erstaunlich gutem Zustand. Von anderen dagegen blieb nur ein verwitterter Rest. Vor gut 360 Millionen Jahren wurden die ersten Notizen über den Wald angelegt, in Fortsetzungen bis heute. Wohl nirgendwo sonst auf der Erde konnten die Überbleibsel urzeitlicher Pflanzenwelt und anderer Klimazeugen in so einer Fülle überdauern wie im vergleichsweise kleinen Harzgebiet. Durch die Erosion und den Einsatz von Hacke, Bagger und Sprengstoff gelangten sie wieder ans Tageslicht.

Einst hatten Sand und Ton die Fragmente ehemaliger Gewächse überdeckt und so vor dem zersetzenden Luftzutritt bewahrt. Im gebirgigen Tagebuch ist vermerkt, wie einst der Wind die Baumwipfel zauste, wie vulkanischer Staub Urwaldbäume begrub, wie donnernde Brandung hohen Küstenwald verschlang oder wie in schlammiger Tiefe aus Holz und Blättern Kohle entstand. Zahlreiche Wurzelstöcke markieren einstige Bodenhorizonte von Sandstrand und Moor.

Die unterirdische Pressung durch gebirgsbildende Kräfte ließ die versunkenen Waldüberbleibsel eins werden mit ihrer steinernen Umgebung. Klebstoff aus allerlei Mineralien hat die Aufzeichnungen säuberlich eingebunden. So ist ein Dokument von beachtlichem Gewicht entstanden. Leider scheitert seine Ausleihe an der räumlichen Fülle. Doch Tagebuch und Lesesaal sind groß genug. Man kann darin herumfahren – im Harz und in seinem Vorland.

Auch wenn die Wege einmal etwas länger werden – zurück geht es auch ohne Landkarte und Navigationsgerät. Stets bietet sich der Brocken als Orientierungshilfe an. Dafür bekommt er in jedem der zehn folgenden Kapitel Gelegenheit zur Berichterstattung, ebenso wie Waldgeschichte und Gesteinsbildung. Schließlich zeigt der Blick über den regionalen Tellerrand, dass sich der Harz bisher gut in der Welt zurechtgefunden hat. Er lädt zum Besuch ein, und wer dabei noch sucht, der kann auch finden.

Dazu bietet sich – neben den jedem Kapitel beigefügten Exkursionszielen – auch die Ausstellung »Der versteinerte Klimawandel« als ergänzende Informationsmöglichkeit an. Vom Nationalpark Harz veranlasst, ist sie seit Dezember 2008 im Brockenhaus zu sehen (www.brockenmuseum.de). Die meisten der dortigen Ausstellungsobjekte haben es als Bildvorlagen in dieses Buch geschafft. Etliche von ihnen warteten schon Jahrzehnte auf neugierige Betrachter; einige der schönsten Exponate wurden erst vor kurzem entdeckt.

Viele der alten Fundstellen verschwanden im Laufe der Zeit, doch andere kamen durch Tiefbauarbeiten oder Rohstoffgewinnung hinzu. Um dort zu suchen und vielleicht zu finden, bedarf es zumeist einer Genehmigung. Stets sind freundliche Anfragen der beste Schlüssel zum Betreten solcher Flächen. Der Besuch von Betrieben der Steine- und Erdenindustrie setzt aus Sicherheitsgründen einen höheren organisatorischen Aufwand voraus. Schutzhelm und festes Schuhwerk sind nicht nur hier Bedingung. Beide sollten ohnehin zur Grundausstattung beim Aufsuchen von Steinbrüchen gehören, selbst wenn diese längst stillgelegt wurden.

Manche der Aufschlüsse sind als Naturschutzobjekt gekennzeichnet, andere gelten als bedeutsame Geotope. In solchen Fällen ist beim Schürfen Zurückhaltung geboten.

Weitere Informationen zu den in der Übersichtskarte ausgewählten Ortschaften, Fundstellen und Exkursionsrouten enthalten die Harzklubkarte »Wandern im Harz« 1 : 50 000 sowie die Geologischen Karten 1 : 100 000 vom Harz und der Region Braunschweig.

Touristisch aufbereitete Informationen zur Geologie des Harzes und seines Vorlandes bieten die Einrichtungen des GeoParks Harz/Braunschweiger Land/Ostfalen (www.harzregion.de/geopark/index.html) und der südlich angrenzende GeoPark Kyffhäuser (www.geopark-kyffhaeuser.com).

Ergänzende Auskünfte erteilen die Umweltämter der Landkreise und die (geologischen) Landesämter in Sachsen-Anhalt, Niedersachsen und Thüringen, die ein Geotopkataster angelegt haben:
www.sachsen-anhalt.de/LPSA/index.php?id=20869#
www.lbeg.niedersachsen.de/master/C42397317_N43720460_L20_D0_I31802357.html
www.tulg-lena.de

Wer sich vertieft mit geologischen Themen beschäftigen möchte, dem seien die Universitäten in Halle, Göttingen und Clausthal-Zellerfeld empfohlen:
Geowissenschaftliche Sammlung der Universität Halle-Wittenberg
(www.geologie.uni-halle.de/igw/.../hauschke.html)
Geowissenschaftliches Zentrum der Universität Göttingen (www.geobiologie.uni-goettingen.de)
Geo-Museum der technischen Universität Clausthal (www.geologie.tu-clausthal.de)

Abb. 1.
Oben: »Mägdesprung«, handkolorierter Kupferstich von W. DEEBLE.
Unten: »Die Jungfernbrücke«, handkolorierter Kupferstich von J. HINCHCLIFF.
Nach Zeichnungen von LUDWIG RICHTER, um 1840.

Der Maler LUDWIG RICHTER bereiste ab 1836 den östlichen Harz. Seine Zeichnungen fertigte er für die Reihe »Das malerische und romantische Deutschland« des Leipziger Verlegers GEORG WIEGAND an. In den Darstellungen von »Mägdesprung« und der »Jungfernbrücke« ziehen Holzsammlerinnen den Blick auf sich. Sie symbolisieren die damalige Brennstoffknappheit. Auch bemerkte der Künstler den erbärmlichen Waldzustand rund um die rauchende Eisenhütte Mägdesprung, wo neben dem Erz ausschließlich Holzkohle benötigt wurde. Als Folge des forstlichen Raubbaus bedeckte nur noch Krüppelholz die Berge ringsum. Wie weit wohl mussten die Holzsammlerinnen für ihr Bündel gelaufen sein? Heute grünt an jenen Pfaden dichter Wald, der teilweise zu den Naturschutzgebieten im Selke- und Bodetal gehört.

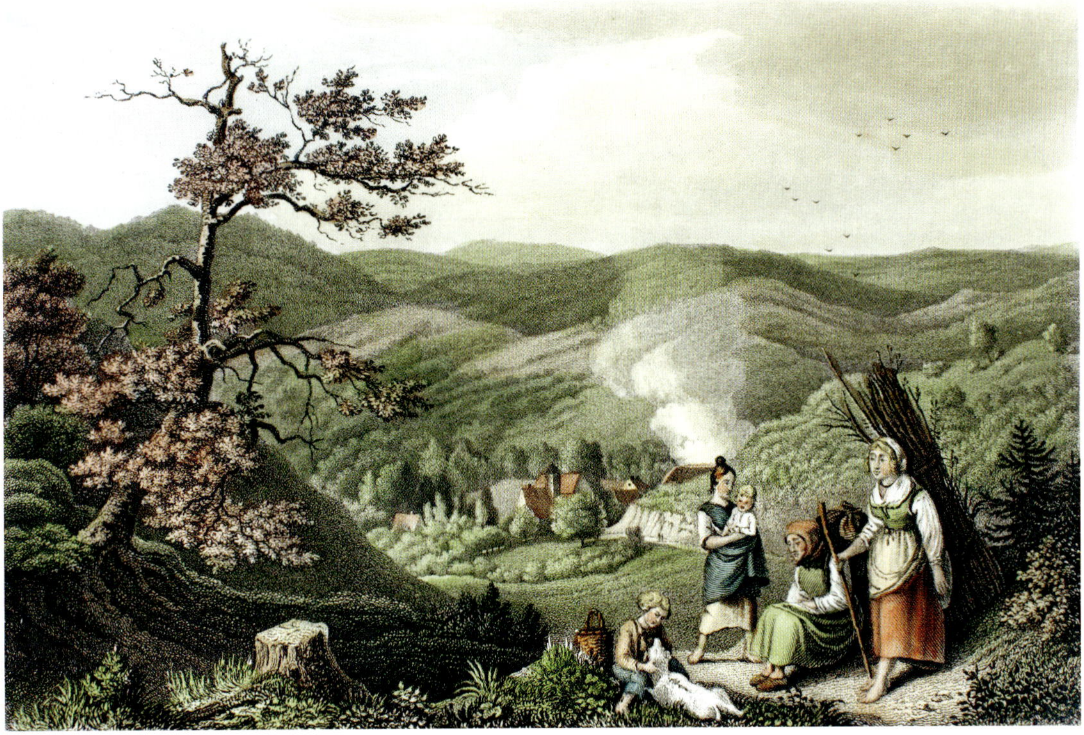

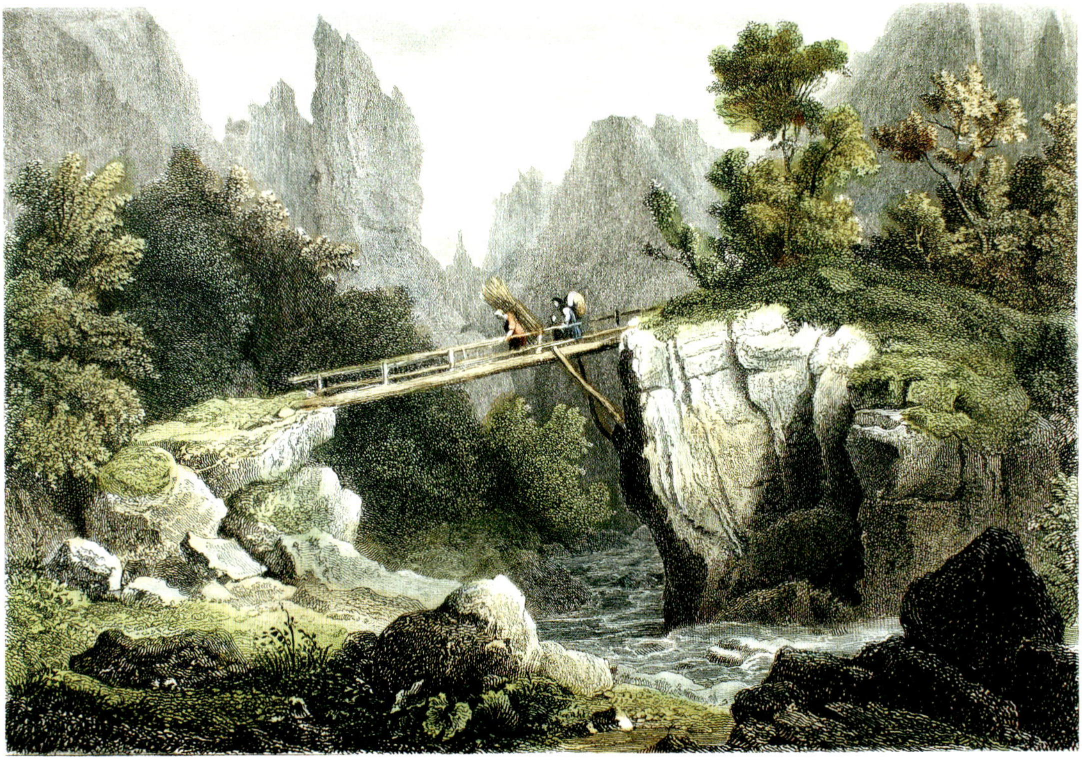

Dank

Vielen Dank
sage ich all denen, die zum Gelingen des Buches beigetragen haben.

Der am Anfang des Vorhabens ausgetragene Meinungsstreit über die Art und Weise der Darstellung fiel zugunsten der erzählenden Form aus. Vorlesefähig sollte der Text werden, nicht aber zur Vorlesung erstarren. Hinweise, Korrekturen und Ergänzungen von Freunden und Kollegen rundeten das Manuskript ab.

Es waren dabei:
MANFRED ALTERMANN (Halle), KLAUS CORNELIUS (Schöningen), ULRICH BERNER (Hannover), JOACHIM FRANZKE (Clausthal-Zellerfeld), JÜRGEN FUNKEL (Bad Frankenhausen), HELMUT GARLEB (Neustadt/Osterode), NORBERT HAUSCHKE (Halle), VERONIKA KARTHEUSER (Quedlinburg), FALK KEMPF (Wernigerode), ULRICH KISON (Quedlinburg), HENDRIK KLEIN (Neumarkt), FRIEDHART KNOLLE (Goslar), NILS KNÖTSCHKE (Rehburg-Loccum), LUTZ KUNZMANN (Dresden), JÖRG LANG (Hannover), JOACHIM LISCHKA (Bernburg), PAUL MEYER (Tilleda), EVELYN und DIETER OEMLER (Wernigerode), URSULA REULECKE (Wernigerode), WOLFRAM RICHTER (Göttingen), WALTER RIEGEL (Göttingen), JÖRG W. SCHNEIDER (Freiberg), HARTMUT SEYFRIED (Stuttgart), ROBERTO STAHN (Halberstadt), FRANK STEINGASS (Wernigerode), RÜDIGER STRUTZ (Elbingerode), KARL-ARMIN TRÖGER (Freiberg), FRANK TROSTHEIDE (Wolmirstedt), VOLKER WILDE (Frankfurt/M.), GISELA WITTE (Schöningen).

JOHANNA KNAPPE (Wernigerode), JENNY TREFS (Frankfurt/M.) und HELGA HENZE (Berlin) nahmen sich des orthografischen Feinschliffs an. Außerdem spürten sie Satzungetüme auf und meinten, dass der Text ohne Fachbegriffe lebendiger daherkommen würde.

BIRGIT KORSCH und STEFFI HOYER von der Harzbücherei Wernigerode waren emsig mit dem Ausschöpfen der Literaturquellen beschäftigt.

ALICIA LESNIKOWSKA (McGregor-Herbarium der Universität Kansas, USA) überließ mir schon vor etlichen Jahren Sammlungsdubletten aus dem Dakota-Sandstein. RONALD BLAKEY (Flagstaff, USA) stellte seine paläogeographischen Rekonstruktionen zur Verfügung.

Der Verein zur Förderung der Niedersächsischen Paläontologie e. V. und der Dinopark Münchehagen verhalfen dem Europasaurier im Harz zu neuem (Ausstellungs-)Leben.

Die Saurierspuren aus dem Kalksteintagebau Bernburg konnten sich durch das Entgegenkommen der Solvay Chemicals GmbH bis in das Manuskript hinein fortsetzen.

Ohne die logistische Unterstützung der E.ON Kraftwerke GmbH wären Strahlenaralie, Palmen und andere Fossilien der Tagebaue Helmstedt und Schöningen nicht entdeckt worden.

Den Anstoß für das Vorhaben gab STEFAN GROSSE (Clausthal-Zellerfeld), der mir in seiner Buchhandlung stets mit Augenzwinkern den freien Platz für allgemeinverständliche geologische Harzliteratur zeigte. Bedarfslücke hin, Manuskript her. FRIEDHART KNOLLE (Goslar) vermittelte den Kontakt zum Verlag Dr. Friedrich Pfeil, weil man dort von der Fülle erdgeschichtlicher Wanderziele im Harz wusste. Mit hohem Einfühlungsvermögen machte HUBERT HILPERT aus Text und Bild ein gestalterisches Kunstwerk. Er präsentiert hiermit die Ahnengalerie des Harzwaldes erstmals der Öffentlichkeit – und zwar von ihrer schönsten Seite.

Wanderung der Wackersteine

Wackersteine? Moment mal, die rumpelten und pumpelten doch im Bauch des bösen Wolfs aus dem Märchenland? Richtig! Aber auch das Ostharzer Städtchen Ballenstedt machte seine Erfahrung mit dem felsigen Material, allerdings auf wenig märchenhafte Weise. Die Geschichte begann an einem freundlichen Sommertag mitten im Jahr 1960. Im Krankenhaus oben am Waldrand herrschte schon emsige Betriebsamkeit. Etwas frische Morgenluft hätte manchem Patienten gut getan, doch an diesem Tag blieben die Fenster geschlossen. Man wusste, dass es gegen 10 Uhr wieder laut werden würde. Der nahe gelegene Grauwacke-Steinbruch am Hirschteich hatte, wie unzählige Male vorher, eine Sprengung angekündigt: Vorwarnung, Detonation, kurzes Erdbeben und Entwarnung. Danach konnten die Patienten wieder durchatmen. So war es üblich, über Jahrzehnte. Proteste der Ärzteschaft gegen den lärmenden Nachbarn verhallten wirkungslos. Doch jener Tag sollte nicht nur ihnen in Erinnerung bleiben. Zunächst lief alles ab wie gewohnt. Aber diesmal fehlte das dreimalige Abschlusssignal. Dafür regnete es. Nicht etwa Wassertropfen

Abb. 2. Schloss Ballenstedt mit Bauphasen aus dem 12. und 18. Jahrhundert, teilweise unter Verwendung von Grauwacke errichtet. Ansicht von 2008.

fielen vom Himmel, nein, Steine waren es. Fast faustgroße, scharfkantige Steine prasselten wie ein kräftiger Hagelschauer auf das Gelände des Krankenhauses. Was war passiert? Während bisher die Wirkung einer Sprengung annähernd abgeschätzt werden konnte, lief an diesem Tag offensichtlich etwas schief. Ein Fehlschuss hatte das Chaos angerichtet.

Pech für den Steinbruch – Glück für das Krankenhaus! Von nun an war's vorbei mit der dröhnenden Nachbarschaft, denn der Betrieb wurde stillgelegt. Die Fehlzündung beschleunigte die schon länger geplante Erschließung eines anderen Grauwackevorkommens. Der Steinbruch am Hirschteich wurde zum Lagerplatz, umgeben von steilen Klippen und Vorsprüngen. Jahr für Jahr erweiterte der Frost das von den Sprengungen gelockerte Gefüge. Bald schon zwängten sich erste Bäume in die Spalten, Felsbrocken stürzten krachend in die Tiefe. Vorerst war niemand an deren Geheimnis interessiert. Der Zufall, ein Freund vieler Entdeckungen, konnte warten.

Das Harzgestein kam einst aus Halle

Nicht nur bei Ballenstedt, auch an anderen Stellen des Harzes künden aufgegebene oder noch in Betrieb befindliche Steinbrüche vom hohen wirtschaftlichen Stellenwert der Grauwacke. Früher waren die Steine für Hausfundamente oder als Straßenpflaster begehrt. Gegenwärtig liefern die beiden Tagebaue bei Rieder und Stiege riesige Mengen an Schotter und Split vor allem für den Straßenbau und als Betonzuschlagstoff. Wegen ihrer Frostbeständigkeit schätzt der Wasserbau die größeren Brocken. In Drahtkäfige gepackt, sind sie sogar stapelbar. Inzwischen ist auch das Ende des Tagebaus im Eulenbachtal bei Rieder absehbar. Von der Planung eines neuen Steinbruchs südlich von Ballenstedt sind nicht alle Einwohner begeistert. Aber würde der wirklich die Touristen verjagen?

Grauwacke ist neben Tonschiefer das häufigste regional typische Gestein im Harz. Hiesige Bergleute prägten im 18. Jahrhundert diesen Namen, der nichts anderes bedeutet als »grauer Stein«. Vom Harz aus verbreitete sich die Bezeichnung in alle Welt. Auswanderer brachten sie nach Amerika. In englischsprachigen Fachbüchern heißt ein solches Gestein stets »graywacke«. Auch in China gibt

Abb. 3. Grauwacke unterschiedlicher Körnung als Straßenpflaster in Goslar, 2008.

es Grauwacke. Allerdings nennt man sie dort »verschiedenartiger Sandstein« und trifft damit genau ins Schwarze, besser gesagt: ins Graue.

Die Grauwacke ist tatsächlich ein Sandstein, allerdings ein sehr fester. Den Hauptbestandteil bilden Quarzkörnchen und feine Gesteinsbruchstücke. Daneben gibt es reichlich Feldspat. Eigentlich dürfte der wegen seiner magmatischen Herkunft nicht in einem Sedimentgestein vorkommen. Die Erklärung dafür, dass er es dennoch tut, liefert der Blick durchs Mikroskop. Die Feldspatkörnchen erweisen sich als Bruchstücke einstiger Kristalle. Gemeinsam mit anderem Gesteinsabrieb gelangten sie in die Grauwacke. Das Sandgemisch haben Flüsse in mehreren Etappen von weit her angeschwemmt. Nicht nur die Mitteldeutsche Kristallinschwelle im Südosten des Harzes wird als Sedimentlieferant angesehen, auch Uraltgebirge Südosteuropas und Nordafrikas. Die ältesten Frachten stammen aus dem Oberdevon vor 365, die jüngsten vor 325 Millionen Jahren. Dazwischen lag die Grauwackezeit.

Die Ursprungsgebiete des Grauwackesandes waren nicht nur der tektonischen Zerstückelung im Erdinneren ausgesetzt. Einmal freigelegt, machten sich Regen, Wind und Temperaturwechsel über die Felsen her. Der zerkrümelte Feldspat in der Grauwacke kann sich gut erinnern. Einst glitzerte er

Abb. 4. Die Verwitterung von Granit in der Arabischen Wüste erfolgt unter ähnlichen Klimabedingungen wie in Europa während der Grauwackenzeit; Hurghada (Ägypten), 2001.

in allerlei magmatisch entstandenen Felsen. Pech nur, dass diese irgendwann in das Mahlwerk eines heißen, überwiegend regenarmen Klimas gerieten. Während Mittagssonne das Gestein aufheizte, klirrte nächtliche Kälte dagegen. Tägliche Temperatursprünge um 50 °C waren an der Tagesordnung. Solche Schläge hielt der beste Feldspat im Granit oder Diorit nicht aus und zersprang zu sandigem Gebrösel. Ganze Bergmassive wurden auf diese Weise zerknackt. Zeit dafür gab es ja reichlich, über 40 Millionen Jahre.

Wenn auch die Trockenheit den klimatischen Rahmen bildete – ohne die kurzzeitigen Passatregen wäre der Erosionsschutt nicht in die Täler gelangt. Von dort spülten ihn saisonale Flüsse ins nahe Meer. Jeder Wolkenbruch brachte neuen Grauwackensand aus der Wüste heran.

Abb. 5. Grauwacke-Ablagerungen, bestehend aus kompakten Sandsteinbänken und dünnen Tonschiefer-Zwischenlagen; Jung'scher Steinbruch, Wildemann, 2008.

Dort, wo ein »Grauwackenfluss« in das Urmeer mündete, schüttete er allmählich ein gewaltiges Delta auf. Die nachlassende Fließgeschwindigkeit sortierte das Transportgut nach der Korngröße: zuerst den Kies, dann den Sand. Zuletzt wurde trüber Tonschlamm abgesetzt. Jeder Flussarm trug zur Vergrößerung des Schwemmlandes bei. In rhythmischer Folge entstanden mal meterdicke grobkörnige Sandsteinbänke, mal dünne feinkörnig-tonige Zwischenlagen. Schicht auf Schicht kam hinzu. Unter der Last nachfolgender Schüttungen verfestigte sich mit der Zeit die abgesetzte Fracht.

Kritisch wurde es, wenn sich der Meeresboden im Ablagerungsbereich nicht nur senkte, sondern zusätzlich neigte. Dann gerieten die »halbfertigen« Sedimentgesteine in bedrohliche Schieflage. Ein kleines Erdbeben, und schon lösten sich ganze Schichtkomplexe aus der Uferregion. Sie zischten als Trübströme wie Unterwasserlawinen kilometerweit in dunkle Meerestiefe, wo ihre gesamte Substanz vielfach neu sortiert wurde.

Nahezu alle Grauwacken können auf eine derartig bewegte Vergangenheit zurückblicken. Denjenigen aus der Umgebung von Ballenstedt und Ilfeld reichte das noch nicht. Fast schon waren sie zum richtigen Wackerstein verfestigt, als der gesamte Schichtverband auf Wanderschaft ging. Als flexible Tafel, über 500 Meter mächtig und mehrere Tausend Meter breit, rutschte er aus über 25 Kilometern Entfernung von Südosten heran. Keineswegs wurde diese Strecke an einem Tag zurückgelegt. Vielmehr näherte sich die Gesteinsdecke ihrer heutigen Position mit einer Geschwindigkeit von etwa zwei Zentimetern pro Jahr. Für die

Abb. 6. Grauwacke-Schlammstrom; Wildemann, 2008.

Abb. 7. Faltengebirgstektonik im Sinai; Eilat (Israel), 1999.

Bewegung sorgte allein das Eigengewicht auf der ständig weiter nach Nordwesten abtauchenden Unterlage. Weil touristische Erfolge mit allerlei Urkunden belohnt werden, müssten endlich auch die Grauwacken der Südharz- und Selkemulde die »Harzer Wandernadel« erhalten. Ihre Leistung in der Disziplin Ausdauerwandern ist anerkennenswert.

Doch nicht nur Grauwacken gingen seinerzeit an den Start. Unter den Teilnehmern befanden sich regelrechte Sprinter, zum Beispiel die ehemaligen Strandsande vom skandinavischen Gebirgsrand. Jene Fernwanderer sausten mit elegantem Schwung bis in die Untiefen des künftigen Harzes, wo sie später zum Acker-Bruchberg-Quarzit verfestigt wurden. Sehr ruppig ging es dagegen bei den Lastenträgern zu. Die schleppten unförmige Gewichte aus Kalkstein und Diabas mit, bisweilen größer als mehrstöckige Häuser. Einmal losgelassen, donnerten ihre Gesteinslawinen ungebremst von den untermeerischen Schwellen hinab in die Tiefsee, wo sie bei deren Ablagerungen großes Unheil anrichteten. Besonders den zukünftigen Ostharz brachten die Rutschmassen durcheinander. Mit dem Schneckenberg unweit von Harzgerode haben sich die Gleitschollen selbst ein Denkmal gesetzt.

Diese wenigen Episoden sind nur einige Beispiele für die spektakulären Begleiterscheinungen der ersten Harzer Gebirgsbildung, die aus Sand und Schlamm feste Gesteine formte. Das turbulente Geschehen konzentrierte sich für etwa 30 Millionen Jahre auf das Unterkarbon. Den erforderlichen Pressdruck zur Gesteinsbildung lieferte die damalige Kontinentaldrift, die gleichzeitig auch dem tektonischen Ofen kräftig einheizte. Wie eine gebirgige Planierraupe schob sich langsam von Südosten her eine Erdplatte heran und quetschte die mehrere tausend Meter mächtigen Meeresablagerungen zusammen. Die Schubgeschwindigkeit von vier Millimetern pro Jahr war nicht gerade atemberaubend. Dennoch wurden die einst horizontalen Ablagerungen auf etwa 40 Prozent ihrer ursprünglichen Erstreckung zusammengefaltet, gegeneinander verschoben und ineinander verpresst. Aus weichem Ton wurde dabei Tonschiefer, aus reinem Sand Quarzit und aus dem unsortierten Gemisch die Grauwacke.

Abb. 8. Plattentektonik und Gebirgsbildung im Modell: Sedimentschichten unterschiedlicher Färbung wurden auf einer schräg abtauchenden »Kontinentalplatte« haftend (links) gegen einen festen »Krustenteil« (rechts) bewegt. Bei zunehmender Einengung entwickelten sich aus anfänglichen Falten schuppenartige Strukturen. Jeder Verschuppungssprung würde in der Natur Erdbeben und Tsunamis auslösen sowie untermeerische Sedimentrutschungen hervorrufen. Das alles hat der Harz in seinen ersten Tagen erlebt. – Modellaufbau und Foto: Deutsches GeoForschungsZentrum Potsdam, 1999.

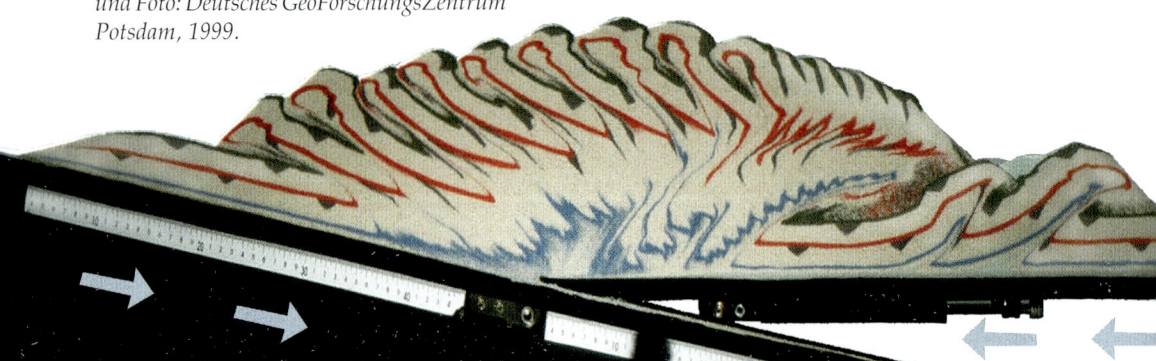

Abb. 9. Mulde einer Großfalte in Plattenschiefern der unterkarbonischen Grauwacken-Serie; Schulenberg, 2008.

Am intensivsten war die Schubkraft im südöstlichen Harz. Dort gerieten die Ablagerungen so chaotisch durcheinander, dass ihre Entstehung für lange Zeit ein geologisches Rätsel blieb. In einigen Abschnitten bereitet sie noch heute Kopfzerbrechen. Erst nach Nordwesten hin wurde der Gebirgsbau allmählich ruhiger. Der Faltungsvorgang glich einer durchlaufenden Laola-Welle. Das Prinzip kennt man aus dem Fußballstadion, wenn die Begeisterung auf- und wieder abschwingt. Nur, die gefalteten und verschieferten Harzgesteine konnten sich nicht einfach wieder setzen, sondern blieben dauerhaft eingeklemmt. Aber angenommen, die Faltendecke ließe sich irgendwie glätten, dann würde z. B. ihre Grauwackenkante bis nach Halle reichen.

Abb. 10. Kleinfaltung in Sedimenten der metamorphen Zone von Wippra, in der auch Grauwacken bei etwa 300 °C tektonisch verformt wurden; Klippmühle westlich von Mansfeld, 2007.

Abb. 11. *Korallenstock Phillipsastrea aus dem Elbingeröder Riff; Schmidtskopf, Elbingerode, 1986.*

Schon lange vor der ersten Grauwackenschüttung gab es bei Elbingerode und Bad Grund Korallenriffe im blauen Meer. Sie wuchsen auf allerlei Untiefen des Meeresbodens, weit entfernt von jeglichem, ihr Dasein störenden Sedimenteintrag. Ohne den Sicherheitsabstand von mehreren zehn Kilometern wären die Korallentierchen durch den feinen Tonschlamm zugrunde gegangen, der sonst weite Teile des Meeresbodens bedeckte. Auf den hoch aufragenden untermeerischen Vulkanpodesten hielten es die Riffbewohner etwa fünf Millionen Jahre aus. Alles, was sie zum Leben brauchten, war unbegrenzt verfügbar: lichtdurchflutetes, warmes, sauberes Wasser. Riffkorallen mochten es seit jeher behaglich und werden erst bei mittleren Meerwassertemperaturen um 27 °C sesshaft. Die fanden sie im Devon – wie übrigens auch heute noch – zwischen 30° nördlicher und 30° südlicher Breite. Daher steckt in jedem Stück Harzer Riffkalkstein ein tropischer Gruß aus der damaligen Südsee!

Gegensätzlicher konnten die marinen Lebensbedingungen damals nicht sein. Oben freundliche Helligkeit und unten die lichtlose Tiefe mit eigener Tierwelt. Schwefelhaltige Thermen entwichen den Rissen der Erdkruste, perlten in das dunkle Nichts oder waberten schwerfällig über den Meeresboden. Manche Bodenbewohner wussten sich von der schwarzen untermeerischen Brühe zu ernähren, für andere Lebewesen stellte sie das pure Gift dar. Dennoch, ohne dieses Gebräu aus dem Mitteldevon hätte es nicht das Silber, Kupfer und Zink des Rammelsberges von Goslar gegeben. Wären nicht bei Elbingerode und Lerbach riesige Mengen eisenhaltiger Lösungen herausgesprudelt und zu Erz umgewandelt abgesetzt worden, der Harz wäre nicht das geschichtsträchtige Kernland der deutschen Kaiser. Noch im Unterkarbon gurgelten Tiefseethermen vor sich hin und entließen ihre metallene Fracht auf den Meeresboden. Während die eisenreichen Minerale rötliche Farben bevorzugten, stellten die Manganerze von Elbingerode ihre Wandlungsfähigkeit vom tiefen Schwarz bis zum zarten Rosa unter Beweis.

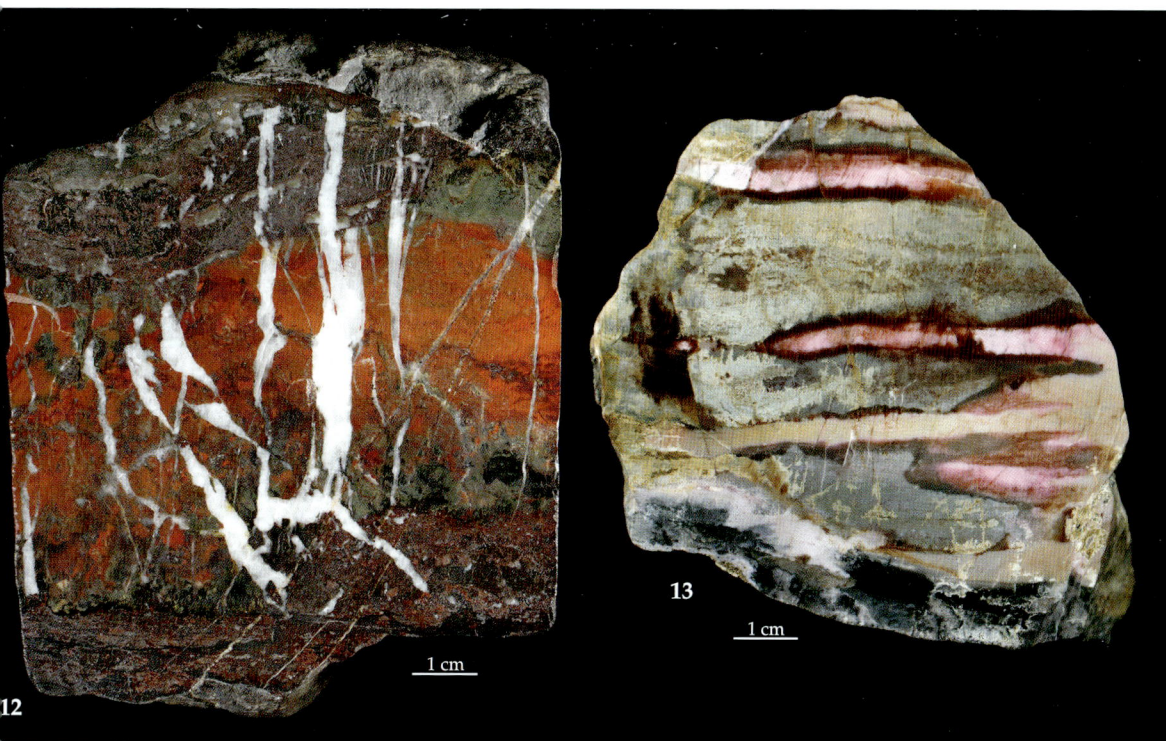

Abb. 12. Roteisenstein und Roteisenjaspis (Harzer Blutstein) mit späteren, durch Quarz »verheilten« Erdbebenrissen; Eisenerz vulkanisch-sedimentärer Herkunft vom Meeresboden des Mitteldevons; Hüttenrode, Bergwerk Braunesumpf, 1968.
Abb. 13. Rhodonit (Mangankieselerz, Himbeerspat); seltenes Erzmineral vulkanisch-sedimentärer Herkunft vom Meeresboden des Mitteldevons. Die wissenschaftliche Erstbeschreibung erfolgte 1819 anhand von Material aus dem damaligen Bergwerk im Schävenholz; Elbingerode, 1971.

Der Brocken hat noch etwas Zeit

Vom Brocken gibt es bisher noch keine Spur. Erst gegen Ende jener bewegungsaktiven Zeit schmolz der magmatische Ofen in 15 Kilometern Tiefe heruntergedrücktes Gestein mit neuer Rezeptur zusammen. Man kann gespannt sein, was davon in der Vulkanzeit des Harzes an die Oberfläche dringt und was als Granit stecken bleibt.

Ein Wald, verhängt mit Schnurgardinen

Zurück in den Steinbruch am Ballenstedter Hirschteich. Von der Steilwand waren irgendwann einige große Blöcke in die Tiefe gestürzt. Jahrzehntelang knabberte der Frost an ihnen herum, Sommerhitze lockerte das Gefüge. Im Frühjahr 2008 hatte sich der Zufall für die Freigabe des Geheimnisses entschieden. Dazu war tief stehendes Sonnenlicht bestellt. Das zeichnete linienhafte Schatten genau dort, wo der Spaltkeil an die Felsbrocken gesetzt werden musste. Ein paar behutsame Schläge, plopp, schon lag der Stein in zwei Hälften da und der Atem stockte. Unbeschreiblich der Anblick! Es war der größte zusammenhängende Fund von Pflanzenfossilien aus der Zeit des Oberdevons im Harz. Zwar wurden schon Jahre früher in diesem Steinbruch einige kärgliche Reste geborgen, doch die ergiebige Fundstelle blieb unentdeckt. Und nun das! Fast einen Quadratmeter maß die Schichtfläche mit den stabförmigen Überbleibseln. Auf den ersten Blick schien das Ganze eine Schüttung aus plattgedrückten schwarzen Makkaroni zu sein, serviert auf grauem Tablett. Die Rekonstruktion

des einstigen Geschehens vermittelt andere Vorstellungen. Vermutlich wurden die zumeist parallel angeordneten Zweigbruchstücke im Spülsaum eines stillen Gewässers abgelagert und von Sand zugeschwemmt. Ähnliches ist an heutigen Seen zu beobachten, wo Strandsäume aus wellensortierten Schilfbruchstücken keine Seltenheit sind.

Die Ballenstedter Bäume gehörten zu den urtümlichen Bärlappgewächsen und waren Vorläufer jener Siegelbäume, die zu den Baumriesen der Steinkohlenwälder im Oberkarbon zählten. Allerdings erreichte ihre Höhe gerade einmal 8 bis 10 Meter. Mehr vermutlich deshalb nicht, weil die Stämme außer der sehr stabilen Rinde nichts Festes zu bieten hatten. Sie schmückten sich mit einem symmetrisch verzweigten Astwerk, an dem spiralig angeordnete nadelartige Blättchen saßen. Die Aufgabelung der Äste begann mit der einfachen Teilung des Stammes und setzte sich, immer feiner werdend, bis in die letzten Zweigspitzen fort. Die langen, dünnen Zweige bogen sich unter ihrem Eigengewicht und hingen wie grüne Schnurgardinen von den Baumkronen herab. Am ausgefransten Saum solcher Überhänge baumelten zapfenförmige Sporenbehälter, die wie Blüten aussahen. Im Wurzelbereich vollzog sich die Aufteilung der vier Hauptausläufer nach dem gleichen Prinzip wie im oberirdischen Abschnitt.

Abb. 20. *Rekonstruktion des Gabelbaumes Cyclostigma hercynium in Gesellschaft mit Baumfarnen, Schachtelhalmen, Farnsamern und noch unzureichend erkannten Cordaiten. – Leicht verändert nach Meyers Konversationslexikon, 1897.*

Bei den Nachkommen dieser Pflanzenfamilie hat sich dieser urtümliche, einfach gegabelte Verzweigungstyp bis heute erhalten. Die Bärlappgewächse gehören zum Ältestenrat des Parlaments der lebenden Fossilien.

Schon etliche Jahrzehnte vor dem Ballenstedter Fund kamen ähnliche Pflanzenreste bei Tanne, Benzingerode, Bad Lauterberg, Clausthal, Wildemann und Lautenthal in Steinbrüchen zum Vorschein. Sie jedoch stammen aus Grauwacken, die um 20 bis 30 Millionen Jahre jünger sind. Während dieser Zeitspanne blieb die floristische Weiterentwicklung nicht untätig. Sie ergänzte die urtümliche Schachtelhalm-Vegetation durch neue Elemente. Das waren hauptsächlich Schuppenbäume, von denen eindrucksvolle Überreste überliefert wurden.

Manche von ihnen besaßen einen flaschenförmig ausgebeulten Stamm. Mit Hilfe solcher »Reservekanister« konnten sie saisonale Trockenperioden des tropischen Wechselklimas besser überdauern. Abgesehen von dieser anatomischen Besonderheit, scheint die damalige Vegetation recht formenarm

◁ Abb. 14. *Zweigreste des Gabelbaumes Cyclostigma hercynium; Ballenstedt, 2007.*
  Abb. 15. *Astgabel von Cyclostigma hercynium; Ballenstedt, 2007.*
  Abb. 16. *Ast von Cyclostigma hercynium; Bad Lauterberg, vor 1963.*
  Abb. 17. *Astbogen von Cyclostigma hercynium; Bad Lauterberg, 2008.*
  Abb. 18. *Zweigspitze von Cyclostigma hercynium; Ballenstedt, 2007.*
  Abb. 19. *Stammbasis von Cyclostigma hercynium; Bad Lauterberg, vor 1963.*

Abb. 21. Fast 400 Millionen Jahre Entwicklungsgeschichte liegt zwischen den heutigen Pflanzen des Harzes und ihren urzeitlichen Verwandten. Bei manchen scheint die Zeit stehen geblieben zu sein. a, Spross eines Psilophyten, Vorläufer der Farne, Bärlappe und Schachtelhalme; Glockenberg südwestlich von Goslar, 2014. b, Tannenbärlapp, ein lebendes Fossil aus dem Erdaltertum in der mitteleuropäischen Pflanzenwelt; nordwestlicher Brockenhang, 1990.

24a
24b gewesen zu sein. Doch hier trügt der Schein. Nur die stabilsten Pflanzenteile und einige Samenkapseln haben den rigiden Transport vom einstigen Lebensraum in den geologischen Vorratskeller überstanden. Die zartblättrige Flora dagegen hatte das Nachsehen im sandigen Mahlwerk der Sedimentströme.

Nach allen Informationen, die Fundobjekte und Gestein freigaben, war der damalige Wald ein ausgesprochener Feuchtbiotop. Er bestand nur aus Sporenpflanzen, die ohne ständige Verfügbarkeit von Wasser nicht für Nachwuchs hätten sorgen können. Auch das einfach gebaute Wurzel- und Wasserleitungssystem der Bäume war noch auf Dauernässe angewiesen. Die Wurzeln erreichten

Abb. 22. Schuppenbaum Lepidodendron, verdicktes Astsegment; Lautenthal, vor 1963. ▷
Abb. 23. Schuppenbaum Lepidodendron, Stammsegment; Lautenthal, vor 1963.
Abb. 24. Früchte von Farnsamern der Formengattung Trigonocarpus.
a, Deformierte Kapselfrucht, als Treibgut in unterkarbonischer Grauwacke eingeschlossen; Jung'scher Steinbruch südlich Wildemann, 2008.
b, Körperlich erhaltene Kapselfrucht aus einer unterkarbonischen Karstspalte im devonischen Riffkalkstein des Iberges; Tagebau Winterberg, Bad Grund, 2013.
Abb. 25. Schachtelhalm Calamites; Jung'scher Steinbruch Wildemann, 2008.

Abb. 26. Modellvorstellung von der Landschaft des mitteldeutschen Küstengebiets im Devon. Obwohl ungleich größer, könnte ein Fluss-Delta der Grauwacke-Zeit ähnlich ausgesehen haben wie der Schwemmfächer im Braunkohletagebau von Königsaue bei Aschersleben, 1987.

Bodentiefen von höchstens einem Meter. Daher blieb das Waldleben jener Zeit nur auf grundwassernahe Standorte wie Flussniederungen, Seeufer und Sumpfgebiete beschränkt. Außerhalb davon war das Land kahl. Nichts, aber auch gar nichts wuchs dort.

Die ersten Harzpflanzen siedelten vermutlich auf Sandbänken inmitten einer weitläufigen Wattlandschaft. Der Salzwassereinfluss scheint sie nicht gestört zu haben. Außer den gegabelten Sprossteilen und Wurzelfragmenten wurden auch Pollen und Sporen gefunden. Im unterdevonischen Kahlebergsandstein südlich von Goslar kam es stellenweise sogar zur Anreicherung von kohliger Substanz.

Der Harz und die Welt

Am Anfang der Grauwackenzeit, dem Devon, bestand die Landmasse von West- und Mitteleuropa noch aus mehreren Kleinkontinenten, die allerdings auf dem Weg zur Einheit waren. Nach den Ergebnissen zu urteilen, ging der Zusammenschluss keineswegs sanft vonstatten. Bis in 25 Kilometer Tiefe reichte das Gedränge und Geschiebe. Magma wurde emporgepresst. Vulkane wollten heraus.

Doch sie erhielten keine Gelegenheit, richtig loszulegen. Der hohe Wasserdruck verhinderte Eruptionen mit Dampf und Getöse. Deshalb konnten die Feuerspucker nur grollend ihre Lava auf dem Meeresboden ablegen. Glühenden Riesentropfen gleich perlte die Schmelze in die untermeerischen Senken und erstarrte zu rundlichen Gebilden, den Diabaskissen. Selbst nach dem Erkalten waren das keine Polster zum Ausruhen, denn die gebirgige Unruhe nahm beständig zu und übertrug sich bald auf die halbe Welt. Jetzt, im Unterkarbon, waren sich nicht nur plattentektonische Miniaturen, sondern Großkontinente ins Gehege gekommen. Von Strömungen im Erdinneren angetrieben, gingen Gondwana und Euramerika (Laurussia) aufeinander los. Erst nachdem sie sich so richtig ineinander verkeilt hatten, nahm das Stauchen und Pressen ein Ende. Wie von einem unterirdischen Fahrstuhl bewegt, tauchte bald darauf eine Inselkette aus dem Meer empor. Höher und höher strebte das neue Gebirge. Mit höchstens 2000 Meter blieb es zwar niedriger als die heutigen Alpen, wurde dafür aber deutlich länger und breiter. Die Bergkette markiert jene Nahtstelle, wo die Kontinentalplatten aneinanderstießen und zum nordamerikanisch-europäisch-asiatischen Großkontinent verschweißten. Der Harz ist ein charakteristisches Teilstück davon. Zur Taufe steuerte er die lateinische Version seines Namens bei: Herzynisches Gebirge. Zumindest heißt er in der wissenschaftlichen Weltliteratur so. In hiesigen Gefilden hält man noch am Zungenbrecher »Variszisches Gebirge« fest.

Wo aber lag das Ursprungsgebiet des kontinentübergreifenden Faltenbogens? Ausgeschilderte Wege dorthin gibt es nicht. Aber magnetische Partikel in vulkanischen Gesteinen geben die Richtung an. Beim Erstarren der Lava wurde ihre Orientierung fixiert. Mit derartig einkristallisierten »Kompassnadeln« lässt sich der Weg der heutigen europäisch-asiatischen Kontinentalplatte zurückverfolgen. Das Herzynische Gebirge entstand demnach in jenen Breiten, wo sich heute die Elefanten der afrikanischen Savanne tummeln.

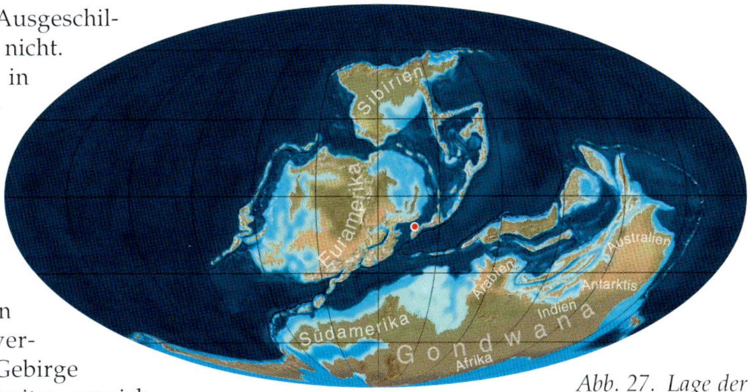

Abb. 27. *Lage der Kontinente und Position des Harzes im Oberdevon vor 370 Millionen Jahren.*

Über das trockenheiße Klima jener Zeit informierte ausführlich der Grauwacke-Feldspat. Fossile Riffkorallen zeigen tropische Wasserverhältnisse an. Beides gehörte in Äquatornähe zur Normalität. Aber gar eisfreie Polkappen? Wahrscheinlich war es während der Grauwackenzeit so warm, dass selbst in den kältesten Gegenden kaum Schnee fiel. Alle Indizien lassen eine durchschnittliche Lufttemperatur auf der Erde von 25 °C vermuten (zum Vergleich: gegenwärtig nur 15 °C). Bestand der Grund dafür vielleicht im hohen atmosphärischen Kohlendioxidanteil? Der lag damals etwa beim Sechsfachen des heutigen Wertes. Möglicherweise kam so ein verstärkter Treibhauseffekt zustande. Die Äquatorsonne erhielt ausreichend Gelegenheit, sich mit dem neuen Stück Erde zu beschäftigen. Das erste Harzer Land sollte noch Jahrmillionen als Teil des wüstenhaft roten Uraltkontinentes im Süden verweilen. Doch nicht nur Hitze scheint das Klima im Devon bestimmt zu haben.

Zwei dünne, schwarzgefärbte Kalksteinschichten im Kellwassertal nördlich von Altenau lassen Gegenteiliges vermuten. Sie erinnern an die erste Klimakatastrophe des Harzgebietes. Entdeckt wurden die beiden dunklen Gesteinshorizonte schon um 1850 vom Clausthaler Bergrat F. A. ROEMER. Inzwischen fand man die kohlenstoffreichen Lagen weltweit in zeitgleichen Ablagerungen. Sehr wahrscheinlich sind sie eine Folge der gestörten Wasserzirkulation im Weltmeer und der drastischen Veränderung der klimatischen Verhältnisse auf dem gesamten Globus vor rund 373 Millionen Jahren. Der hohe Kohlenstoffgehalt in Sedimenten – also die Schwarzfärbung – verweist auf nicht durchströmtes und daher sauerstoffarmes Tiefwasser (vgl. Kapitel 3). Er stammt hauptsächlich von den massenhaft abgestorbenen Algen, die als erste Lebewesen der Nahrungskette ausfielen. Durch die Dopplung

Abb. 28. Die zwei kohlenstoffreichen Lagen des Kellwasser-Kalksteins wurden zuerst im Harz entdeckt. Sie gelten als Zeitmarken des weltweiten Artensterbens zu Beginn des Oberdevons; Kellwassertal nördlich Altenau, 2010.

der Kellwasser-Ereignisse innerhalb weniger Jahrtausende wurde schließlich auch das Schicksal von anderen Meeresbewohnern besiegelt. Es war das drittgrößte Aussterbeereignis in der Geschichte des Lebens. Auch die Harzer Riffe blieben davon nicht verschont.

An Land dagegen konnte sich die Vegetation üppig entfalten. Auch die Schuppen- und Siegelbäume des Harzes trugen dazu bei, dass mit Beginn der Grauwackenzeit die grüne Lunge der Erde erhebliche Verstärkung erhielt. Bis zum Beginn des Oberdevons waren vor allem Grünalgen der Meere mit der Sauerstoffproduktion befasst. Von da ab legte der Wald kräftig zu. Enthielt die Atmosphäre zu Beginn des Waldzeitalters nur 15 Prozent Sauerstoff, erreichte sie gegen Ende der Grauwackenzeit, also innerhalb von 50 Millionen Jahren, fast 30 Prozent. Das erfreute vor allem die Insekten mit ihrem noch einfachen Atmungssystem. Libellen trauten sich im Oberkarbon 70 Zentimeter Flügelspannweite zu, Tausendfüßler brachten es auf die furchterregende Länge von zwei Metern. Deren heutige Artgenossen schaffen es bei einem Sauerstoffanteil der Luft von 21 Prozent dagegen nur auf bescheidene 15 Zentimeter.

Wer sucht, der kann auch finden – Exkursionsziele

Wildemann: Grauwacke-Steinbrüche
1. Südlich des Ortes (ehem. Jung'scher Steinbruch); P am Abzweig nach Bad Grund; am gegenüberliegenden Hangweg Aufstieg in einzelne Sohlen des besucherfreundlichsten Grauwackeaufschlusses im Harz; Sedimentationsformen und Pflanzenfossilien.
2. Nördlich des Ortes Richtung **Lautenthal** (ehem. Steinbruch Adlersberg); Zugang von der östlichen Talseite an der Innerste-Brücke; Sedimentationsformen und Pflanzenfossilien.

Schulenberg: ehem. Grauwacke-Steinbruch am südlichen Ortsrand; Rest einer Faltenstruktur.

Clausthal-Zellerfeld: ehem. Grauwacke-Steinbruch westlich des Ortes; B242 Richtung Wildemann, am Abzweig Zechenhaus »Untere Innerste«, Fahrweg 500 m talaufwärts, 🅿 rechts in Fahrtrichtung; Sedimentationsformen und Informationstafel Grauwackebildung; Naturdenkmal und bedeutsamer Geotop des Landes Niedersachsen.

Bad Lauterberg: ehem. Grauwacke-Steinbruch »Am Zoll«; 700 m nördlich von **Barbis**; aus Bad Lauterberg kommend von der Schnellstraße B27 Richtung Scharzfeld abbiegen und gleich rechts am Eingang des Andreasbachtals parken; Fußweg 500 m talaufwärts, dann rechts den Bach durchqueren und 150 m zum verwachsenen Steinbruch hochsteigen; Pflanzenfossilien (klassische Fundstelle von *Cyclostigma*); ⚠ Steinschlaggefahr.

Altenau: devonischer Kalkstein im Kellwassertal, Meeresboden aus dem Oberdevon und Zeitmarke einer Klimakatastrophe; 1,5 km nördlich Altenau; 🅿 an der Oker-Vorsperre; Überquerung der Staumauer, rechts halten, Überquerung des Stauwurzelbereichs der Vorsperre, wieder nach rechts zum Aufschluss; bedeutsamer Geotop des Landes Niedersachsen.

Elbingerode/Rübeland: mehrere Kalksteintagebaue in der geologischen Einheit Elbingeröder Komplex, devonischer Riffkalkstein mit Stockkorallen; aktiver Betrieb der Felswerke GmbH, begrenzter Zutritt für Besuchergruppen (tourist@harzer-hoehlen.de).

Rübeland: ehem. Kalksteintagebau am Blauen See, devonischer Riff- und Lagunenkalk (Korallen nur im angewitterten Gestein sichtbar); 1 km östlich des Ortsteiles **Neuwerk** Richtung **Hüttenrode**, öffentlicher 🅿 an der B27.

Rübeland: Halde der ehem. Marmormühle am Krockstein (Ortsteil Neuwerk), rot-weiß gefärbter Riffschutt (Korallen zumeist erst nach Anschliff sichtbar); 🅿 auf rechtem Bodeufer nach Querung der Brücke, zurücklaufen auf die Hauptstraße 150 m Richtung Hüttenrode, steilen Hangweg ersteigen, 100 m rechts Richtung Haldenplateau einschwenken.

Hüttenrode: Meeresboden mit Gesteinen der vulkanischen Serie des Elbingeröder Komplexes und Eisenerzlager mit Roteisenstein; B27 zwischen Rübeland und Hüttenrode vor der großen S-Kurve (Kurvenbegradigung geplant); 🅿 100 m davor auf südlich abzweigendem Weg mit benachbarten Altbergbaustrukturen.

Ballenstedt: Grauwacke der Selkemulde, Steinbruch am Hirschteich; 400 m südlich des Ortes, eingeschränkter Zutritt (Lagerplatz des Bauhofs der Stadt).

Ballenstedt: Grauwacke-Tagebau im Eulenbachtal; 2 km südöstlich von **Rieder**; Grauwacke der Selkemulde, schlecht erhaltene Pflanzenfossilien; aktiver Betrieb mit eingeschränktem Besucherzutritt (info@mdb-gmbh.de).

Harzgerode: Devonischer Kalkstein als Gleitscholle in karbonischen Rutschmassen (Herzynkalk-Olistholith); bedeutsamer Geotop des Landes Sachsen-Anhalt.

Süplingen (Referenzgebiet Flechtinger Höhenzug): Grauwacke des Oberkarbons, überlagert durch Tonschiefer und Andesit des Rotliegenden; ehem. Steinbruch südlich des Ortes; 🅿 an der Gaststätte »Alte Schmiede«; bedeutsamer Geotop des Landes Sachsen-Anhalt.

Clausthal-Zellerfeld: GeoMuseum der Technischen Universität Clausthal; Darstellungen zur Harzgeologie, u.a. Pflanzenfossilien, Nachbildungen von Rieseninsekten des Paläozoikums.

Tagebau Winterberg: aktiver Produktionsbetrieb der Felswerke GmbH, begrenzter Zutritt; 🅿 am HöhlenErlebnisZentrum, Wanderweg zum Aussichtspunkt am Albert-Turm.

Bad Grund: HöhlenErlebnisZentrum (Iberger Tropfsteinhöhle) an der B242; anschauliche museale Ausstellung u.a. zum fossilen Riff und zum Paläoklima.

Elbingerode: Schaubergwerk Büchenberg, Meeresboden mit Gesteinen der vulkanischen Serie des Elbingeröder Komplexes und Eisenerzlager mit Roteisenstein; Zufahrt von B81, 🅿 am ehem. Schachtgelände, kurzer Fußweg.

Goslar: Schaubergwerk Rammelsberg (Weltkulturerbe), u.a. museale Ausstellung zur Geologie der Tiefsee im Devon.

Ausflug ins Vulkangebirge

Die Fahrt mit der Harzquerbahn ist ein Erlebnis, nicht nur Technikliebhaber kommen ins Schwärmen. Die Dampflok wummert durch die kurvenreiche Gebirgsstrecke, zieht am Brocken vorbei in Richtung Südharz. Dabei faucht die schwarze Maschine rußbeladene Qualmschwaden und Aschekrümel zwischen die Bäume. Am Haltepunkt Netzkater, tief unten im Tal, weckt dieses Rumpeln und Rumoren, dieses Zischen und Getöse bei einigen Gesteinen die Erinnerung an längst vergangene Tage. Einst war hier der Teufel los. Erdbeben ließen das Land erzittern. Aus tief reichenden Spalten brachen Feuerfontänen hervor. Dampf, Gesteinsbrocken und feinste Ascheteilchen schossen gen Himmel, mit Geprassel vieltausendfach stärker als das Schnaufen der kleinen Maschine. Mehrfach war das Harzgebiet Austragungsort für vulkanische Meisterschaften: höher, weiter, lauter hießen die Disziplinen. Im Süd- und Ostharz lassen sich die Resultate der feurigen Spiele immer noch bewundern.

Gestein aus Wüstenschutt, Vulkan und Flut

Hoch über dem Südharzer Fachwerkstädtchen Neustadt grüßt die Burgruine Hohnstein den Wanderer. Seit das Bauwerk im Dreißigjährigen Krieg seiner schützenden Dächer beraubt wurde, bröckeln die Mauern vor sich hin. Das Baumaterial – Sandstein und Porphyrit – war nicht sonderlich wetterfest, doch von seiner Farbe her ist es typisch für die Gegend. Braun bis ziegelrot sehen viele der Gesteine aus, die hier, beginnend im Unteren Perm vor etwa 290 Millionen Jahren, entstanden sind.

In dieser Zeit herrschte noch immer jenes Tropenklima, das bereits in der Grauwackenzeit Unheil an den Bergspitzen anrichtete. Daher konnte sich das Herzynische Gebirge nicht lange seiner aufragenden Schönheit erfreuen. Während trockene Hitze die Felsen überwiegend nur zerknackte, drang die chemische Verwitterung während der Feuchtperioden bis in die Kristallsubstanz vor. Erstaunlich, in welche Komponenten sie den Mineralbestand mit Hilfe von Regenwasser zu zerlegen vermochte.

Abb. 29. Brockenbahn am Abzweig der Südharzstrecke unweit des Bahnhofs Drei-Annen-Hohne, 2009.

Das Hauptinteresse ihres Freiluftlabors galt dem Feldspat der magmatischen Gesteine. Dessen Umwandlung erbrachte einerseits leicht lösliche Salze und Kieselsäure, die in den Regenzeiten fortgespült wurden. Andererseits entstanden unlösliche Zersetzungsprodukte wie Tonminerale und Eisenoxide, die sich in Oberflächennähe anreicherten. Letztere lieferten Unmengen jenes rotbraunen Farbstoffs, der eigentlich nichts anderes als Rost war. Die ganze Gegend sah damals aus, als hätte ein Landschaftsmaler nur diese Farbe geliebt. Selbst das kleinste Sandkörnchen trug die rostrote Tracht. Wie prachtvoll mag die rote »Decke« bei Sonnenuntergang ausgesehen haben? Wie grandios erst das Bild, wenn ein Wald am stillen See seine tiefgrüne Tönung hinzusetzte? Ähnliche Kontraste locken heutzutage Scharen von Touristen in die rote Wüstenlandschaft von Namibia oder nach Australien zum Uluru, den heiligen Berg der Ureinwohner.

Abb. 30. *Burgruine Hohnstein bei Neustadt im Südharz, Zustand 1980.*

Weil gebirgsbildende Vorgänge im Oberkarbon die Verbindung zum Meer abgeschnitten hatten, konnten der Harz und seine bergige Nachbarschaft ihre Erosionsprodukte 40 Millionen Jahre lang behalten. Aufbewahrt wurden sie in mehreren, teilweise über 2000 Meter eingetieften Senken. Das Dauerprogramm der erosiven Landschaftsgestaltung bestand zumeist aus unspektakulären Verwitterungs- und Ablagerungsereignissen. Obwohl es noch keine Zuschauer gab, wurden trotzdem ab und an recht dramatische Handlungen geboten. Die hießen Flutwellen und Vulkanausbrüche.

Flutwellen

Schotter und Geröll zählen beileibe nicht zu den edelsten Gesteinen, doch ihr Informationswert hinsichtlich erdgeschichtlicher Vorgänge wiegt dieses Defizit auf. Auch der wieder verfestigte Erosionsschutt des Herzynischen Gebirges macht hier keine Ausnahme. Aus Struktur und Zusammensetzung von Konglomeraten und Sandsteinen lassen sich rhythmische Abläufe rekonstruieren, die in ähnlicher Form noch heute in den Wüstengegenden der Erde zu beobachten sind.

An den Berghängen hat sich reichlich Verwitterungsschutt angesammelt. Endlich künden dunkle Wolkenfelder ein nahendes Tropengewitter an. Schon mischen sich unter die ersten Sturmböen einzelne platschende Tropfen. Was dann aber aus den Schleusen des Himmels herabströmt, ist schon kein Regen mehr. Wahre Sturzbäche ergießen sich über die kahlen Höhen. Das Wasser vermengt den Erosionsschutt zu einer Schlamm- und Gesteinsflut, die aus den großen Tälern meterhoch auf die Schotterflächen hinausschießt. Von der nachlassenden Fließgeschwindigkeit sortiert, setzt sich die Fracht nach ihrer Korngröße ab. Nahe dem Gebirgsrand bleibt der Grobschutt liegen, etwas weiter entfernt folgt der Kies, später der Sand und zum Schluss, draußen in der weitläufigen Ebene, der feine Schlick.

Bei jeder Regenzeit formten die reißenden Gewässer andersartige Schuttfächer, erhöhten vorhandene Schüttungen oder rissen älteres

Abb. 31. *Schuttfächer mit Abtragungsmaterial der Anden (Nordchile), 2001; Luftbild aus ca. 5000 m Höhe.* ▷

◁ Abb. 32. Sandsteine mit Konglomeratlagen der Eislebener Schichten (Oberes Rotliegendes); Hettstedt, Talstraße, 2008.

Material wieder mit sich fort. Vielgestaltige Rinnsale durchzogen die Niederungen, als suchten die Flüsse stets nach neuer Orientierung. Auf engstem Raum wechselten Form und Inhalt der Ablagerungen. Mit der Zeit »ertranken« nicht nur kleine Hügel in den Unmengen von herangespültem Abtragungsmaterial, ganze Gebirgszüge wurden auf diese Weise zugeschüttet. Bisweilen häuften die Wildflüsse selbst kopfgroße Gerölle zu meterdicken Schichten an. Nach den Sturzfluten versickerte oder verdunstete das Wasser ebenso schnell, wie es in der kurzen Regenzeit gekommen war. In den Restlachen der Flutrinnen versah die Tageshitze den roten Schlick mit tiefen Trockenrissen.

Mitunter blinkten sogar einige Seen in den Niederungen. Das Wasser dazu spendeten jene saisonalen Zuläufe, die während der Regenzeit im südwestlichen Hinterland entsprangen. Allerdings brachten die Flüsse neben rotem Gesteinsabrieb auch reichlich Salz mit, das aus den Wüstenböden ihres Einzugsgebietes stammte. Während sich die Schwebfracht als roter Schlick absetzen konnte, erhöhte jeder neue Wasserschwall die Salzkonzentration in den abflusslosen Senken. Sobald der Zustrom versiegte, machte sich die Verdunstung ans Werk, und schon bald reflektierten statt der Wasserflächen nur noch lebensfeindliche Salzkrusten das Sonnenlicht.

Wenn der Regen für längere Zeit ausblieb, machten sich Wüstenstürme an die Arbeit. In den trockenen Schotterflächen fanden sie genügend Feinmaterial, um daraus rotsandige Dünen zu formen. Deren Mächtigkeit übertraf bei Weitem die Höhe der heutigen Sandberge in Afrika.

Wenn die vorherrschende Trockenheit von wechselfeuchten oder gar feuchten Klimaverhältnissen abgelöst wurde, verbesserte sich die Wasserqualität der Seen grundlegend. Sie süßten aus. Schon nach kurzer Zeit säumten grüne Oasen die flachen Uferregionen. Sumpfwald und Moor häuften dort massenhaft abgestorbene Pflanzenteile an. Ir-

◁ Abb. 33. Grobes Konglomerat der Meisdorfer Schichten (Unteres Rotliegendes), bestehend aus dem Abtragungsmaterial des Ackerbruchberg-/Ilsenburgquarzits; Triftbachtal, Meisdorf, 2009.

Abb. 34. Salzkrusten am Rand des Salzsees El Melah, bräunliche Färbung durch Wüstenstaub aus der Sahara; Zarzis (Tunesien), 2010.

Abb. 35. Dünenlandschaft mit Trockental im Sossusvlei-Nationalpark (Namibia), 2008.

Abb. 36. Dünensand mit weitläufiger Kreuzschichtung, einzigartiger Aufschluss in den Windsedimenten des Oberen Rotliegenden (zeitliches Äquivalent der Eislebener Schichten); Sandsteintagebau Bebertal (Flechtinger Höhenzug, Referenzgebiet zum Harz), 2010.

gendwann, nach Jahrtausende währender Pause, gelangte wieder mehr Verwitterungsschutt in die Senken. Der begrub die Waldmoore unter sich. Deren Zukunft hieß nun: Kohleflöz.

Die Sedimente im sumpfigen Ablagerungsmilieu – überwiegend Feinsand und Ton – sahen jetzt grau aus. Das von den Randhöhen angespülte rostrote Eisenoxid war hier unter die Räuber gefallen. Verrottende Pflanzenteile hatten ihm unter Wasser seine Sauerstoffmoleküle gestohlen. Am Eisen waren sie nicht interessiert. Das sah sich flugs nach einem neuen Partner um und fand ihn bei der Kohlensäure. Die chemische Verbindung brachte knollenförmiges Eisenkar-

◁ *Abb. 37. Dünensand, abgelagert zwischen den Sedimentschüttungen von zwei Regenzeiten im Bebertaler Wüstenfluss des Oberen Rotliegenden (zeitliches Äquivalent der Eislebener Schichten). Die seinerzeitige Position im Trockental entspricht etwa der Bildmitte von Abb. 35. Sandsteintagebau Bebertal (Flechtinger Höhenzug, Referenzgebiet zum Harz), 2010.*

Abb. 38. Dünensand der Walkenried-Formation (Oberes Rotliegendes, zeitliches Äquivalent der Eislebener Schichten), gebleicht durch Meerwasser, darüber Zechstein-Basiskonglomerat; Ellrich (Sandgrube östlich des Ortes), 2010.

◁ *Abb. 39. Dünensand der Walkenried-Formation (Oberes Rotliegendes, zeitliches Äquivalent der Eislebener Schichten); Ellrich (Sandgrube westlich des Ortes), 2010.*

Abb. 40. Steinkohlenflöz im Miniaturformat (Unteres Rotliegendes); Rabensteiner Stollen, Ilfeld, 1981.

bonat zustande, welches sich kaum von der mausgrauen Umgebung abhob. Aber hart war das neu gebildete Mineral. Als fester Toneisenstein umschloss es bisweilen auch Pflanzenreste, die auf diese Weise bestens erhalten geblieben sind.

Vulkanausbrüche

In der letzten Phase der herzynischen Gebirgsbildung ging es in Mitteleuropa heiß her. Auch im Harz knallten die vulkanischen Sektkorken, als wollten sie den Geburtstag des Brockens feiern. Den Anfang machte vor 290 Millionen Jahren der Auerbergvulkan unweit von Stolberg, indem er brennend heiße Grüße herauf schickte. Einige Zeit später schoss bei Ilfeld aufschäumend dünnflüssige Lava aus den Schloten hervor und ergoss sich weitflächig über Land und Steinkohlensümpfe. Der östlichste der Harzer Vulkane spuckte bei Großörner (Mansfeld) Feuer. Nur ein dünner Rest des Lavastroms blieb von der damaligen Erosion verschont. Doch ausgerechnet der lag jüngst dem Straßenbau im Wege. Die Straßenplaner waren jedoch so vom Seltenheitswert dieses Gesteins beeindruckt, dass sie einen Fahrradweg zum Aufschluss an der Bundesstraße B 180 geführt haben. Dafür ein Dankeschön!

Abb. 41. Andesit (Melaphyr) aus einem Lavastrom; Großörner (Mansfeld), 2008.

Im Südharz trat nach dem ersten Freudenfeuer für lange Zeit Ruhe ein. Es vergingen wohl Hunderttausende von Jahren, Zeit genug für die Ablagerung roter Sand- und Tonschichten. Urplötzlich wuchsen wieder Feuerberge gen Himmel. Zumeist quoll jetzt zähe, von heftigen Explosionen begleitete Lava herauf und glitt die Abhänge hinunter. Ganze Täler verschwanden im Feuerfluss. Glutwolken verkochten manche Seen. Wälder gingen in Flammen auf. Wieder eine urzeitlange Pause. Erneut schwankte der Boden. Stärker als zuvor kündeten Erdbebenwellen vom abermaligen großen Zerren am Gebirge. Tiefreichende Brüche zerstückelten den Harz. Aus kilometerlangen Spalten brach mitten im Gebirge das glühende Inferno hervor. Diesmal floss die Lava bis zur gänzlichen Entleerung der Magmakammern. Als letzter Hauch zischten in mehreren Geysirfeldern heiße Dämpfe hervor und es sprudelten Quellen mit gelösten Mineralen.

Damals wäre die Gegend um Bad Sachsa, Bad Lauterberg, Stolberg, Ilfeld und Neustadt als »Land der Vulkane« eine Reise wert gewesen. Noch heute stapeln sich dort Lavadecken und Tuffschichten in Mächtigkeiten von über 400 Metern. Deren Aufbewahrung ist der damaligen Senkungsaktivität der Ilfelder Mulde zu

◁ Abb. 42. Auch Geysire lieferten gelöste Kieselsäure für den Versteinerungsprozess von Hölzern; Vergleich für die Rotliegend-Zeit im Harz: Geysirfeld El Tatio, San Pedro de Atacama (Chile), 2001.

Abb. 43. Auerberg mit Aussichtsturm Josephskreuz, Blick von Südosten, 1991.

Abb. 44. Der Auerberg (580 m ü. NHN) überragt die Harzhochfläche um 100 Meter; Blick vom Brocken, 1993.

verdanken. Je mehr Vulkangestein und Sediment dort hineingeriet, umso mehr gab die Erdkruste nach. Aber nicht überall im Gebirge existierten derart günstige Erhaltungsbedingungen.

Kaum waren die Schmelzflüsse erstarrt, fiel schon die Erosion über das frische Gestein her. Zuerst kam das poröse Lockermaterial an die Reihe, dann die Sorten mit den großen Feldspäten, und zum Schluss waren die feinkristallinen Härtlinge dran. Fast ebenso schnell, wie sie entstanden waren, verschwanden die einstigen Vulkankegel und Lavaströme wieder. Nur deren magere Überbleibsel stemmen sich noch gegen das landschaftliche Vergessen. Teilweise mogeln sie dabei recht erfolgreich. Der Auerberg kann das am besten. Er sieht einem Vulkankegel besonders ähnlich. Doch was sich über die Hochebene des Harzes erhebt, sind Überbleibsel von zähflüssigen Lavamassen aus dem Vulkaninneren. Immerhin ist das Gestein so erosionsbeständig, dass man um den Bestand des Josephskreuzes auf der Kuppe keine Angst haben muss.

Selbst der wuchtige Ravensberg bei Bad Sachsa ist mehr Schein als Sein. Die gegenwärtige Höhe verdankt er einem äußerst witterungsbeständigen vulkanischen Deckenerguss, der einst ein weites Tal ausfüllte. Erst als dessen weichere Randgesteine abgetragen waren, blieb die harte Rinnenfüllung zurück. An Stelle der einstigen Schlucht lockt heute die Berggaststätte mit einer schönen Aussicht. Den Ausbruchskrater für die feinkristalline Lava sucht man vergebens, findet aber dafür prächtige Achatfüllungen.

Abb. 45. Achat aus dem Rhyolith (Porphyr) des Ravensberges von Bad Sachsa, 2009.

Abb. 46. Ein Mittelharzer Gang aus Rhyolith stört den Kalksteinabbau; Tagebau Kaltes Tal, Elbingerode, 1990.

Was ihre Gestalt betrifft, so sind die Vulkane des Mittelharzes ziemlich arm dran. Von ihnen ließ die Erosion nur die mit erkalteter Lava gefüllten Zufuhrspalten übrig. Wäre das Gestein nicht als Straßenschotter abgebaut worden, könnte man die ehemaligen Feuerspeier glatt übersehen. Der imposante ehemalige Steinbruch bei Neuwerk (Rübeland) verlockt zur »Reise zum Mittelpunkt der Erde«. Tief ist er in die Flanke des Bodetals gesprengt worden. Andererseits bereiten die vulkanischen Spaltenfüllungen in den großen Kalksteintagebauen um Elbingerode bisweilen technologische Probleme, vor allem dann, wenn sie arg verwittert sind.

Auch der Brocken wäre so gern ein richtiger Vulkan geworden.

Der Brocken wohnt in einer Kammer

Vor 300 Millionen Jahren war sie noch heiß, die Glut in der Tiefe des Harzes. Wieder und wieder hatte die gebirgige Planierraupe neues Gestein zur Wiederaufbereitung heruntergedrückt. Magmatische Bewegung heizte dem irdischen Ofen gewaltig ein. Endlich war die Stunde des Brockens gekommen. Seine Granitschmelze hielt es nicht mehr aus in der Enge bei etwa 15 Kilometern Tiefe. Von hier aus machte sie sich etappenweise auf den beschwerlichen Weg nach oben. Doch zu früh gefreut – kurz vor dem Ziel ging ihr die Puste aus. Notgedrungen richtete sie sich in der Erdkruste eine gemütliche Kammer ein, wo sie langsam abkühlen konnte. Die fünf Kilometer Gesteinsbedeckung über ihr sorgten für ausreichende Isolierung. Im Verlauf von einer Million Jahren ging die Temperatur vermutlich nur um 30 °C zurück. Die angrenzenden Gesteine stöhnten gewaltig, litten sie doch erheblich unter der Hitze. Zwar reichten die 600 bis 800 °C der Granitschmelze nicht mehr zum Verflüssigen der Kammerwände aus, aber heiß genug für Mineralumwandlungen war es dort allemal. Was heutzutage fettige Kartoffelchips für den Magen sind, wurden damals die Grauwacke-

Abb. 47. Granitvarietäten des Brockenmassivs: a, Brocken; b, Knaupsholz; c, Kleiner Birkenkopf; d, Ilsestein, 2009. Bildbreite jeweils 5 cm.

und Schieferpommes aus der Granitküche: schwer verdaulich für die zukünftige Erosion. Der Granit hatte sich eine Rüstung frittiert!

Von all dem Geschehen auf der Erdoberfläche bekam der unterirdische Koloss überhaupt nichts mit. Wären da nicht diese Spannungen in seiner Nähe gewesen, er hätte unbesorgt weiter vor sich hin dösen können! Doch Risse taten sich auf. Zum Glück nicht unmittelbar neben ihm. Aber wo noch vor kurzer Zeit gewaltiger Faltungsdruck geherrscht hatte, wurde jetzt das Gebirge in nahezu entgegengesetzter Richtung auseinander gezerrt. Und dieses Tun war für das gerade entstehende granitische Kristallgefüge gar nicht ungefährlich.

Der behäbige Brockengranit wollte den Aufstieg in seine gehobene Position genießen. Aber auch andere Gesteinsschmelzen beanspruchten dieses Recht für sich. Dünnflüssig drängten sie in die Schwachstellen des Gebirgsverbandes, um am Granit vorbeizuflutschen. Jede schmale Erdbebenspalte wurde dazu genutzt. Erst als die Magmakammer der vulkanischen Heißsporne leer war, hatte der Granit endlich seine Ruhe. Versehen mit der erforderlichen Mineralsubstanz für Feldspat, Quarz und Glimmer konnte er für lange Zeit ungestört vor sich hin kristallisieren. Unterschiede im chemischen Grundbestand der Feldspäte führten zu mehreren Granitvarietäten. So neigen Ilsestein- und Brockengranit zu rötlich getöntem Erscheinen, während andere grünlich-grau daherkommen. Der Gabbro von Bad Harzburg und der Diorit bei Wernigerode sind nahe Tiefengesteinsverwandte des Granits und hocken deshalb nebeneinander im Berg.

Abb. 48. Farblithographie vom Ilsestein um 1840 (Autor unbekannt). ▷

In der geophysikalischen Geburtsurkunde des Brockengranits ist vermerkt: geboren an einem Sonntag vor 295 Millionen Jahren, fast auf dem Äquator. Und zu allem Glück bekam er noch einen Zwillingsbruder, den unscheinbaren Ramberggranit bei Thale. Der wird es hoffentlich verzeihen, wenn aus Platzgründen in den nachfolgenden Kapiteln seine Rosstrappe und der Hexentanzplatz nicht weiter berücksichtigt werden können. Sie bieten auf engstem Raum all jene Eindrücke, für die das Brockengebiet mehr Entdeckungsaufwand abverlangt. Nicht umsonst wurde dem Bodetal das Prädikat »Nationaler Geotop« verliehen.

Wald aus Farn und Schachtelhalm

Die vulkanischen Katastrophen überwand der Harzwald recht bald, da sie ihn nur als örtliche Ereignisse berührten. Problematischer wirkten sich die großklimatischen Zyklen auf seinen Zustand aus. Mehrfach forderten die Langzeitwechsel von trocken-heißen und feucht-warmen Verhältnissen

Abb. 49. Die schroffen Klippen des Bodetalgranits sind erst durch Frostsprengung im Pleistozän entstanden. Blick auf Rosstrappenfelsen (links) und Hexentanzplatz (rechts), 2010.

Abb. 50. Schachtelhalmstamm Calamites; Rabensteiner Stollen, Ilfeld, 1981.
Abb. 51. Schachtelhalmblätter Annularia; Rabensteiner Stollen, Ilfeld, 1981.

das Regenerationsvermögen der Waldbiotope heraus. Gleich viermal ging es ihnen an den Kragen, aber ebenso oft hieß es: neues Spiel, neues Glück. In den regenreichen Perioden konnten die Bäume unter tropischer Sonne munter drauflos wachsen. Keine Trockenzeit störte sie dabei. Jahresringe als Zeichen saisonaler Wasserknappheit blieben weg. Nur unregelmäßige Zuwachsstreifen deuten an, dass es höchstens zu kurzzeitigen Unterbrechungen der Wasserversorgung im Regenwald kam. Wegen dieser Strukturmerkmale eignen sich fossile Hölzer gut als Klimazeugen.

Kleine Steinbrüche, emsige Rohstoffsuche und der Bergbau auf Steinkohle haben etliche der einstigen Gewächse aus der Verborgenheit geholt.

◁ Abb. 52. Der Teichschachtelhalm Equisetum fluviatile ist ein entfernter Verwandter der Calamiten des Erdaltertums; Wernigerode, 2008.

Abb. 53. Baumfarnfieder Scolecopteris; Brandesbachtal, Ilfeld, 1971. ▷

Und das unabsichtlich, denn fast ausnahmslos landeten die Fossilien als lästiger Abraum auf den Halden. Einst boten die feinsandigen bzw. tonigen Begleitschichten der Kohle günstige Erhaltungsbedingungen für Blattwerk und Gehölz. Der daraus rekonstruierte Wald hat vor 297 Millionen Jahren vielleicht so ausgesehen: ein See, mitten im heißen Tropenland. Undurchdringliches Dickicht am Ufer. Erst zum offenen Wasser hin lichtete sich der Dschungel. Schachtelhalme (Calamiten) wagten sich als Vorposten des Sumpfwaldes bis hier hinaus. Wie eingerammte Pfähle standen sie da, verziert mit etlichen Etagen aus quirlig angeordnetem Astwerk. Ohne die strahlenförmigen Blattrosetten hätten ihre Zweige Ähnlichkeit mit Speichen von alten Regenschirmen gehabt. Hier draußen brauchten sie keine Konkurrenz zu fürchten. Ohnehin wäre der faulschlammähnliche Seegrund für andere Arten das pure Gift gewesen.

Dort, wo der feste Boden nicht mehr weit war, wo er zeitweise oder schon dauerhaft oberhalb des Wasserspiegels lag, standen Gruppen schlanker Baumfarne. Mit ihren bisweilen 20 Meter hohen Stämmen und über zwei Meter langen Wedeln überragten sie den Schachtelhalmgürtel. Ihre Stämme bestanden aus einem unwahrscheinlich stabilen Geflecht von Luftwurzeln.

Das Dickicht der unteren Baum- bzw. Strauchschicht enthielt kleinere Bäume, deren Laub fast genauso aussah wie das der Baumfarne. Einzelne Wedel erreichten gut drei Meter Länge. Erst der Blick aus der Nähe erschließt die große Formenvielfalt des farnähnlichen Blattwerks. Das hielt sich nicht sonderlich streng an arteigenes Regelmaß und probierte allerlei Variationen und Wuchsformen aus. Selbst das Klettern hatten diese Blattsonderlinge erlernt und rankten sich an großen Bäumen dem Licht entgegen. Vielfach baumelten an den Hauptrippen der Blätter kugelige Gebilde von ein bis vier Zentimetern Durchmesser. Sie sind das Ergebnis eines seit der Grauwackenzeit bewährten Entwicklungsschrittes im Pflanzenreich: es waren Samen, und zwar

▷ Abb. 54. Baumfarn Dicksonia; Xalapa (Mexiko), 1991.

Abb. 55. Farnsamerlaub Autunia; Rabensteiner Stollen, Ilfeld, 1981.
Abb. 56. Farnsamerlaub der Gattungen Dicksonites und Odontopteris; Rabensteiner Stollen, Ilfeld, 1981.
Abb. 57. Farnsamerfrüchte ohne nähere verwandtschaftliche Zuordnung; Rabensteiner Stollen, Ilfeld, 1981.

in ihrer ursprünglichen Form (Nacktsamer). Dank dieser Neuentwicklung gerieten Samenpflanzen selbst bei längeren Trockenperioden nicht in existenzielle Gefahr. Manche von ihnen entwickelten sich zu wahren Überlebenskünstlern.

Abb. 58. Verkieseltes Cordaiten-Holz mit Markkanal; Tilleda am Kyffhäuser, 2009; Sammlung H. MEYER.
Abb. 59. Querschnitt eines Cordaiten-Zweiges; Werna (Ellrich), 2009.
Abb. 60. Cordaiten-Blatt; Rabensteiner Stollen, Ilfeld, 1981.
Abb. 61. Samen einer Cordaiten-Art (Cardiocarpus); Rabensteiner Stollen, Ilfeld.

Zur Gruppe der Nacktsamer gehörten unter anderem auch die Cordaiten. Sie waren die Beherrscher des damaligen Urwaldes, zumindest der Größe nach. Gut 30 Meter konnten sie erreichen. Ihre säulenartigen Stämme verzweigten sich erst weit oben mit wenigen dicken Ästen, was den hoch aufragenden Wuchs noch betonte. Cordaiten bevorzugten das trockene Ufer oder höhere Sandbänke. Stammdurchmesser von über 1,50 Meter waren keine Seltenheit. Die schmalen, bis 50 Zentimeter langen Blätter saßen in dichten Büscheln an den Enden der Zweige. Kleinwüchsige Verwandte hatten Stelzwurzeln ausgebildet, um im morastigen Untergrund besser Halt zu finden. Ein wesentliches Unterscheidungsmerkmal zu anderen fossilen Hölzern, beispielsweise zu den Nadelhölzern, ist das lamellenartige Mark. Unter den Cordaiten wurde der Waldboden zeitweise schon mal zur »Herzenssache« – dann nämlich, wenn sie ihre herzförmigen Samen ringsherum verstreuten. Leider sind diese größten Urwaldbäume des pflanzlichen Erdaltertums schon seit 250 Millionen Jahren ausgestorben. Heute wären sie wegen ihres äußerst festen Holzes und der nahezu astfreien Stämme ein begehrtes Handelsobjekt.

Abb. 62. Koniferenzweig Walchia; Rabensteiner Stollen, Ilfeld, 1981.

Im höher gelegenen, grundwasserfernen Hinterland dominierten Koniferen. Sie bildeten den Außenposten des galerieartig aufgebauten Waldes und fielen durch ihre starrwüchsige Form auf. Hier, im Übergangsbereich zum vegetationsfreien Umland, scheint wohl das Experimentierfeld für neue genetische »Erfindungen« gewesen zu sein. Das fehlende Grundwasser mag zur Verbesserung der Überlebensstrategien angeregt haben. Die Nadelbäume hatten schnell herausgefunden, worauf es am Rand der Tieflandwälder ankam: Herstellung von meterlangen Wurzeln, Konstruktion von Druckwasserleitungen bis in die oberste Wipfeletage – und das ohne die lästige Konkurrenz der althergebrachten Feuchtwaldflora. Auch hatten sie ein gewisses Maß an »Ordnungssinn« entwickelt, denn als fortschrittliche Gewächse mochten sie nicht so zottelig dastehen, behangen mit altem Blattwerk, wie der Farnbaum und die farnblättrigen Samenpflanzen. Sie entschieden sich, die unbrauchbar gewordene Belaubung – d. h. ihre Nadeln – bündelweise in Form überalterter Endtriebe abzuwerfen. Heute noch lebende urtümliche Nadelhölzer wie z. B. Araukarien und Mammutbäume halten an dieser Methode fest.

Vor allem in Trockenperioden häuften sich farnblättrige Streu, abgefallenes Cordaitenlaub und dürre Koniferenzweige auf dem Waldboden an. Darauf hatte der nächste Waldbrand, angefacht von Blitz oder heißer Vulkanasche, nur gewartet. Selbst der gewässernahe Feuchtwald blieb von der Feuersbrunst nicht verschont, besonders dann, wenn der Wasserspiegel des Moores abgesunken war. Ganze Schichtflächen mit Holzkohlestücken in der Steinkohle sind ein sicherer Hinweis auf solche Ereignisse.

Schon die ersten Wälder der Grauwackenzeit waren den Flammen ausgesetzt. Diese Plage mussten sie fortan aushalten – bis heute. Viele Arten machten aus der Not eine Tugend. Mit feuerfesten Samen, dicker Rinde und hoch angesetzten Ästen schlugen sie den Waldbränden ein Schnippchen. Manchen der weniger einfallsreichen Pflanzen konnte der hitzige Umgang durchaus existentielle Probleme bereiten.

Nach den Insektenresten zu urteilen, dürfte auch in den Ilfelder Mooren manch surrender Flügelschlag die Stille unterbrochen haben. Aber wie konnte es einer Insektengattung von damals gelingen – allen späteren Umweltwidrigkeiten zum Trotz – bis heute zu existieren? Die Schaben hatten den größten Erfolg beim Überleben in den warmen Biotopen von Urwald und Trockengebieten. Dank ihrer Erfahrung und klimatischen Anpassungsfähigkeit nutzen sie seither jede sich bietende Nische. Selbst die lichtlosen Labyrinthe unserer Zeit sind für sie kein Hindernis. Schon mancher Hotelgast staunte, wie die Tierchen zu nächtlicher Zeit aus den Kabelschächten schwärmten. Zu fressen finden sie immer etwas, notfalls den vom Filzpantoffel erschlagenen Artgenossen.

Über die Vegetation außerhalb der zu Kohle gewordenen Ilfelder, Meisdorfer und Grillenberger Waldmoore ist leider sehr wenig bekannt. Nur die versteinerten Hölzer von drei weiteren Fundstellen lassen einige Rückschlüsse zu. Sie wurden in den Mansfelder Schichten von Kyffhäuser und Ostharzrand, in den Meisdorfer Schichten im östlichen Nordharz sowie in den etwas jüngeren Ellricher Schichten im Südharz entdeckt. Am meisten beeindrucken die versteinerten Stämme der Fundstellen im und am Kyffhäuser (Kelbra, Tilleda) sowie von Siebigerode. Aus der Gegend um Meisdorf gibt es leider nur spärliche Fundnachrichten. Wahrscheinlich säumten die

Abb. 63. Flügel der fossilen Schabenart Sysciophlebia ilfeldensis. Die heutigen Schaben sind Nachkommen der ältesten Harzbewohner aus den Steinkohle-Sümpfen vor etwa 295 Millionen Jahren; Ilfeld, Rabensteiner Stollen, 2001 (Sammlung TROSTHEIDE, *Wolmirstedt; Wiss. Bestimmung durch J. W.* SCHNEIDER, *TU Freiberg).*

wuchtigen Bäume einst weitläufige Flusstäler, wo sie Opfer von Hochwasserfluten wurden. Bei nachlassender Fließgeschwindigkeit verhakten sich die schweren Treibhölzer auf Untiefen und blieben längere Zeit auf den Schotterflächen liegen. Erst der nächste Hochwasserschwall schüttete konservierenden Sand darüber und stoppte den eingetretenen Fäulnisprozess. Nun aber imprägnierte die im Grundwasser enthaltene Kieselsäure den Rest der Holzsubstanz. An Nachschub mangelte es nicht, weder an Holz aus den Auewäldern noch an Sediment und Imprägniermittel aus den Weiten der Vorgebirgstäler. Noch immer sind Tausende von Tonnen fossilen Cordaiten-Holzes in den Sandsteinen der Mansfelder Schichten verborgen.

Die bunt verkieselten Hölzer aus der Gegend um Ellrich verdanken ihre schöne Erhaltung wahrscheinlich der Einbettung in vulkanischen Tuff. Allerdings wurden sie nach der Versteinerung mindestens noch einmal umgelagert. Dass hier bislang nur drei Pflanzengruppen – Farnsamer, Cordaiten, Koniferen – gefunden wurden, liegt nicht an der einstigen Monotonie der Wälder, sondern wohl eher an den ungünstigen Erhaltungsumständen.

Abb. 64. Bruchstücke von verkieseltem Koniferenholz. Die im Anschliff rechts sichtbare Bänderung entspricht unregelmäßigen Zuwachsraten und keinen Jahresringen; Werna (Ellrich), 2002.

Denkmale aus Holzgestein

Hoch über der Goldenen Aue lockt der Kyffhäuser zum Besuch. Von Kelbra kommend, möchte man in einer der 36 Kurven schnell den Blick auf die rotbraunen Felsen am Straßenrand werfen. Nein, besser nicht, viel zu gefährlich. Dann doch lieber den Aufstieg durch den Wald – es lohnt sich. Kurz vor Erreichen der Höhe ziehen zwei versteinerte Stämme im roten Felsen den Blick auf sich. Selbst das protzige Monument weiter oben, das Kyffhäuserdenkmal, steht auf verkieselten Bäumen. Die Beschriftungen weisen sie als Araukarien aus, doch die gab es während der Ablagerung des Kyffhäuser-Sandsteines noch gar nicht. Irrtümer sind zählebig – die Cordaiten mögen es verzeihen.

Abb. 65. Der Nordhang des Kyffhäusers besteht überwiegend aus dem Abtragungsmaterial der Mitteldeutschen Kristallinschwelle (Mansfelder Schichten, Oberkarbon), 2008.

Hauptsächlich im Pleistozän hat die Erosion Unmengen von Fragmenten der witterungsbeständigen Kieselhölzer freigelegt. Samt Gebirgsschutt wurden sie weit hinunter in die Aue verfrachtet. Von den Äckern abgesammelt oder bei Erdarbeiten ausgebuddelt, weckten die geheimnisvollen Brocken im 19. Jahrhundert die Aufmerksamkeit der finanzkräftigen, kulturell interessierten Bürgerschaft von Kelbra. Seitdem erinnern zwei Denkmale in Pyramidenform an den einstigen Verlauf der Flaniermeile des Städtchens am Fuße des Kyffhäusers. Ganz aus Holz sind sie errichtet, aus versteinertem Holz. So etwas findet man in Europa kein zweites Mal!

In Siebigerode (Mansfeld) besaß scheinbar jeder Einwohner seinen Steinbruch, so zerfurcht sind die Hänge rund um den Ort. Längst werden hier keine Mühlsteine mehr herausgesprengt. Daher steckt noch der Stummel eines versteinerten Baumes in der Felswand des Steinbruches an der Blumeröder Straße. Ebenso wie Kelbra besitzt auch Siebigerode ein Denkmal aus verkieseltem Holz, allerdings um Größenordnungen kleiner. Es steht bescheiden nahe der gepflegten Sportanlage des örtlichen Kegelklubs und freut sich bei jedem Turnier über den Keglergruß: Gut Holz!

Abb. 66. Versteinerter Cordaiten-Stamm im konglomeratischen Sandstein des Kyffhäusers, 1983.

Abb. 67. Obelisk aus verkieseltem Cordaiten-Holz; Kelbra, 2008.

Abb. 68. Verkieseltes Cordaiten-Holz als Podest für eine Gartenplastik; Siebigerode, 2008.

Der Harz und die Welt

Damals hätte man grenzenlos und visafrei durch die Welt bummeln können. Trockenen Fußes wäre man vom Harz nach Afrika, Amerika, Australien und selbst zum Südpol gelangt. Eine Revolution hatte die Welt verändert: »Kontinente der Erde, vereinigt euch!« schienen die Berggipfel gerufen zu haben. Und seit dem Verschweißen der großen Landmassen zum Großkontinent Pangäa hieß es auch für den Harz: freie Fahrt für freie Berge!

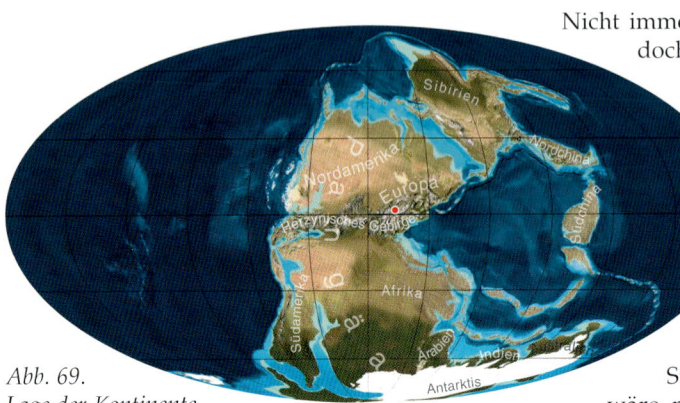

Nicht immer ging alles friedlich vonstatten, doch die Rempeleien hielten sich in Grenzen. Ärgerlich wurde es für den Harz stets, wenn der im Süden angedockte Großkontinent unwirsch am alten Europa herumzerrte. Dann riss das gerade entstandene Herzynische Gebirge bis in sein Innerstes auf. Das Ergebnis dieser Reibereien ist bekannt: Vulkane.

Abb. 69.
Lage der Kontinente
und Position des Harzes im Unteren Perm
(Rotliegendes) vor 300 Mio. Jahren.

Stichwort Südpol. Ganz problemlos wäre man da trotz Reisefreiheit nicht hingelangt. Was der Harz an seinem sonnigen Äquatorplätzchen nicht ahnen konnte: dort unten war es kalt, bitter kalt. Gletscher bedeckten riesige Landflächen des heutigen Südafrika, Australien und Südamerika. Trotz Treibhausklima eine Eiszeit? Und was für eine! Sie begann etwa vor 320 Millionen Jahren und endete vor ungefähr 285 Millionen Jahren. Während dieser Zeitspanne von 35 Millionen Jahre beherrschten fünf Großzyklen das großklimatische Geschehen der Erde. Dabei wechselten trockene und feuchte Perioden einander ab. Das entsprach genau dem Vormarsch oder dem Rückzug des Inlandeises auf der Südhalbkugel. Viermal hat der Harz den zyklischen Klimawandel im Perm registriert.

Eine großflächige Gletscherbedeckung führte im äquatornahen Europa stets zu ariden Klimaverhältnissen. Dadurch weiteten sich die trockenen Areale mit Rotsedimenten erheblich aus. Wenn andererseits die Gletscher alle zwei bis drei Millionen Jahre abtauten, ließen sie den Wasserspiegel des Weltmeeres um gut 100 Meter ansteigen. Die dadurch vergrößerte Wasserfläche sorgte für mehr Luftfeuchtigkeit, weshalb die Niederschläge deutlich zunahmen. Immer dann hatten die Steinkohlenmoore ihre große Zeit. Selbst wenn in einigen der Zyklen die Binnensenken des Harzes und seiner näheren Umgebung (Ilfeld-Meisdorfer Becken, Saale-Becken, Norddeutsches Becken) mal keine Kohleflöze hervorbrachten, gelten ihre schwarzgrauen Ablagerungen stets als Beleg für humide Klimaverhältnisse.

Und dennoch, so offenbart die Bestandsaufnahme der Waldpflanzen aus jener Periode, wurden nicht nur im Steinkohlemoor von Ilfeld die großen Bärlapp-Bäume allmählich zur Seltenheit. Auch anderswo in der Welt verschwanden die Baumriesen aus dem Vegetationsbild, obwohl sie dort im Oberkarbon noch massenhaft vertreten waren. Es scheint, als hätten die mehrfachen Wechsel vom Regenwald- zum Wüstenklima deren Anpassungsvermögen überfordert. Andere Pflanzen profitierten davon, zumindest solange ihre Wurzeln in der ständig trockener werdenden Umwelt noch Wasser fanden.

Gegen Ende des Perms gelangten immer seltener regenreiche Passatwolken bis nach Mitteleuropa: Ein Teil des nahen Ozeans war der Kontinentalbewegung zum Opfer gefallen. Gleichzeitig schlugen die Meeresströmungen andere Wege ein. Deshalb machte sich im Inneren des uralten Großkontinentes Pangäa nicht nur für den Tropenwald, sondern in den äquatorialen Randbereichen auch für jegliches höheres Leben existentielle Not breit. Die Wüstenfläche der Erde hatte die größte Ausdehnung aller Zeiten erreicht. Von ursprünglich 40 Prozent war sie auf erschreckende 80 Prozent angewachsen.

Wer sucht, der kann auch finden – Exkursionsziele

Kelbra: Oberkarbon des Kyffhäusers
1. Promenade Kelbra mit zwei Kieselholz-Obelisken, 🅿 im Stadtzentrum Nähe Gymnasium oder südlich davon am Waldrand.
2. Kieselhölzer als Streufunde auf den Äckern der Umgebung bis nach **Tilleda** (Nachteil: einheimische Sammler waren zumeist eher da, sind aber freigiebig; Vorteil: auch zeitweilig im Angebot des Hofladens von Tilleda am Eingang zur Kaiserpfalz).

Kyffhäuser: Oberkarbon des Kyffhäusers: Kieselhölzer im Muttergestein; 🅿 des Kyffhäuserdenkmals.
1. Abstieg zur Unterburg, geschützter Geotop, sehr sehenswert, keine Sammlungsmöglichkeit.
2. Besuch des Kyffhäuserdenkmals wegen der Aussicht und der fossilen Hölzer im Gesteinsverband empfehlenswert.

Mansfeld: Konglomerate und Sandsteine des Oberkarbons im westlichen Ortsrandgebiet von **Siebigerode**; zur Kegelbahn mit Kieselholzdekoration nach rechts, zum Mühlsteinbruch mit Kieselholz nach links einbiegen (Blumeröder Straße); Abstecher nach **Möllendorf**, 200 m vor Ortsrand rote Konglomerate in der Straßenböschung; Kieselhölzer als Streufunde auf Äckern um **Siebigerode**.

Hettstedt: Konglomerate der Eislebener Schichten über Mansfelder Schichten (Grenze Oberkarbon/Oberes Rotliegendes), Steinbruch im östlichen Stadtgebiet; von B 180 in Promenade einbiegen, Richtung Talstraße, Eisenbahnunterführung queren, 🅿 am Straßenrand, Hangaufstieg Ostseite, nach 30 m Pfad rechts im Buschwerk nutzen; Aufschluss stark verwachsen (Steinschlaggefahr, untertägigem Bereich fernbleiben!); bedeutsamer Geotop des Landes Sachsen-Anhalt; gleiche Schichtenfolge sicherer erreichbar in der Promenade, dort aber weniger imposant.

Hettstedt: Rotliegend-Vulkanit (Andesit von **Großörner**); Kreuzung B 185 Meisberg-Hettstedt, von dort in Richtung Hettstedt und gleich südlich in neuen Wirtschaftsweg vor Gewerbegebiet einbiegen, B 185 queren, wieder südlich bis Ende des Weges, 🅿 am Monolithen, Aufschluss in der Straßenböschung.

Bad Sachsa/Bad Lauterberg: Rotliegendserie der Ilfelder Mulde – Vulkanite: Rhyolith des Ravensberges von **Bad Sachsa** am nordwestlichen Ortsrand; 🅿 am Eingang Kuckanstal; Rhyolith-Gänge nördlich **Bad Lauterberg** im Gebiet Großer und Kleiner Knollen, mehrstündige Wanderung, 🅿 am Eingang Andreasbachtal.

Ellrich: Dünensand des Oberen Rotliegenden, überlagert durch Zechsteinkonglomerat, Kupferschiefer und Dolomit.
1. Sandgrube Ellrich, ca. 500 m vom östlichen Ortsrand in Richtung **Werna**, 🅿 auf ehem. Zufahrt, geschützter Biotop.
2. Sandgruben Ellrich ca. 1,5 km Richtung Walkenried, 🅿 am ehem. Grenzpfahl, auf gegenüberliegender Seite 30 m Betonplattenweg gehen, dann Waldpfad auf ca. 200 m nach Osten folgen (Hinweis: Betreten der hangseitigen Sandgruben nur bis zur aktuellen Tagebaugrenze [aktiver Betrieb] möglich; Anmeldung bei der Ellrich-Sand GmbH [Tel. 03633 20342] erforderlich).

Ilfeld: Rotliegendes der Ilfelder Mulde – Vulkanite: drusiger Andesit und Rhyolith nördlich Ilfeld, Ortsteil **Netzkater**, beidseitig des Behre-Tals, 🅿 am Rabensteiner Stollen, entweder Aufstieg 300 m Richtung Poppenberg oder Hangweg an der rechten Talflanke der Behre beim Richterschacht.

Ilfeld: Rotliegendes der Ilfelder Mulde – pflanzenführende Sedimente.
1. Ortsteil **Netzkater**, Schaubergwerk Rabensteiner Stollen (www.urlaub-harz-web.de/.../ilfeld-rabensteiner-stollen.htm).
2. Halden des benachbarten Richter-Schachtes und Otto-Stollens im Behre-Tal (Steinkohle).
3. Halden im westlichen Ortsrandgebiet von **Sülzhayn** (Steinkohle), 🅿 am Straßenrand.
4. Verkieselte Hölzer als Streufunde auf Äckern 500 m östlich von **Ellrich** bei **Appenrode** (Nachteil: einheimische Sammler waren zumeist eher da, deshalb: www.harz-achat.de/kieselhoelzer.html)

Meisdorf: Konglomerate und Tonsteine im unteren Rotliegenden der Meisdorfer Mulde, 🅿 am Golfhotel Schloss Meisdorf; Wanderung durch Siedlung Petersberger Trift oder weiterfahren über z. T. unbefestigten Weg bis zum kleinen Waldparkplatz, 500 m bachbegleitenden Weg Richtung Westen laufen, nach links schwenken, kleiner Steinbruch rechts und Wasserriss links in roten Konglomeraten, weiter bachaufwärts links Haldengelände des ehem. Steinkohlenbergbaus, beide Serien fossilführend.

Wernigerode: Granitaufschlüsse und Hornfelskontakt im Gebiet Steinerne Renne; mehrstündiger Rundwanderweg südwestlich der Stadt, Start am 🅿 Wasserkraftwerk Steinerne Renne, Aufstieg an der südlichen Talseite über den Hippelhangweg Richtung Gasthaus »Steinerne Renne«, technisches Denkmal Granitgewinnung, frische hangseitige Aufschlüsse im Hornfels, Granit, Diorit, auch Erzgänge; Rückkehr über die nördliche Talflanke auf der Bielsteinchaussee, am Bielstein abzweigender Waldweg nach Norden zum Kleinen Birkenkopf, Granitsteinbruch bis 1991, zurück auf die Bielsteinchaussee, Querung der Quarzklippen Silberner Mann.

Wernigerode/Schierke: Granitsteinbruch Knaupsholz unterhalb des Trudensteins, zeitweilig aktiv, erreichbar über Zufahrtsweg bei **Drei-Annen-Hohne**, nordwestlich des Bahnübergangs am Abzweig Brockenbahn, mehrstündige Wanderung, 🅿 Drei-Annen-Hohne.

St. Andreasberg: Granitklippen und Hornfelskontakt am Goetheplatz; erreichbar nach ca. 2,5 km vom Haus Sonnenberg nördlich des Ortes, Wanderweg entlang des Rehberger Grabens; wissenschaftshistorisch bemerkenswerter Aufschluss seit dem Besuch durch J. W. v. GOETHE auf dessen zweiter Harzreise im Jahr 1783; 🅿 am Haus Sonnenberg.

Thale: Granitaufschlüsse und Hornfelskontakt im Bodetal; 🅿 Seilbahnstation Thale.
1. Wanderweg Richtung **Treseburg** entlang der Bode bis zum Hornfelskontakt, Rückkehr auf gleichem Weg zum 🅿.
2. Auf halbem Weg Aufstieg über die Schurre zur Rosstrappe, von dort Rückweg per Sessellift; Naturschutzgebiet, Nationaler Geotop.

Wernigerode/Elbingerode: Mittelharzer Gänge.
1. Steinbruch an der B244 südlich des Gehöfts **Bolmke** am Abzweig der Forststraße Richtung Büchenberg (Andesit), Aufschluss gegenüber dem Wasserbauwerk.
2. Rübeland, Ortsteil **Neuwerk**, Steinbruch Kreuztal (Basalt), Querung der Bodebrücke, 🅿 300 m rechts.

Stolberg: Rhyolith des **Auerberges** in zwei Varianten, herausgewitterte Quarzkristalle im Waldboden und auf Wegen (Stolberger Diamanten), am Nordhang öffentlicher 🅿 an der Straße Neudorf-Breitenstein.

Süplingen (Referenzgebiet Flechtinger Höhenzug): Grauwacke des Oberkarbons und Tonschiefer des Rotliegenden überlagert durch Andesit, ehem. Steinbruch »Alte Schmiede« südlich des Ortes; bedeutsamer Geotop des Landes Sachsen-Anhalt, 🅿 an der Gaststätte.

Bebertal (Referenzgebiet Flechtinger Höhenzug): Dünensand des Oberen Rotliegenden und Trockentalsedimente.
1. Sandsteintagebau 2 km westlich des Ortes, Zufahrt über Werksstraße, die vor dem Friedhof nach Westen von der B245 abzweigt (Betriebsstilllegung geplant).
2. ehem. Steinbrüche im Bebertal (Hünenküche), Zufahrt von der B245 vor dem südlichen Ortsrand; bedeutsamer Geotop des Landes Sachsen-Anhalt.

③ Der Chinabaum vom Inselwald

Ägypten und der Harz haben eines gemeinsam: die Pyramiden! Die größten unter ihnen erreichen dort wie hier etwa 130 Meter. Ihr wesentlicher Unterschied ist das Baumaterial. Während die einzelnen Blöcke der gigantischen Bauwerke am Nil durchschnittlich 2,5 Tonnen wiegen, bringen die Harzer Steine kaum ein paar Kilogramm auf die Waage. Auch machte sich hier keiner die Mühe, alles passgenau zu meißeln. Für die pyramidenähnlichen Wahrzeichen des Mansfelder Landes reichte splittrig gebrochenes Gestein. Das wurde einfach zu großen Haufen aufgeschüttet. Keine astronomische Konstellation bestimmte die Position der Kegelberge. Sie wuchsen immer dort in die Höhe, wo ein Bergwerksschacht in die Tiefe führte. Unten, vor Ort, brauchte der Bergmann mehr Bewegungsfreiheit, als ihm die nur 30–40 Zentimeter dünne Kupfererzschicht zubilligte. Also weggesprengt das überflüssige Nebengestein, rein in den Förderkorb und rauf nach Übertage! Tagein, tagaus wurde weit mehr Nebengestein auf die Halden gekippt, als Erz zur Verhüttung gelangte.

Abb. 70. Symbol des einstigen Kupferschieferbergbaus am Ostrand des Harzes; Halde des Ernst-Thälmann-Schachtes, östlich Klostermansfeld, 1994.

Jahrhundertelang formte der Kupferschieferbergbau das Wohl und Wehe der Landschaft am östlichen Rand des Harzes. Seine Kegelberge erinnern an das mühevolle Bergmannsdasein. Wer aber weiß, dass im Kupferschiefer neben dem begehrten Metall auch die Fragmente der dritten Harzwaldgeneration enthalten sind?

Gestein aus Salz und schwarzem Schlamm

Von den einstigen Erhebungen des Herzynischen Gebirges war schon gegen Ende der Vulkanzeit nicht mehr viel übrig geblieben. Die Erosion hatte ganze Arbeit geleistet. Im Harzgebiet erstreckte sich noch ein rundkuppiger Höhenzug vom heutigen Eichsfeld bis hin zur Altmark. Höchstens um 150 m überragten einige Hügel die flachwellige Einöde. Nur an wenigen feuchten Stellen grünte noch etwas Wald. Nichts störte die unendliche Ruhe, die über dem Land lag. Selbiges war mittlerweile fast 200 Meter unter das Niveau des Weltozeans abgesunken. Daher bedurfte es nur noch eines tektonischen Grabenbruchs, um wie durch eine Rinne Meerwasser in das kontinentale Becken strömen zu lassen. Das passierte zu Beginn der Zechsteinzeit in katastrophenartiger Geschwindigkeit (Oberes Perm vor 258 Millionen Jahren).

Zunächst trug der Nordwind ein befremdliches Geräusch heran. Anfänglich kaum wahrnehmbar, schwoll dessen Lautstärke von Woche zu Woche an. Bald schon gab das Wellenrauschen den Ton in der Landschaft an. Die Flut hielt nicht inne, sie stieg und stieg. Wellen bedrängten die Ufer, zertrümmerten letzte Klippen. Immer mehr Land, immer mehr Waldfläche fiel der vorrückenden Brandung zum Opfer. Schließlich ragten von den Höhen des uralten Harzer Berglandes nur noch ein paar baumbestandene Inselchen aus dem Wasser. Obwohl nur relativ flach, erreichte jenes Binnenmeer fast die Ausdehnung des heutigen Schwarzen Meeres.

Rundum hätte ganz Europa Strandfeste feiern können. Allerdings nur mit Badeschuhen, denn sandige Buchten waren selten. Überall schliffen die Wogen aus unförmigen Gesteinsbrocken runde Brandungsgerölle. Erst im tiefen Wasser kam die bewegte Fracht zur Ruhe und häufte sich zum ein bis drei Meter dicken Basiskonglomerat der Zechsteinserie an. Im Harzgebiet lag es entweder auf dem glatt gescheuerten Gebirgsrumpf der Grauwackenzeit oder überdeckte die alten Lavafelder.

Abb. 71. Zeitenwende im Perm: verwittertes Vulkangestein (Ilfelder Rhyolith) wird von den marinen Sedimenten Zechsteinkonglomerat, Kupferschiefer und Zechsteinkalk überdeckt; Nationaler Geotop »Lange Wand« südlich Ilfeld, 2004.

Nur bei den roten Sand- und Kiesschichten aus der Vulkanzeit gab es nicht viel zum Abschleifen. Also putzte die Wellenwaschmaschine wenigstens von den Sandkörnchen die rostrote Umhüllung ab. Auch manches (Erz-)Mineral der ausgelaugten alten Landoberfläche bereicherte das Spektrum gelöster Stoffe.

Mit dem Meeresvorstoß gelangte allerlei ozeanisches Getier in das europäische Bassin. Nahrung gab es in Hülle und Fülle. Entweder ernährten sich die verschiedenartigen Fische von Plankton und stellten daraus ihre Gräten und glänzenden Schuppen her oder sie fraßen sich gegenseitig auf. Wegen fehlender Gezeiten und anderer mariner Strömungen stagnierte allerdings der Wasseraustausch. Lediglich das von Wind und Wellen durchlüftete Oberflächenwasser enthielt genügend Sauerstoff, um den Lebewesen ein Auskommen zu ermöglichen.

Von hier »rieselte« beständig abgestorbenes Plankton auf den Meeresboden. Immer mehr sammelte sich davon an, denn das Tiefenwasser besaß nicht genug Sauerstoff, um die organischen Stoffe zu zersetzen. Diesen Umstand nutzten Schwefelbakterien und machten sich genüsslich über die unappetitliche Kost her. Schwarz wurde der Bodensatz, stinkende Gase perlten auf. Wenn unvorsichtige Fische in diese tückische Zone gerieten, war's um sie geschehen. Auf dem Meeresgrund entstand aus dem erstickten Getier in recht kurzer Zeit eine millionenfache Präparatesammlung. Die ins Meer verfrachteten Pflanzenreste verwandelten sich in der Tiefe zu einem schwarz glänzenden »Herbarium«.

Abb. 72. »Kupferhering« Palaeoniscum, imprägniert durch Buntkupferkies; Sangerhausen, 1968.

Viele der im Wasser angereicherten Schwermetall-Ionen neigten zu einer festen Bindung mit dem Schwefel des Bodenschlamms. Am kontaktfreudigsten waren die gelösten Kupferteilchen, die sich zum Kupfersulfid zusammenschlossen. Bis zu 2 % enthält der Kupferschiefer davon. Aber auch Silber und Gold hatte die Meerwasserchemie zur Hochzeit ihrer Erzminerale eingeladen.

Schon nach rund 50 000 Jahren war die Ablagerung des Kupferschiefers geologische Geschichte. Kurz darauf erwies sich das trocken-heiße Klima als überaus erfolgreicher Salzproduzent. In Jahresrhythmen verdunstete es das Meerwasser. Schicht auf Schicht legte sich das ausgefällte Salz auf Mitteleuropa. Die ständig zunehmende Auflast vertiefte die weitläufige Mulde, Raum schaffend für weiteres Salzgestein. Für fast sieben Millionen Jahre betrieb das Wüstenklima die weltweit größte Saline der Erdgeschichte. Zuerst entfernte es die schwerlöslichen Komponenten Kalk und Dolomit, dann verschwanden Gips, später Steinsalz und zum Schluss Kali- und Magnesiumsalze aus der sich immer höher konzentrierenden Lauge. Das glückte nicht gleich im ersten Durchgang, weil immer wieder etwas Frischwasser aus dem offenen Ozean in die salzige Senke schwappte und der Prozess von neuem begann. Mindestens vier Verdunstungsdurchgänge waren an der Serie von fast 1000 Meter mächtigen Salzablagerungen im Harzvorland beteiligt.

Begünstigt durch unterschiedliche Senkungsaktivitäten zwischen Harz und Umland sollte eine nicht gänzlich abgetragene Höhe der Altmark-Eichsfeld-Schwelle Südseeinsel spielen. Sie befand sich im Gebiet zwischen Goslar und Bad Lauterberg. Auch wenige Kilometer östlich von ihr trotzten vermutlich die Eilande des Auerbergvulkans und einige Felsen bei Wippra der Brandung. Die Flachwasserzone rund um die Aufragungen war bei speziell angepassten Kalkalgen, Moostierchen sowie Mollusken beliebt. Denen machte, im Gegensatz zu echten Riffkorallen, die hohe Salzkonzentration im Wasser nichts aus. Daher

Abb. 73. Weltweit einmalig – reines Silber im Kupferschiefer als Konservierungsmittel für Fossilien, hier in Form von Silberblech mit einem »veredelten« Fischfragment; Eisleben, 1968.

Abb. 74. Vergleichslandschaft zur Zechsteinzeit des Harzes: Großer Salzsee bei Salt Lake City (USA), 1991; Luftbild aus ca. 3000 m Höhe.

Abb. 75. Natürliche Salzabscheidung im Jahresrhythmus; Ausfällung von Halit (Kochsalz) im Salzsee El Melah (Südtunesien), 2009.

Abb. 76. Gips der Werra-Serie; Niedersachswerfen (bei Nordhausen), 2004.

Abb. 77. Gipsschichtung mit Alabasterknollen; Appenrode (bei Ellrich), 2008.
Abb. 78. Gips in seiner typischen Tracht, auskristallisiert in gipsgesättigtem Grubenwasser; Sangerhausen, 1972
Abb. 79. Stein- und Kalisalz, aufbewahrt unter Glas als Feuchtigkeitsschutz; Wilhelmshall bei Huy-Neinstedt, um 1930.
Abb. 80. Kalisalz (rot-weiß: Kalium/Magnesium-Chloride und -Sulfate) und Anhydrit (grau: Calciumsulfat); Sondershausen, 2010.
Abb. 81. Tropfsteine aus Steinsalz: Trümmer von Deckenzapfen und ein Bodenzapfen; Schacht Konrad, Salzgitter, 2010.

Abb. 82. Schichtung im Kaliflöz »Staßfurt«; Erlebnisbergwerk Kalischacht »Glück auf« Sondershausen, 2010 (scheinbare Unschärfe im Foto durch Werkzeugspuren beim maschinellen Vortrieb hervorgerufen).

verbrachten sie ein geologisches Weilchen in dieser Gegend. Als kleines Dankeschön versahen sie ihre Gastgeber, die Unterwasserfelsen, mit festen Kragen aus Riffkalkstein und Dolomit. Die waren nicht nur hübsch anzusehen, sondern auch ein guter Schutz vor der donnernden Brandung. In der Nähe von Bad Lauterberg, bei Bartolfelde, blieb ein Teil der einstigen Unterwasserwelt von der Erosion verschont.

Abb. 83. Moostierchen-Skelette (Bryozoen) im Zechsteindolomit; Bartolfelde (bei Bad Lauterberg), 1988.

Abb. 84. Brandungsgerölle des Zechsteinmeeres am Grauwacke-Kliff; Bartolfelde, bedeutsamer Geotop des Landes Niedersachsen, 2008. ▷

Rund um die Harzinseln prägte vor allem das Steinsalz die Landschaft, und das noch weit über die Zeit des Großen Salzsees hinaus. Zwei besondere Eigenschaften – die Neigung, unter hohem Druck plastisch zu reagieren und die leichte Wasserlöslichkeit – machten es noch Millionen Jahre später zum Gestalter der Erdoberfläche. Etliche der Fossilfundstellen am Harzrand und im Vorland verdanken ihre Existenz diesen Aktivitäten, die für das Zustandekommen einer besonderen Kategorie erdgeschichtlicher Lagerräume sorgten. Die großflächigen Senken um Elm (Schöningen) und Hakel (Aschersleben) sind das Ergebnis der Salzabwanderung aus den Flanken in die dadurch gewölbten »Salzkissen« der Höhen (vgl. Kapitel 7, 8, 9).

Anders geartete Eintiefungen entstanden dort, wo Salz mit Grundwasser in Kontakt kam und ausgewaschen wurde. Zeugen dafür gibt es reichlich, denn Erdfälle und instabiler Baugrund rund um den Harz sowie den Kyffhäuser sind das sichtbare Ergebnis der Ablaugung.

Nicht immer verschwand das gelöste Salz unbemerkt im Grundwasserstrom. Mitunter machten salzhaltige Quellen auf die Vorgänge in der Tiefe aufmerksam. In Aschersleben, Schöningen und Staßfurt begründeten sie die einstige Salinentradition. Weil in anderen, mit Kureinrichtungen versehenen Orten die natürliche Schüttung der Quellen bald nicht mehr den wirtschaftlichen Vorstellungen entsprach, wurde mittels Bohrungen nachgeholfen. Dadurch sprudelt in Bad Harzburg 26 °C warmes Salzwasser aus 840 m Tiefe in das Thermalbad. Bad Suderode kann seinen Kurpatienten die Natrium-Calcium-Chloridsole des Behringer-Brunnens anbieten. Thale reaktivierte jüngst die dortige Hubertusquelle und baut fleißig am Großprojekt Bodetal-Therme.

▷

Abb. 85. Bauwerksschäden im Verbreitungsgebiet wasserlöslicher Gesteine sind ein untrügliches Zeichen für anhaltende Auslaugung im Untergrund. Der Turm der Oberkirche von Bad Frankenhausen ist mit 4,79° Neigung der drittschiefste Turm der Welt.

Abb. 86. Natürlicher Soleaustritt der Elisabeth-Quelle, Salzgehalt des Wassers um 4 % Kochsalz und Calciumsulfat (Gips); Quellfassung vom Anfang des 19. Jahrhunderts, restauriert 1998; Quellgrund im Kurpark, Bad Frankenhausen, 2010.

Bad Frankenhausen am Südrand des Kyffhäusers blickt auf über 800 Jahre Nutzung seiner natürlichen Salzquellen und künstlichen Salzbrunnen zurück. Zu deren Einzugsgebiet bis ca. 340 m Tiefe gehören auch Teile des Stadtgebietes, die durch den Massenverlust beständig einsinken. Noch ertönt Glockengeläut vom Turm der Oberkirche, obwohl er mit fast 4,50 m Überhang schiefer ist als das Wahrzeichen von Pisa. Die anhaltende Förderung von Sole aus dem benachbarten Quellgrund beschleunigt seine rekordverdächtige Neigung.

Ungleich größer sind die Auslaugungsschäden in bergbaulich überprägten Gebieten. Besonders Staßfurt hat unter den Spätfolgen der Kalisalzgewinnung zu leiden. Durch Bodensenkung um rund sechs Meter verlor das Stadtzentrum seine historische Mitte. In Vienenburg hat einströmendes Wasser die Sicherheitspfeiler des Kalischachtes abgelaugt und 1930 das Bergwerk zum Einsturz gebracht. Ein ähnliches Schicksal wird für die derzeitige Atommülldeponie »Asse« bei Braunschweig nicht ausgeschlossen.

Als Kuriosum gilt die Fähigkeit des Steinsalzes, Tropfsteine hervorzubringen. Wohl nur selten dürften die dafür erforderlichen räumlichen und klimatischen Rahmenbedingungen zusammentreffen. Doch im Bergwerk »Schacht Konrad« bei Salzgitter ist das der Fall. In 1000 Metern Tiefe herrschen Temperaturen von 36 °C. Außerdem ist die Luft da unten staubtrocken – trotz Bewetterung. An wenigen Stellen tröpfelt stark salzhaltiges, Millionen Jahre altes Poren- und Kluftwasser aus Gesteinsspalten in die Stollen. Im wüstenhaften Grubenklima verdunstet die fossile Salzlauge ziemlich schnell und hinterlässt zarte kristalline Skulpturen. Ähnliche Vorgänge lassen sich auch bei geologischen Führungen im Erlebnisbergwerk »Glück auf« in Sangerhausen beobachten.

Vom Brocken ist noch nichts zu sehen

Viel gibt es nicht zu berichten. Der Granit war froh über seine Ungestörtheit und kühlte in aller Ruhe weiter ab. Ob das Dröhnen der Brandung bis zu ihm hinunterreichte? Eher nicht, zu dick noch war die schützende Felsmasse über ihm. Da spielte es keine Rolle, wenn hin und wieder ein paar Meter davon abgeräumt wurden.

Der Wald hört Südseewellen rauschen

Was sich schon bei der Schilderung des vulkanzeitlichen Moorwaldes (vgl. Kapitel 2) abzeichnete, wurde zur Gewissheit: die meisten Arten der Feuchtbiotope Alteuropas hatten die wüstenheißen Klimaschübe nicht verkraftet. Mit der fortschreitenden Austrocknung gingen sie elend zugrunde. Wie und wohin auch sollten sie ausweichen? Wüste hier, Salzseen dort. So blieb der unwirtlich gewordene Platz für lange Zeit leer. Selbst als es nach hunderttausenden von Jahren wieder etwas feuchter wurde, benötigten die neuen Gehölzformationen viel Zeit für ihre Wanderung aus entfernten Gegenden bis hierher.

Abb. 87. Zweig der Konifere Ulmannia mit Blüte; Eisleben, 1970.
Abb. 88. Blatt des Palmfarns Taeniopteris; Mansfeld, 1971.

Abb. 89. Blatt des Ginkgo-Vorläufers Sphenobaiera; Mansfeld, 1968.

Abb. 90. Ginkgo-Baum im Kaiserpalast von Peking, 2005.

Die geringen Niederschlagsmengen ließen auf dem Harzer Archipel nur einen savannenähnlichen, also genügsamen Wald zu. Um sich das lebensnotwendige Nass nicht gegenseitig streitig zu machen, hielten die Bäume ausreichend Abstand voneinander. Immerhin wehte vom Meer her eine kühle Brise durch die Wipfel. Bisweilen trug kräftiger Wind losgerissene Blätter und Zweige des Uferbewuchses hinaus auf das Wasser.

Der Schlamm des Meeresbodens konservierte das herab gesunkene Treibgut, am häufigsten die Zweige von Nadelbäumen. Jene Koniferen unterschieden sich äußerlich kaum von den starrästigen Urahnen der Vulkanzeit. Auch sie blieben relativ kleinwüchsig. Das Unterholz des Waldes bestand aus verschiedenen Arten farnlaubiger Nacktsamer. Nicht einmal die salzige Meeresluft konnte ihren derben Blättern etwas anhaben. Selbst eine frühe Verwandte der heutigen Zapfenpalmen, der Cycadeen, arrangierte sich mit den rauen Bedingungen in Ufernähe. Ihr Erscheinen ist ein Beleg für den Entwicklungsschritt der Vegetation vom pflanzlichen Erdaltertum zum Erdmittelalter.

Besonders an einer Baumart entzündete sich der Neid von konservativ gebliebenen Gewächsen. »Das ist Produktpiraterie!« raschelte es empört zwischen den Zweigen. Gemeint war jener Nacktsamer, dessen Früchte gelb aus dem schlitzblättrigen Laub hervor leuchteten, der *Ginkgo*. Gemunkelt wurde, diese Bäume hätten sich die Konstruktionspläne von anderen Hölzern besorgt und ihre Früchte würden den Forschungsbüros der Farnsamer entstammen. Nur zu den neuartigen Blättern, da wussten die Neider nichts zu sagen. Das ging auch nicht, denn die stellten eine geniale Eigenentwicklung dar. Während in Dürrezeiten die Farnsamer wegen ihrer riesigen Blattwedel recht schnell existentielle Probleme bekamen, lachte sich der *Ginkgo* eins und warf sein Laub dem saisonalen Klimastress einfach vor die Füße. Kaum aber, dass sich die nächste Regenzeit ankündigte, spross bereits neues Grün aus seinen Knospen. Der Chinabaum kam seinerzeit mit dem wechselfeuchten Tropenklima wohl ebenso gut zurecht, wie gegenwärtig mit der winterlichen Trockenheit höherer Breitengrade.

»Ni hau!« rascheln die zweigelappten Blätter am Kaiserpalast von Beijing. In unseren Stadtparks und Vorgärten übersetzt leise der Wind: »Guten Tag!«.

Die Bäume auf dem Harzer Archipel waren keineswegs allein, denn der Küstenwald bot etlichen Amphibien und Reptilien angenehmen Aufenthalt. An den vorzüglichen Bademöglichkeiten waren sie mit Sicherheit nicht interessiert, eher an den Mahlzeiten zwischendurch! Insekten gab es offenbar weit mehr, als fossil erhalten geblieben sind. Nur, wie als Echse da herankommen? Geflügelte Beute schwirrte in den Baumkronen reichlich umher, fraß sich an Blatt und Blüten satt. Also Baum rauf, Baum runter und das bei der Hitze und der dünner werdenden Luft? Diese Hetzerei konnte auf Dauer keinen Hunger stillen. Also im Reptilienerfinderbüro nachgefragt. Tatsächlich hatten die was auf Lager: eine knochenverstärkte Haut, an beiden Seiten der Rippen angebracht. Die verhalf zum Segeln von Baum zu Baum. Die Flugeidechsen waren die ersten Wirbeltiere mit Pilotenschein. Hätte es nicht auch Bruchlandungen in den konservierenden Meeresschlamm gegeben, wüsste man nichts von ihnen. Ihre Verwandten, die Draco-Echsen, fliegen noch immer erfolgreich in den Küstenwäldern von Indonesien umher.

Abb. 91. Rekonstruktion der Flugechse Weigeltisaurus, 1985.

Der Harz und die Welt

Nahezu unmerklich war das Harzgebiet durch die Kontinentalverschiebung von der Südhalbkugel auf die Nordhemisphäre gelangt, ohne jedoch die Tropenregion zu verlassen. Aus klimatischer Sicht wäre das unerheblich gewesen. Aber die gleichzeitige Verfrachtung vom klimatisch besser gestellten Rand in das Innere der tristen Landmasse des Großkontinentes Pangäa war folgenschwer. Hier kam immer seltener Feuchtigkeit an, weil infolge der geringer werdenden Temperaturunterschiede auf der Erde die Luftströmungen erlahmten. Schließlich brach das Regenmachersystem für die äquatorialen Breiten völlig zusammen. Nicht nur der Harz wäre gern in kühlere Gefilde mit mehr Niederschlag umgezogen, doch die schwerfällige Kontinentaldrift ließ sich Zeit. Mitteleuropa schnarchte im Langzeitrhythmus der Plattentektonik ruhig vor sich hin: Landsenkung, Landhebung, Landsenkung, Landhebung.... Auskunft über die Länge der vier Atemzüge erteilen die Ablagerungszyklen der Salzgesteine: 1,5 bis 2 Millionen Jahre dauerten jeweils das »Luftholen« (Hebung) und das »Ausatmen« (Senkung).

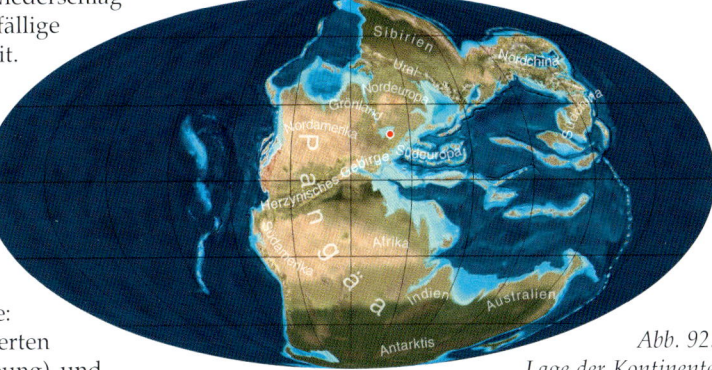

Abb. 92.
Lage der Kontinente und Position des Harzes im Oberen Perm (Zechstein) vor 250 Mio. Jahren.

Der Küstenwald musste wegen seiner Ufernähe zwar ständig Flächenverluste in Kauf nehmen, profitierte aber vom maritimen Mikroklima. Ohne die Flutung Mitteleuropas hätte es in jenen Breitengraden wahrscheinlich nur Wüste gegeben und keinen Uferwald. Die in der weiten Umgebung des Zechsteinmeeres angetroffenen Rotsedimente, z. B. im heutigen Westsachsen oder Hessen, sind ein sicheres Indiz für überwiegend aride Klimaverhältnisse. Nicht nur Europa, sondern fast 80 Prozent der weltweiten Landoberfläche hatten damals unter der unsäglichen Hitze und Trockenheit zu leiden.

Doch das Schlimmste stand noch bevor. Vor 251 Millionen Jahren erfasste in geologisch kürzester Zeit ein unvorstellbarer Umschwung des Klimas die gesamte Erde. Er führte zur Erhitzung des Meerwassers im Tropengürtel um 10 °C auf durchschnittlich 36 °C. Im Inneren des Großkontinents Pangea hielt es keine Kreatur mehr aus. Dort brannte buchstäblich die Luft. Der Kohlendioxidgehalt der Atmosphäre hatte dramatische Größenordnungen erreicht, wohl mehr als das Fünffache der heutigen Werte. Als Hauptquelle für die Überfrachtung mit Treibhausgasen werden gigantische Vulkanausbrüche auf der sibirischen Landmasse angesehen. Durch die Verkettung weiterer Vorgänge waren sie wohl der Grund für das größte Artensterben der Erdgeschichte gewesen sein. Jener Klimaschock am Ende der Zechsteinzeit kam einem Ausrottungsfeldzug gleich. 75 % aller Landlebewesen und 95 % in den Meeren fielen ihm zum Opfer. Nur in den etwas kühleren Polarregionen hatten Pflanzen und Tiere noch Überlebens- und Entwicklungschancen. Aber auch denen ging im wahrsten Sinne des Wortes fast die Luft aus. Gleichzeitig mit der Erwärmung war nämlich der atmosphärische Sauerstoffgehalt auf beängstigende 15 % abgesackt (zum Vergleich der heutige Wert: 21 %). Derartige Bedingungen hätten nur leistungsfähige Bergsteigerlungen ausgehalten. Leider standen die noch nicht auf der entwicklungsgeschichtlichen Patentliste. Und so brachen ganze Ökosysteme der Reihe nach zusammen, sobald die Nahrungskette nur ein einziges wichtiges Glied verlor. Es grenzt schon an ein Wunder, dass trotzdem etliche Arten zu Land und zu Wasser diese Tortur überlebten. Bis sie zu Stammeltern kommender Generationen werden konnten, sollten freilich noch etliche Millionen Jahre vergehen.

Wer sucht, der kann auch finden – Exkursionsziele

Bad Frankenhausen: Oberflächendeformation durch Salzauslaugung (Bauwerksschäden an der Oberkirche), Salinentradition (Demonstration der Siedesalzgewinnung an den Wochenenden des Sommerhalbjahrs), Gipskristalle (Marienglas) im Schluchtweg westlich des Hausmannsturmes; P Nähe Stadtzentrum.

Ellrich: Zechstein mit Basiskonglomerat und Kupferschiefer:
1. Sandgrube Ellrich, ca. 500 m vom östlichen Ortsrand in Richtung **Werna**, P auf ehemaliger Zufahrt, geschützter Biotop;
2. Sandgrube Ellrich, ca. 1,5 km Richtung **Walkenried**, P am ehem. Grenzpfahl, auf gegenüberliegender Seite 30 m Betonplattenweg gehen, dann Waldpfad auf ca. 200 m nach Osten folgen (Hinweis: Betreten der hangseitigen Sandgruben nur bis zur aktuellen Tagebaugrenze möglich, Anmeldung bei der Ellrich-Sand GmbH, Tel. 03633 20342, erforderlich).

Ellrich: Zechsteingips: Steinbruch Rüsselsee südlich **Appenrode**, aktiver Betrieb, begrenzter Zutritt (www.suedharzer-gipswerk.de).

Nordhausen: Zechsteingips: Steinbruch Kalkhütte im Waldgebiet Alter Stolberg, Zufahrt nordöstlich von **Leimbach**, Teilstück des Karstwanderwegs Südharz, P am Gasthaus Kalkhütte.

Mansfeld: Rotliegendes, Kupferschiefer und Zechsteinkalk in gestörten Lagerungsverhältnissen, B 180 n Richtung **Eisleben**, Stopp vor der Abfahrt **Großörner** (Energiefreileitung, gemauerte Böschung), P am Straßenrand für max. zwei PKW eingerichtet, geschützter Geotop.

Wernigerode: Zechsteingips und -dolomit südöstlich **Benzingerode**, einstündige Wanderung auf dem R1/Harzrundweg südlich Benzingerode nach Osten bis zum Hellbach und zurück, südlich des Weges Dolinen und bewaldete Gipsgruben.

Ilsenburg: Zechsteingips im Klosterholz, direkt am R1/Harzrundweg südlich von **Drübeck**, geschützter Geotop, P am Schützenhaus Drübeck, zweistündige Wanderung.

Bad Lauterberg: Zechsteindolomit und Grauwacke-Kliff, Landstraße aus Richtung Bad Lauterberg, vor Ortseingang **Bartolfelde** Steinbruch an der östlichen Straßenseite, geschützter Geotop.

Osterode/Bad Lauterberg: Westabschnitt des Karstwanderwegs Südharz mit zwei Trassen, natürliche und künstliche Aufschlüsse im Zechsteingips.

Niedersachswerfen: Zechsteingips und Dolomit: Mühlberg, Teilstück des Karstwanderwegs Südharz, Naturschutzgebiet.

Ilfeld: Zechstein mit Kupferschiefer und Basiskonglomerat über Rhyolith am südlichen Ortsrand
1. Lange Wand, Prallhang der Behre, Einfahrt Rosensteg (gegenüber Autohaus Gerecke), Nationaler Geotop;
2. Schaubergwerk Lange Wand, Einfahrt Schreiberwiese.
(www.karstwanderweg.de/langewand/...langewand/index.htm)

Salzgitter: Salzminerale in Streckenauffahrungen des Endlagers »Schacht Konrad«, regionale Geologie und Grubenbefahrung, Anmeldung: 05341 8673099; info@endlager-konrad.de.

Bad Sachsa: NatUrzeitmuseum, regionale Geologie mit Schwerpunkt Zechsteinzeit.

Sangerhausen: Schaubergwerk Röhrigschacht bei **Wettelrode**, Seilfahrt in den ehemaligen Kupferschieferbergbau, museale Ausstellung.

Sangerhausen: Spengler-Museum, u. a. Geologie der Region.

Sondershausen: Besucherbergwerk Kalischacht »Glück auf«, Geologie der Lagerstätte mit einmaligen Aufschlüssen im Kali- und Steinsalzflöz »Staßfurt«, Salzminerale; www.erlebnisbergwerk.com.

Sülldorf (Referenzgebiet Sülzetal): Salzquellen in der Sülze-Niederung am nördlichen Ortsausgang Richtung **Magdeburg**, Salzkrusten nur während sommerlicher Trockenheit sichtbar (Herkunft: Zechstein in der Allertal-Störungszone), artenreiche Flora auf den Salzwiesen; Schutzgebiet von europäischer Bedeutung (FFH), besonders wertvoller hydrogeologischer Geotop; P am Objekt.

4 Kaviar aus der roten Wüste

Ungefähr auf halbem Weg zwischen Wernigerode und Ilsenburg ragen zwei markante Türme über die Baumwipfel hinaus. Sie gehören zur Klosterkirche Drübeck und machen schon von weitem neugierig auf das Baudenkmal an der Straße der Romanik. Die wuchtigen Mauern bewahren vieles aus dem Mittelalter, aber auch geschmackvoll hinzugefügte moderne Baukunst. Nach dem Rundgang lädt das gemütliche Klostercafé zum Sinnieren über die architektonischen Rätsel des Ensembles ein. Bei schönem Wetter bietet sich dazu der Terrassengarten an. Doch bevor der Tee kommt, sollten Tisch und Stuhl standsicher hingerückt werden. Unweigerlich wird dabei der Blick auf die rustikalen Bodenplatten fallen, die aus fest miteinander verkitteten, winzigen Kügelchen bestehen. Man könnte meinen, es sei Kaviar. Waren etwa die Klosterdamen von anno dazumal Verächterinnen jener seltenen Gaumenfreude, verschmähten sie Fischrogen, traten sie ihn gar mit Füßen? Wohl kaum, denn zur Fastenzeit blieb vom fischigen Mahl gewiss nichts übrig. Und überhaupt, ob im Café, in Scheunen-, Kirchen- oder Klostermauern, überall am nördlichen Harzrand trifft man auf dieses rötliche Gestein aus lauter kleinen Kullern. Die werden erst bei näherem Hinsehen sichtbar, denn selten erreichen sie Erbsengröße. Sandstein kann es daher nicht sein, was aber dann? Es ist Rogenstein, das Älteste, was das Kloster zu bieten hat. Wer sich nach dem Tee noch anderweitig aufwärmen möchte, der kann das Kloster Wöltingerode besuchen. Im dortigen »Schnapskeller« bringen einige Gläschen »Wölti« den Entdeckergeist auf die notwendige Temperatur, um sich in das Klima der Rogensteinzeit hineinzuversetzen.

Abb. 93. *Klosterkirche Drübeck bei Ilsenburg, ein romanischer Bau des 12. Jahrhunderts aus dem Rogenstein der benachbarten Aufrichtungszone am Harznordrand, 2008.*

Gestein aus Salzsee und Oase

Rund um den Harz hat die Erdgeschichte vor 250 Millionen Jahren Sedimente aus hellem Sandstein, rostrotem oder grünlichem Tonstein und weißem Gips zusammengetragen. Fast zehn Millionen Jahre nahm sie sich Zeit für die gut 700 Meter mächtigen Ablagerungen der Unteren Trias. Wie eigenwillige Kunstwerke sahen die Steilwände in

Abb. 94. *Kloster Wöltingerode bei Vienenburg; Haupttor, ein Renaissancebau aus Rogenstein vom benachbarten Harly-Höhenzug, 2009.* ▷

Abb. 95. Rogensteine und rotbraune Tonsteine kennzeichnen die Wüstensedimente des Unteren Buntsandsteins, hier steilgestellt durch die spätere Harzhebung; Thale, 2009.

Abb. 96. Rogensteinzone und Stromatolithe, angehoben durch Salztektonik; Weddingen, Harly, 2009.

den hier angelegten Tongruben und Steinbrüchen aus. Ihre Farbigkeit bereicherte nicht nur die landschaftliche Gemäldegalerie, sondern lieferte auch den Namen für jene Epoche: Buntsandstein.

Der rotbraune Rogenstein setzte eigene Akzente hinzu. Das hatten die Arbeiter in den Steingruben immer wieder beobachtet. Meterdick lagerten dort die einzelnen Schichtbänke, getrennt von Ton- und Feinsandlagen. Ohne solche Trennmittel wäre das Herausbrechen der Felsbrocken noch mühseliger gewesen, als es ohnehin schon war. Die größten Rogensteinvorkommen existierten bei Bernburg und am Rand des Nordharzes, im Zentrum des Verbreitungsgebietes. Gegenwärtig lohnt sich die Gewinnung nicht mehr. Im Mittelalter dagegen, als örtliche Rohstoffquellen Hochkonjunktur hatten, da waren die Rogensteine ein äußerst begehrter Baustoff. Manchmal erinnern Flurbezeichnungen oder Straßennamen an die einstigen Gewinnungsstätten. Die »Steingrube« in Wernigerode ist so ein Beispiel. Wer heute diesen regionalen Baustein benötigt, bekommt Beschaffungsprobleme. Mitunter bleibt dann nichts weiter übrig, als per Zeitungsinserat nach dem Fundament einer alten Scheune zu suchen, gewissermaßen als Steinbruchersatz.

Rogenstein ist eine geologische Besonderheit unter den Kalksteinen. Seine Vorkommen haben immer Seltenheitswert, weil sie vom

Abb. 97. Rogensteinmauer; Kloster Drübeck (Ilsenburg), 2010.

Zusammentreffen mehrerer Faktoren abhängen. Den äußeren Rahmen bilden dabei trocken-heiße Klimazonen, wo in flachen Buchten oder Lagunen (Meer-) Wasser unter Zunahme des Salzgehaltes verdunsten kann. Regelmäßige Frischwasserzufuhr, leichte Strömung und moderate Wellenbewegung sind als örtliche Bedingungen erforderlich. All diese Voraussetzungen gab es in der norddeutschen Senke während der Buntsandsteinära. Wahrscheinlich unterbrachen Meeresvorstöße die Serie der rotbraunen Ablagerungen festländischen Ursprungs und schwappten über die Harzschwelle hinweg. Aber nur für wenige Tausend Jahre dürften sie das Geschehen in der Einöde belebt haben.

Im Laufe der Zeit hatte die rasante Verdunstung das Flachwasser zur salzigen Lauge verwandelt. Von den gelösten Stoffen geriet zuerst das Kalziumkarbonat in lösungschemische Bedrängnis und suchte nach Kristallisationsmöglichkeiten. Hierzu boten sich massenhaft Sandkörnchen an. Die rollten, von leichter Dünung bewegt, beständig hin und her und fingen dabei ein Kalkteilchen nach dem anderen ein. Ab einer gewissen Größe wurden sie – trotz hohem Auftrieb durch das konzentrierte Salzwasser – dem Wellenspiel zu schwer und blieben auf dem Gewässergrund liegen. Schicht auf Schicht kam auf diese Weise zustande. Die Kalksteine der Rogensteinserie haben also trotz äußerer Ähnlichkeit nicht das Entfernteste mit Fischrogen zu tun.

Die meisten Lebewesen mieden die über 30 °C warme Salzlake. Cyanobakterien – früher auch als Blaualgen bezeichnet – hatten mit der hohen Salzkonzentration keine Probleme. Ganz im Gegenteil, unbehelligt von Fressfeinden gingen sie in den flachen, sauerstoffreichen Uferzonen ihren gesteinsbildenden Neigungen nach. Im Laufe der Zeit nahmen die mikrobiellen Matten riffähnliche Gestalt an. Fast sahen sie aus wie eine zu Stein gewordene Blumenkohlparade.

Abb. 98. Außenansicht und Querschnitt durch den konzentrischen Schalenaufbau besonders großer Rogenstein-Kügelchen (Ooide), Durchmesser bis 11 mm: Nordharzvorland, 2010.

Abb. 99. Stromatolithen-Gruppe in der Rogensteinzone; Jerxheim, Heeseberg, national bedeutsamer Geotop, 2008.

Abb. 100. Stromatolithen-Miniatur mit vertikaler Zuwachsstreifung und eingespülten Rogensteinkügelchen zwischen den Segmenten: Wienrode, Sonnenberg, 2010

Abb. 101. Lebende Stromatolithen in der Shark-Bay (Westaustralien) bei Ebbe, 2008.

Abb. 102. Flachwasserbildungen des Unteren Buntsandsteins mit Wellenrippeln (Oszillationsrippel); Thale, 2009.

Abb. 103. Vergleich zu Flachwasserbildungen der geologischen Vergangenheit: Wellenrippel an einem Strand mit geringem Gezeiteneinfluss; Mittelmeerküste bei Zarzis (Tunesien), 2010.

Die Kalkausfällung als Stoffwechselprodukt von Mikroben-Gemeinschaften erfolgt stets nach bewährtem Muster, genauso wie schon vor drei Milliarden Jahren. Ursprünglich noch Pioniere des Lebens, überstanden sie das Erdmittelalter und hielten durch bis heute. Für diese Leistung hätten sie einen klangvollen Ehrennamen verdient. Doch der Wissenschaft fiel vor 100 Jahren nur die sperrige Bezeichnung Stromatolith für die rundlichen Gebilde ein. Zwangsläufig begnügen sich die Australier mit diesem unpopulären Wort, obwohl sie die wohl schönsten noch lebenden Algenriffe besitzen. An der Westküste des Kontinents gelegen, bilden sie das touristische Aushängeschild für den Nationalpark »Shark Bay«. Zum Glück stören sich die Besucher nicht am Namen und kommen in Scharen. Übrigens, die schönsten Stromatolithe Deutschlands gibt es einige Kilometer südlich von Helmstedt, am Heeseberg. Von dort stammt auch die wissenschaftliche Erstbeschreibung aus dem Jahr 1908.

Wie viel von den Sedimenten der Buntsandsteinära der Harz im Vergleich zum Vorland selbst abbekam, ist unbekannt. Auf jeden Fall setzte sich die seit der Zechsteinzeit anhaltende Landsenkung Mitteleuropas fort. Hier konnten die Buntsandsteinschichten pro Jahr durchschnittlich 0,7 Millimeter neues Sediment einlagern. Für ständigen Nachschub an Sand und Ton sorgte die Verwitterung in den südöstlichen und nördlichen Randgebirgen der norddeutschen Senke. Dort raspelte die Erosion schon ewig und drei Tage an den roten Gebirgen herum. Während der trocken-heißen Klimaphasen zählten Niederschläge in der äquatornahen Zone zu den Ausnahmen, waren dann aber recht ergiebig. Für die schnelle Entsorgung des

Abb. 104. Trockenrisse im tonigen Sediment der Buntsandsteinsee, ausgefüllt mit eingespültem Sand, Ansicht von der Schichtunterseite; Weddingen, Harly, 2009.

Abriebs vom Herkunftsort sorgte das Transportunternehmen »Flusswasser, Wüstenwind & Co.« Auch wenn die Begleitdokumente gewisse Unregelmäßigkeiten, d. h. Schichtlücken, aufweisen, erfüllte es doch im Wesentlichen seine Aufgaben.

Das Ergebnis ist bekannt: rötliche Schichten aus feinem Sand und Ton. Manchmal zeigen Rippelstrukturen an, dass die Sedimente Flachwasserbildungen sind. Sie entstanden am Südrand der Buntsandsteinsee, welche die norddeutsche Senke ausfüllte. Dieses Binnenmeer erstreckte sich damals von England über die südliche Nordsee (rote Felsen von Helgoland!) bis in den Berliner Raum. Das Harzgebiet lag im weitläufigen Übergangsbereich zwischen Wasser und Land. Dass die fast ebenen Uferzonen häufig austrockneten, belegt das Netz zahlreicher Schrumpfungsrisse in den tonhaltigen Lagen. Selbst die Rogensteinsande lagen zeitweise trocken.

Abb. 105. Trockenrisse im tonigen Bodensatz einer Pfütze aus den Rogensteinschichten; Nördliches Harzvorland, 2010.

Abb. 106. Fragmente der Wüstenpflanze Pleuromeia aus dem Mittleren Buntsandstein des Nördlichen Harzvorlandes; Bernburg, 1979.
a, Innenabdruck eines Stämmchens (Steinkernerhaltung) mit Position der Blattnarben;
b, Wurzelzone mit Ansatzstellen der Wurzeln;
c, »Blüte« (Sporangium);
d, Stammbasis mit der vierteiligen Wurzelzone als Kennzeichen der Zugehörigkeit zu den Bärlapppflanzen.

In diesem Hinschütten und Wegspülen einschließlich der Ruhepausen verbirgt sich ein System, das da heißt: grober Sand, feiner Sand, manchmal auch noch Ton, wieder und wieder. Mit Ausnahme der Rogensteinablagerungen wurden in den weitgehend festländisch geprägten sandig-tonigen Schichten über 60 derartiger Kleinzyklen erkannt. Jeder umfasste eine Zeitspanne zwischen 100 000 und 120 000 Jahren. Zusammen ließen sie sich sieben großen Abfolgen zuordnen, die insgesamt 10 Millionen Jahre beanspruchten. Demnach unterlag die seit der Zechsteinzeit bekannte klimatische Entwicklung keiner grundsätzlichen Änderung, nur dass jetzt häufiger Rotsedimente das Bild Mitteleuropas bestimmten.

Während die Großzyklen von Bewegungen der Erdkruste ausgelöst wurden, sind die Kleinzyklen an die Veränderungen der Erdumlaufbahn um die Sonne gekoppelt. Drehte der Planet eine größere Runde (Umlaufbahn mehr elliptisch), stellten sich humide Klimaverhältnisse ein. Das bedeutete: mehr Regen, mehr Flüsse und hellen Sandstein. Verkürzte die Erde ihre Bahn und rückte näher an die Sonne heran (Umlaufbahn mehr kreisförmig), sorgten aride Klimabedingungen für rötliche Wüstenfarben.

Die Schichten der Buntsandsteinzeit gehören weltweit zu jenen Ablagerungen, die nicht so häufig durch Erdkrustenbewegungen, zerstörerische Fluten oder atmosphärische Abweichungen beeinträchtigt wurden. Nur deshalb ließen sich jene Intervalle erkennen, in denen die Erdbahnverantwortlichen den Schalter für das Klima betätigten.

Der Brocken schläft auch am Geburtstag

Inzwischen stand der 50-millionste Geburtstag des Brockengranits vor der Tür. Zu diesem Jubiläum hätten doch wenigstens ein paar Gäste kommen müssen! Aber wie es scheint, hat der Faulpelz nicht nur die Einladungen, sondern sein ganzes Jubiläum verschlafen. Was hätte ihn auch wecken sollen? Kein Kontinent schubberte und zerrte, kein feuriges Magma weit und breit. Auch im Dachgeschoss blieb es weitgehend ruhig. Ab und an ein paar schlappe Wellengrüße von wässrigen Kurzbesuchern, aber das war's dann auch schon.

Wüstenspargel ist kein Wald

Wer jetzt im Zentralteil des nordeuropäischen Tieflandes nach Wald suchen wollte, hätte keinerlei Aussicht auf Erfolg. Wo sollte der nach dem Desaster des weltumspannenden Artensterbens an der Perm/Trias-Grenze auch herkommen? Ohnehin lud das tropische Wechselklima nicht gerade zum Verweilen ein. Vorerst brauchten die von der Katastrophe verschonten Organismen Zeit und Gelegenheit zur Selbstfindung sowie ökologischer Neuorganisation. Während der Wald als komplexer Biotop dazu etwas

Abb. 107. Die heutige Palmlilie Yucca aloifolia ist mit ▷ der ausgestorbenen Gattung Pleuromeia zwar nicht näher verwandt, ähnelt dieser jedoch in Gestalt und ökologischen Ansprüchen. Außerhalb ihres natürlichen Verbreitungsgebietes, dem trockenen Süden Nordamerikas, wird sie in anderen wüstenhaften Gebieten gärtnerisch kultiviert. Zarzis (Tunesien), 2010.

länger benötigte, erkannte eine Pflanzenart die Gunst der Stunde. Überall lockten freie Lebensräume. Also machte sie sich auf die gefahrvolle Entdeckungstour in das Landesinnere und wusste dabei geschickt die feuchten Ränder zeitweiliger Flussläufe zu nutzen. Diese Leistung hätte eine botanische Tapferkeitsmedaille verdient.

So einmalig die Besiedlung des unwirtlichen Landstrichs damals war, so ungewöhnlich mutet die wissenschaftliche Entdeckungsgeschichte der Charakterpflanze des europäischen Buntsandsteins an.

Im Jahr 1830 verlangte der Magdeburger Dom wieder einmal nach Reparaturen. Bei den Arbeiten hoch oben entglitt ein Sandsteinblock und zersplitterte auf dem Pflaster. Nicht schlecht staunten die neugierigen Betrachter, was sich ihnen da offenbarte. Erst neun Jahre später erfuhr die Fachwelt von der sensationellen Entdeckung, fand jedoch alsbald einen Namen für das Pflanzenfossil: *Pleuromeia*. Ihren Merkmalen nach gehörte die Gattung zum Verwandtschaftskreis der ausgestorbenen Siegelbäume aus der Steinkohlenära. Wenn auch Magdeburg zeitweilig die Ehre der Fundortbezeichnung erheischte, stellte sich bald die wahre Herkunft des Sandsteins heraus. Er stammte aus den Steinbrüchen im Mittleren Buntsandstein von Bernburg und hatte bereits eine Schiffsreise nach Magdeburg hinter sich.

Die *Pleuromeia*-Gewächse sahen aus wie dicke Spargelstangen mit ringsum abstehenden, 10 Zentimeter langen, schmalen Blättern. Mit ihrem volumenreichen Mark konnten sie ausreichend Wasser speichern und so trockene Jahreszeiten ungefährdet überstehen. Sie siedelten in lockerer Ansammlung entlang der Fließgewässer, auf Sandbänken oder in kleinen Oasen. Vermutlich nahmen sie auch keinen Anstoß an höheren Salzgehalten im Boden. Nur wenn die Flüsse saisonal mehr Wasser führten, wurde es kritisch. Reihenweise kippten unterspülte Pflanzen in die Fluten. Ihr zartes Wurzelwerk war nicht auf Standfestigkeit programmiert. Vermutlich glich die Vermehrungsfreudigkeit alle Verluste schnell wieder aus, denn in den Bernburger Sandsteinen gibt es mehrere *Pleuromeia*-Horizonte. Sie markieren die weitläufigen Schwemmfächer eines Flusses, der in der Wüste versickerte.

An manchen Stellen haben die zusammengespülten Pflanzenkörper Knochen aus der Strömung »eingefangen«. Vielleicht waren das Nahrungsreste des Urmolchs *Trematosaurus*, dessen knöcherne Überbleibsel ebenfalls bei Steinbrucharbeiten entdeckt wurden. Immerhin belegt die Komplexität der Fundstelle, dass hier seit der großen Klimakatastrophe an der Perm/Trias-Grenze wieder ein relativ stabiles Ökosystem zustande gekommen war.

Abb. 108. Fragment des Kopfskeletts der Buntsandsteinechse Trematosaurus; Bernburg (Sammlung und Foto: Naturkundemuseum Magdeburg).

Abb. 109. Rekonstruktion von Trematosaurus (Autor: DMITRI BOGDANOV).

In der letzten Phase der unteren Trias, dem Röt, drängte das Meer abermals in das Norddeutsche Becken. Es hinterließ, eingebettet in rotbraune Tonschichten, meterdicke Gipslagen. Die künden als untrügliches Zeichen von der ungebrochenen Vorherrschaft des ariden Klimas, welches Frischwasser-Lagunen umgehend in Salzlaken verwandelte. Doch an der Schwelle zur Mittleren Trias (Unterer Muschelkalk) sollte sich diese Situation gravierend ändern.

Wie die nächste Sedimentgeneration zeigt, verloren die festländisch geprägten rötlichen Ablagerungen allmählich an Bedeutung. Sie machten Platz für grauen Kalkstein, Mergel und Dolomit.

Der Harz und die Welt

Stetig bewegte sich der Harz im Verbund mit seiner kontinentalen Großfamilie nach Norden und war inzwischen bei 25 Grad nördlicher Breite angelangt. Trotzdem gehörte er weiterhin zum Tropengürtel und teilte sein Schicksal mit anderen ausgedörrten Gegenden der Erde. Noch zu Beginn der Bunt-

Abb. 110. Fasergips aus dem Oberen Buntsandstein (Rötfolge); Wernigerode, 2008.

sandsteinzeit hielt das trockenheiße Klima fast 80 Prozent der Landoberfläche der Erde wie in einem Backofen gefangen. Keine Frage, bei durchschnittlichen Lufttemperaturen um 25 °C waren selbst die Polregionen ganz und gar eisfrei. Deshalb fand das Leben hauptsächlich in den hohen Breiten vielfältige Entwicklungsräume, denn nur dort geizten die Wolken nicht mit Niederschlägen.

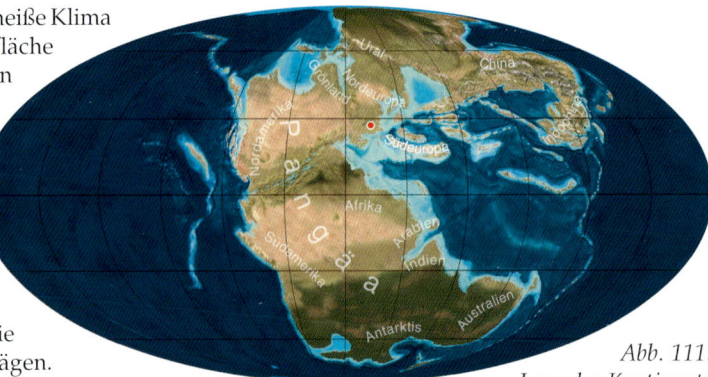

Abb. 111.
Lage der Kontinente
und Position des Harzes in der Oberen Trias
vor 220 Mio. Jahren.

Erst zur Zeit des Mittleren Buntsandsteins sind einige Sonnenanbeter in Reptiliengestalt bis in das wüstenhafte Harzgebiet gelangt. Ziemlich allein auf weiter Flur, konnten sie sich die angenehmsten Fleckchen aussuchen. Im Wasser der von weit her stammenden Flüsse war es wohl am ehesten auszuhalten. Allerdings musste hier und in der Uferzone ausreichend Nahrung vorhanden sein, um fressbares Getier zu ernähren. Sonst hätte die *Trematosaurus*-Gesellschaft nicht satt werden können. Zwar fehlten in den flussbegleitenden Oasen noch die Bäume, weshalb der genügsame Bernburger »Wüstenspargel« mithalf, die Gegend zu beleben. Auch von anderen Kontinenten wurden aus vergleichbaren Extrembiotopen *Pleuromeia*-Funde ähnlichen Alters gemeldet.

Wer sucht, der kann auch finden – Exkursionsziele

Thale: Unterer Buntsandstein mit Rogensteinserie; ehemaliger Bahneinschnitt westlich des Freibades, 🅿 Parkplatz am Teich, Zugang über Bahndamm vor Unterführung oder Abstieg im Bereich der weiter südlich gelegenen Fußgängerbrücke (absehbare Änderung des Zugangs durch Straßenbauvorhaben); bedeutsamer Geotop des Landes Sachsen-Anhalt.

Wienrode: Unterer Buntsandstein mit Rogensteinserie und Stromatolithen; Weganschnitt nördlich der Jugendbegegnungsstätte »Forsthaus Eggerode« am Hochspannungsmast Sonnenberg, dort Fundamentaushub und Stromatolithenbank; 🅿 am Forsthaus, 200 m Fußweg Richtung Timmenrode.

Wernigerode: Rogensteinserie mit Stromatolithen des Unteren Buntsandsteins in überkippter Lagerung in den alten Steingruben der Langen Hecke, Längserstreckung im Wald parallel zum Wiesenweg von Wernigerode nach **Darlingerode**; 🅿 am Ende der Heinrich-Heine-Straße.

Wernigerode: Gips im Oberen Buntsandstein am Ziegenberg, verbuschte und bewaldete Gipsgrube 50 m östlich des Reitplatzes; 🅿.

Vienenburg: Unterer Buntsandstein mit Rogensteinserie, Steinbruch im Harly östlich von **Weddingen**; 🅿 2 km westlich Kloster **Wöltingerode** am Weddebach, Wanderweg entlang des Baches, nach 1,3 km versteckter Steinbruch auf mittlerer Hangposition, zurück zum Kloster Wöltingerode, hier Rogensteinarchitektur.

Vienenburg: Mittlerer Buntsandstein der Kräuter-August-Höhle (ehem. Sandgrube); 🅿 nördlich des Klosters **Wöltingerode**, Rundwanderweg und Erlebnispfad Harly.

Jerxheim: Rogensteinserie des Unteren Buntsandsteins; 🅿 am Gasthaus **Heeseberg**, 500 m in westlicher Richtung, zwei ehem. Abbauwände mit Stromatolithen; bedeutsamer Geotop des Landes Niedersachsen.

Huy-Neinstedt: Stromatolithe östlich der Siedlung Wilhelmshall am Brückweg; 🅿; überdachtes Naturdenkmal, bedeutsamer Geotop des Landes Sachsen-Anhalt.

Halberstadt: Mittlerer Buntsandstein der Daneilshöhle, 500 m westlich der Siedlung **Röderhof**, außerdem südlich der Daneilshöhle verbuschte und bewaldete Gipsgruben im Oberen Buntsandstein (www.roederhof.de); 🅿 am Waldweg.

Bernburg: Museum Schloss Bernburg; Magazinbestände mit *Pleuromeia* und *Trematosaurus*-Fragmenten.

5 Vitamine für die Saurier

Halberstadt besaß schon immer eine Vorliebe für Verwaltungsangelegenheiten, nicht erst seit der Gründung des Harzkreises im Jahr 2007. Das erste deutsche Gesetzeswerk, der Sachsenspiegel, stammt aus dem Mittelalter und wurde im Bistum Halberstadt verfasst. Aber die Anfänge des Rechtswesens der Stadt verkörpert ein simpler Stein auf dem Domplatz. Noch um das Jahr 1800 ist sein richtiger Name überliefert: Leggenstein (althochdeutsch legge = Gesetz). Vermutlich gehörte er zum einstigen Gerichtsplatz einer vorchristlichen Stammesversammlung. Im Laufe der Jahrhunderte ereilte den vermeintlichen Opferstein das Schicksal sprachlicher Sinnentstellung. Aus dem Leggenstein wurde der Lügenstein. Bleibt nur zu hoffen, dass sich die neuen Gesetzeshüter stets an des Wortes Ursprung erinnern.

Abb. 112. *Domplatz Halberstadt mit dem »Lügenstein«, Lithografie von 1872.*

Nach der eigentlichen Herkunft des Steines befragt, zucken die Ortsansässigen meist mit den Schultern. Der öffentlichen Wahrnehmung genügt die Sage vom wütenden Teufel, welcher beim Bau des Domes das Nachsehen hatte. Schade, denn der Findling könnte den Leuten unglaubliche Dinge berichten. Er würde vom sandigen Strand unter südlicher Sonne schwärmen, wüsste von langhalsigen Sauriern zu erzählen und davon, wie ihn dereinst Gletscher aus dem Boden schoben. Während etliche der Harzer Fundstellen aus der Blütezeit der Saurier längst durch Überbauung oder Verfüllung unsichtbar wurden, macht er die symbolische Ausnahme. Also lieber ein weniger beachtetes Kulturdenkmal im Schattendasein, als ein Naturdenkmal in Vergessenheit.

Saurierspuren im Gestein

Seit alters her wird Muschelkalk im Harzvorland zu allerlei nützlichen Dingen verwendet. Anfänglich waren es Bausteine und der Mörtelgrundstoff Branntkalk, zum Beispiel für weithin bekannte Sakralbauten wie den Halberstädter Dom und die Gernröder Stiftskirche. Auch bei Stadtmauern, ländlichen Gehöften und Wohnhäusern sorgte das robuste Material für Beständigkeit. Überall, wo Muschelkalk zutage tritt, gab oder gibt es Steinbrüche. Erweiterungen und Neuaufschlüsse kamen in den letzten Jahren hinzu. Heute wird dort hauptsächlich der Rohstoff für die Zementindustrie, die Waschmittelherstellung und die Schotterproduktion gewonnen. Einer der größten Tagebaue wird vom Solvay-Sodawerk in Bernburg betrieben.

Als im Jahr 2007 die Tagebaugeräte Abraum beiseite schoben, kamen die anwesenden Fachleute aus dem Staunen nicht heraus. Sie blickten auf Saurierspuren, konserviert in einem sonderbaren Sediment.

Vor 243 Millionen Jahren hatte das Harzgebiet abwechslungsreichen Besuch in Gestalt der Muschelkalk-See erhalten, ebenso wie das restliche zentraleuropäische Tiefland. Im Verlauf der folgenden sechs Millionen Jahre wechselten hochmarine Verhältnisse mit Zeiten verminderten Wasserstandes einander ab. Stets zog der niedrige Pegel des Weltmeeres die größten landschaftlichen Veränderungen nach sich. Fast ganz Mitteleuropa verwandelte sich zu weitläufigen Flachwasserregionen mit ausgedehnten Ufersäumen. Der höchste Geländepunkt dürfte die Gegend bestenfalls um einen Meter überragt haben.

Abb. 113. *Fundort von Saurierspuren und Grabungsstelle des Landesamtes für Denkmalpflege und Archäologie Sachsen-Anhalt; Kalksteintagebau des Solvay-Sodawerkes Bernburg, 2009.*

Schon während der Muschelkalkzeit bestimmten nicht allein Ebbe und Flut das Geschehen in der schier endlosen Watt- und Lagunenlandschaft. Tagestemperaturen der Luft um 50 °C beschleunigten die Verdunstung derartig, dass die Salzkonzentration in der ufernahen Flachwasserzone anstieg. So etwas mochten verschiedene Arten Kalk abscheidender Algen. Einige tausend Jahre lang beteiligten sie sich am Zustandekommen der etwa fünf Meter mächtigen Basisschicht des Mittleren Muschelkalks. Deren zahlreiche dünne Lagen aus dolomitischem Kalkstein verweisen auf schnell wechselnde Ablagerungsverhältnisse, vielleicht sogar im Gezeitenrhythmus. Bisweilen fielen die Kalkschlammflächen des Watts und der Lagunen ganz und gar trocken. Dann ließ die Wüstensonne das Sediment zu einem schier endlosen Netz aus Trockenrissen schrumpfen. Ähnlich geht es noch heute in manchem Küstengebiet am Persischen Golf zu.

Die immer wiederkehrenden geringfügigen Schwankungen des Wasserspiegels machten den damaligen Vierfüßern Beine. Kaum hatte das Meer einige Flächen freigegeben, schon kamen sie angerannt. Der noch weiche Kalkschlamm bewahrte ihre Spuren, mitunter sogar feinste Details davon. Ob als Strandgutsammler oder Überfallkommando – mindestens drei Reptilienarten trieben sich in den Salzmarschen herum. Wie sie wirklich aussahen und wovon sie tatsächlich lebten, bleibt wegen fehlender Skelettfunde vorerst Spekulation.

Nach der Spurendichte zu urteilen, bestanden die Sammeltrupps hauptsächlich aus Tieren von eidechsenartiger, aber recht hochbeiniger Gestalt. Ziel jener leichtfüßigen Wattbesucher könnten die im Gezeitenrhythmus angeschwemmten Weich- und Krustentiere gewesen sein. Vielleicht gingen sie in den zeitweilig vom Meer abgeschnittenen Senken sogar auf Fischfang. Manche von ihnen könnten nach Algen gesucht haben. Von den Schwimmbewegungen künden die vielen Krallenriefen

Abb. 114. Abdruck des rechten Vorderfußes des Reptils *Rhynchosauroides* mit den höchst selten überlieferten Hautschuppen (Foto vom Negativabdruck); Bernburg, 2007; Sammlung TROSTHEIDE.

Abb. 115. Spuren von Schwimmbewegungen im ehemals weichen Bodenschlamm der Flachwasserzone, vermutlich durch die Krallen des Reptils *Rhynchosauroides* hervorgerufen (Foto vom Negativabdruck); Bernburg, 2010.

im Bodensatz der flachen Ufergewässer. Die richtungsorientierte Regelmäßigkeit der Kratzer lässt Zielstrebigkeit erkennen.

Und wie könnte es bei dem anderen Getier, den räuberisch lebenden Echsen, ausgesehen haben? Deren geringe Spurendichte im Watt lässt vermuten, dass auch damals schon die Beutegreifer nicht überhand nahmen. Ob jene schwerfälligen, deutlich größeren Reptilien ihre Opfer hinterlistig überwältigten, bleibt ebenso Spekulation wie die Rekonstruktion ihrer Gestalt. Vielleicht lauerten die behäbigen Fleischfresser nur lange genug auf unvorsichtige Mitglieder der Sammlertrupps oder warteten darauf, dass mal eines von ihnen tot umfiel.

Kaum, dass sich die schuppigen Urahnen der zukünftigen Jurassic-Monster in dieser außergewöhnlichen Landschaft wohnlich eingerichtet

Abb. 116. Die Fährte von *Isochirotherium*, einem bis zu sechs Meter langen, vermutlich räuberisch lebenden Reptil. Sie wurde bei der Grabung des Landesamtes für Denkmalpflege und Archäologie des Landes Sachsen-Anhalt freigelegt; Bernburg, 2008.

◁ Abb. 117. Gering verfestigter Sandstein aus dem Oberen Keuper, nach Ablagerung teilweise durch Grundwassereinfluss verfärbt; Westerburg (bei Dedeleben), 1994.

hatten, dörrte die Gegend langsam aus. Das klimatische Drama der Zechsteinzeit erhielt erneut Gelegenheit zu einem weiteren Auftritt (vgl. Kapitel 3). Obwohl dieser nur knapp eine Million Jahre dauerte, wurden die Reptilienspuren meterdick durch Verdunstungsgesteine überdeckt. Von denen wird der Gips in den Seweckenbergen bei Quedlinburg viel, viel später Berühmtheit erlangen (vgl. Kapitel 9).

Kurz darauf schwappte der Weltozean erneut in das Germanische Becken und füllte es mit einem weitgehend isolierten Binnenmeer. Die Ablagerungen aus dem Oberen Muschelkalk sind zwar durch Unmengen von Ammoniten bekannt, jedoch Pflanzenreste oder gar Überbleibsel von Landgetier fehlen im Harzgebiet.

Doch nichts in der Erdgeschichte ist von ewiger Dauer, und so schafften es eines Tages wieder Flüsse bis in die heimische Gegend. Manche nahmen ihren Anfang fern im skandinavischen Hochland, die meisten aber in böhmischen Gebirgen. Dort hatten nach langer Unterbrechung kräftige Monsunregen die Trockenheit abgelöst. In der abflusslosen Niederung des Germanischen Beckens verbesserten sich dreimal für jeweils zwei Millionen Jahre die Lebensbedingungen für Baum und Strauch. Zugleich unterstrichen graue bis weiße, gelbliche bis ockerfarbene, ja sogar hellgrüne Gesteinsfarben den durch Veränderung des Klimas ausgelösten Wandel. Dennoch, die Zeiten der lebensarmen Wüsten waren nicht gänzlich vorbei. Der rostrote Schweif staubbeladener Wüstenwinde machte die Farbpalette der Ablagerungen aus der Keuperzeit noch bunter. Scheinbar hat sich das aride Klima mit aller Kraft gegen seine bevorstehende Verabschiedung wehren wollen. Letztmalig bescherte es der Landschaft zwei lebensfeindliche Kristallteppiche aus Gips.

Als besonderes Dokument der wechselvollen klimatischen Verhältnisse der Keuperzeit gilt eine Entdeckung aus der Halberstädter Ziegeleiton-

◁ Abb. 118. Portal der Klosterkirche Huysburg bei Halberstadt, um 1754 erbaut aus dem Keupersandstein der Umgebung von Papstorf und Schlanstedt, 2008.

grube »Bärecke und Limpricht«. Im Jahr 1909 stießen Hacke und Schaufel der Arbeiter beim Tonabbau immer wieder auf knirschende Hindernisse. Bei näherer Betrachtung stellte sich heraus, dass es Knochen urzeitlicher Tiere waren. Durch drei wissenschaftliche Grabungen wurden überwiegend Gerippe von Pflanzen fressenden Reptilien geborgen: Plateosaurier. Die wären bei heutiger Abbautechnologie höchstwahrscheinlich unbemerkt geblieben, denn eine ferngesteuerte Baggerschaufel sieht, spürt und hört nichts.

Als die Keuperzeit ihrem Ende entgegen ging, sehnte sich das versunkene Herzynische Gebirge nach etwas tektonischer Abwechslung. Und siehe da, schon räkelte sich der schlafende Riese Harz unter seiner Sedimentdecke. Deren Beulen sollten bald zu Inseln werden, die Dellen zu Meeresbuchten und Lagunen. Die Jurazeit war angebrochen. Marines Blaugrau, Sandsteinbeige und Oxidbraun galten jetzt als Modefarben von Kalk-, Ton-, Sand- oder Eisenstein. Die abwechslungsreiche Unterwasserwelt lockte eine Vielzahl mariner Lebewesen an, allen voran die spiralig aufgerollten Tintenfischverwandten. Mit Hilfe der Ammoniten-Gehäuse lassen sich überall auf der Welt Gesteinsschichten gliedern oder einander zuordnen. Inzwischen bedient sich die Wissenschaft weiterer Leitfossilien,

Abb. 119. *Ammonit Echioceras, Leitfossil des unteren Juras (Lias); Goslar, Osterfeld, vor 1965.*

die allerdings nur unter dem Mikroskop zu erkennen sind. Doch die Ammoniten waren die ersten mit dieser Verwendungsmöglichkeit – und die schönsten!

Ob nun Ammoniten oder die von Salzgitter und Halberstadt her bekannten Flossensaurier – sie alle dürften höchst selten mit festländischem Leben in Berührung gekommen sein. Wenn, dann waren das ins Meer gewehte Reste von Pflanzen. Von denen blieben nur wenige Fragmente erhalten. Sie wurden in zwei verschiedenen ufernahen Ablagerungen konserviert.

Den Anfang machte die Gegend zwischen Halberstadt und Quedlinburg. Dort gab es zur Zeit des Unteren Juras (Lias) eine geschützte Bucht. Sanfte Wellen spülten Feinsand, Muschelschalen und pflanzliches Treibgut

Abb. 120. *Muschelschalen in strandnah gebildetem Kalksandstein des Unteren Juras (Lias); Halberstadt, Kanonenberg, 1978.*

Abb. 121. Kalksteine des Wattenmeeres aus dem Oberen Jura (Malm); Oker, Langenberg, 2008.

ans flache Ufer. Kalkiges Bindemittel ließ daraus widerstandsfähige Kalksandsteinbänke entstehen. Der »Lügenstein« vom Halberstädter Domplatz ist ein winziges Stück aus diesem Schichtverband.

Danach hieß es für lange Zeit »Land unter«. Erst das kalkschlammige Wattenmeer des Oberen Juras (Malm) lieferte die nächsten Ablagerungen mit Überbleibseln von Landbewohnern. Dass auch diese Schichtenfolge zu den geologischen Berühmtheiten der Welt zählt, hat sie den Saurierskeletten zu verdanken, die jüngst im Steinbruch des Langenbergs bei Oker (Landkreis Goslar) entdeckt wurden. Sogar einige Pflanzenreste gelangten bei den Grabungen ans Tageslicht.

Der Brocken steigt nach oben

Längst war aus der flüssigen Schmelze der Vulkanzeit fester Granit geworden, ein Gestein höchster Güte, kaum von irgendwelchen Spalten verunziert. Aber das sollte sich bald ändern. Die Beschaulichkeit dort unten war vorbei, denn wie in einem Lift ging es mit dem Harzblock langsam nach oben. Allerdings so sachte, dass der große Granitklotz nicht zuviel Risse bekam.

◁ *Abb. 122. Vergleichslandschaft zum Wattenmeer des Juras; Nordseewatt bei St. Peter-Ording, 2006.*

Ein Wald mit lebenden Fossilien

Von der Aufbruchzeit des pflanzlichen Erdmittelalters gelangte leider nicht viel in die geologischen Konserven des Harzgebietes. Dennoch fügen sich die wenigen Fragmente sehr schön in das Vegetationsbild jener Zeit ein. Das bestätigen Vergleiche mit besser ausgestatteten Fundstellen Europas. Vertreten sind neben Farnen und Schachtelhalmen die damals weit verbreiteten Zapfenpalmen (Cycadeen) und Nadelbäume. Manche Verwandte von ihnen konnten sich bis heute in südlichen Gefilden behaupten.

Dreimal während der Keuperzeit verhalf das wechselfeuchte Klima dem Wald auf die Sprünge. Entlang zahlreicher Flussufer gelangten seine Vorposten aus den Randgebirgen in die mitteleuropäische Senke. Hier und da gingen aus den Tieflandmooren sogar abbauwürdige Steinkohleflöze hervor. Am Harzrand hat es dazu nicht gereicht. Immerhin lieferte die ehemalige Ziegeleitongrube von Thale typische Pflanzenreste, die kurzzeitig sogar regenwaldähnliches Klima im Unteren Keuper vermuten lassen. Zur Zeit des Schilfsandsteins im Harzgebiet (Mittlerer Keuper) blieben als Hinweis auf den sumpfigen Charakter der Landschaft Schachtelhalmreste erhalten. Die Holzkohlegerölle aus den Schichten des Oberen Keupers bei Westerburg (Dedeleben) künden von trockeneren Jahreszeiten, in denen sich Waldbrände austoben konnten.

Nicht nur Klimastress und Kontinentaldrift musste die Vegetation aushalten. Ohne sie gäbe es keine tierischen Landbewohner, und die bedienten sich nach Herzenslust des grünen Angebots. Erst durch die wachsende Zahl tonnenschwerer Pflanzenfresser wurde es für Baum und Kraut zunehmend ungemütlicher. Welchen Einfluss die pausenlos mampfenden Kolosse auf die damalige Zusammensetzung der Pflanzenwelt wirklich hatten, lässt sich nur vermuten. Wie würde wohl die afrikanische Savanne ohne die heutigen Großwildherden aussehen? Wie anders stünde es um die kahlen Landschaften in den wechselfeuchten Klimazonen der Welt, wo gegenwärtig Ziegenherden jedes Gehölz zum Krüppelgebüsch verbeißen? Dichter Wald wüchse dort, nichts als Wald!

Doch was passierte, als durch die Klimaschwankungen der Keuperzeit hungrige Mäuler nichts mehr zu fressen fanden? Die Halberstädter Reptiliengebeine erzählen ihre Geschichte:

Eine Gruppe aus etwa 50 Plateosauriern war während der langen Trockenzeit unterwegs. Die Landschaft, in der sie auf Nahrungssuche gingen, dürfte mit den trocken-heißen Regionen der heutigen Sahelzone in Afrika vergleichbar gewesen sein. Am letzten schlammigen Überbleibsel eines ausgetrockneten Sees endete die ausweglose Suche nach Futter und Wasser. Ihr Schicksal teilten auch jene Arten, die an oder in dem periodischen Gewässer gelebt hatten, z. B. Fische, Riesenmolche und weitere Reptilien. Schlamm und Trockenheit konservierten die Skelette solange, bis sie versteinerten.

Immerhin, ohne ein regelmäßig verfügbares Nahrungsangebot hätten sich die Plateosaurier weder bis hierher durchfressen noch dauerhaft ansiedeln können. Eines ist sicher, blutrünstige Raubtiere waren das nicht, wie Museumsgestalter und Filmregisseure gern übertreiben. Nicht nur

Abb. 123. *Skelett eines Plateosauriers (Oberer Keuper in der Ausstellung des Museums Heineanum), 2007.*

Abb. 124. Kopfskelett eines Plateosauriers (Nachbildung); Museum für Naturkunde Magdeburg, 2008.

die Halberstädter Herde musste lange Märsche in Kauf nehmen, um dem wahrscheinlich saisonal gesteuerten Pflanzenwuchs zu folgen. Auch ihren Verwandten anderswo auf dem Großkontinent blieben lange Wege nicht erspart. Die Tiere waren zu Nahrungsspezialisten geworden. Ihr Gebiss hatte sich auf ein enges Spektrum krautiger Kost eingerichtet. Fleißig wie eine Häckselmaschine raspelten die spatelförmigen Sägezähnchen, denn der Gärkessel im dicken Wanst verlangte jeden Tag zentnerweise Nachschub. Damals gab es noch keine Gräser, Kräuter und Laubbäume heutiger Prägung. Deshalb bildeten Schachtelhalme und Farne sowie Cycadeen und Koniferen die Hauptnahrung. Weil sich keines der Tiere mit einem grünen Zweig im Maul oder Futterresten im Magen aus dem Leben verabschiedet hat, ist die Lieblingsnahrung der Halberstädter Saurier leider bis heute unbekannt.

Der gedankliche Sprung zum nächsten Wald der Saurierzeit muss etwa 5 Millionen Jahre bis zum Unteren Jura überbrücken. Erst wieder aus diesem Zeitabschnitt blieben Pflanzenfossilien, die Cycadeen- und Farnblätter im Gestein des Halberstädter »Lügenstein«-Strandes, erhalten. Damals geriet trockenes Laub der Ufervegetation in die leichte Dünung des flachen Wassers. Den lederartig festen Blättern konnte das Scheuern von Sand und Muschelbruchstücken wenig anhaben. Sie versteinerten gemeinsam.

Abb. 125. Fiederteil des Baumfarnes Dicksonites (Unterer Keuper); Thale, vor 1965. ▷
Abb. 126. Schachtelhalmfragmente Equisetites (Unterer Keuper); Thale, vor 1965.
Abb. 127. Fiederteil der Zapfenpalme Ctenis (Unterer Jura); Halberstadt, vor 1965.
Abb. 128. Fragment des Hartlaubfarnes Phlebopteris (Unterer Jura); Halberstadt, vor 1965.

Abb. 129. Zapfenpalmen der Gattung Cycas in gärtnerischer Präsentation; Mallorca, »Botanicactus«, 2007.

Abb. 130. Konifere aus der Zypressen-Verwandtschaft (Oberer Jura); Oker, Langenberg, 2007; Sammlung Dinosaurierpark Münchehagen GmbH.

Die Cycadeen, auch als Zapfenpalmen bekannt, leben noch immer – nicht nur im Blumentopf. Ihre Heimat sind nach wie vor die feuchtwarmen Biotope. Selbst saisonale Trockenheit schadet manchen dieser Überlebenskünstler nicht. Solcherart »lebende Fossilien« wirkten jüngst als Statisten im Spielfilm mit. Im »Jurassic Park« erfuhren sie, wie einst rabiate Sauriermäuler ganze Landstriche kahlfressen konnten.

Was den Wald betrifft, nahm es der Harz mit dem Tagebuchschreiben für 50 Millionen Jahre leider nicht so genau bzw. die Erosion hat ihm einfach die Seiten herausgerissen. Jedenfalls wurden erst wieder in den Ablagerungen des Oberen Juras Pflanzenreste bemerkt und zwar als Nebeneffekt bei der Suche nach anderen Fossilien im Steinbruch des Langenbergs bei Oker (Goslar).

Die pflanzliche Fundausbeute blieb dort im Gegensatz zum Vorkommen tierischer Fragmente äußerst spärlich. Nur die Reste einer den heutigen Zypressen ähnlichen Koniferenart und bis zur Unkenntlichkeit zerdrückte Treibhölzer bewahrte der Langenberg auf.

Etwas reicher mag das damalige Vitaminangebot schon gewesen sein, wie Funde aus vergleichbaren Regionen belegen. Noch aber fehlte weithin das zarte Blattwerk von Laubbäumen. Gerade erst hatte das irdische Waldentwicklungslabor die Nullserie aufgelegt – allerdings fernab vom Harz.

Die unscheinbaren Zweige heimischer Herkunft erregten längst nicht so die Gemüter, wie die mit ihnen entdeckten Sauriergebeine. Das erste ausgebuddelte Gerippe der Harzer Langhalssaurier wurde zunächst liebevoll »Hanna« genannt, musste sich aber bei der Namensgebung wissenschaftlichen Regeln fügen. Für die Erstbeschreibung der Knochen aus dem Harzer Sauriergehege wurde schließlich die Bezeichnung *Europasaurus* gewählt.

Es scheint so, als wären jene Reptilien mit ihren höchstens 6 Metern Länge jugendliche Familienangehörige des fast 30 Meter langen *Brachiosaurus* aus dem Naturkundemuseum zu Berlin. Wohl eher nicht, denn wie Knochenanalysen belegen, war die Harzer Truppe erwachsen. Noch kleinere Gliedmaßen stammen vom niedlichen Nachwuchs. Die zwergenartigen Saurier fristeten wahrscheinlich als

Abb. 131. Kopfskelett eines Europasaurus (Oberer Jura); Oker, Langenberg, 2007; Rekonstruktion Dinosaurierpark Münchehagen GmbH.

Abb. 132. Europasaurus-Gruppe, Nachbildung im Dinosaurierpark Münchehagen, 2007.

Insulaner ein auskömmliches, nicht aber üppiges Dasein. Als Ursache für den Zwergenwuchs wird das begrenzte Nahrungsangebot des Eilandes vermutet. Abgetrennt vom Festland, waren sie zur Schlankheitskur gezwungen. Sehr wahrscheinlich stammen sie von langhalsigen Riesendinos ab, die im Laufe der Zeit zu langhalsigen Saurierwichteln mutiert waren. Die unfreiwilligen Hungerkünstler lebten in trauter Gemeinschaft mit Zwergkrokodilen, Schildkröten und kleinen Flugsauriern, mit denen sie sich den begrenzten Lebensraum teilten.

Auch wenn die rekonstruierte Sauriermama im Saurierpark Münchehagen effektheischend ihr kleines Maul aufsperrt, waren diese Tiere keine blutrünstigen Monster. Ihr Kauwerkzeug verrät die spezialisierte vegetarische Ernährungsweise. Während die Halberstädter Urahnen aus der Keuperzeit noch richtig abbeißen konnten, haben die Nahrungsspezialisten vom Langenberg ihren Hunger auf gänzlich andere Art gestillt. Das Gebiss der Tiere bestand aus locker ineinandergreifenden Stiftzähnen. Kauen war mit dieser Konstruktion zwar unmöglich, aber es ließen sich frische Triebe aus Farn- und Nadelbäumen herausharken. Wahrscheinlich haben die Dinos damit auch Tang und Seegras des Wattenmeers aufgenommen und verschlungen.

Wo genau befand sich eigentlich die Insel mit dem karibischen Flair der Jurazeit? Verschwand sie durch den allmählichen Anstieg des Meeresspiegels? Wurden Tiere und Pflanzen immer häufiger Opfer von Sturmfluten, die ihnen letztlich den nassen Tod bescherten? Fragen über Fragen, aber die zukünftige Forschung muss ja auch noch etwas zu tun haben.

Der Harz und die Welt

Die Reptiliengesellschaft aus den Schichten von Muschelkalk und Keuper profitierte von der Barrierefreiheit des damaligen Europa. Weder problematisch große Wasserflächen noch hohe Gebirge standen ihrer Ausbreitung in den Weiten des küstennahen Tieflandes entgegen. Wären nicht schon mitten in der Trias die Urahnen der Dinosaurier durch Harzer Lande gestapft, so hätte es keinen Anlass gegeben, diesen Zeitabschnitt gesondert von der Buntsandsteinära zu betrachten. Nach wie vor leuchtete die Landschaft rings um das mitteleuropäische Meeresbecken im vertrauten Wüstenrot. Wenn das Zentrum nicht gerade im schönsten Meeresblau erstrahlte, reflektierten die gelblichweißen Flächen des Kalkschlickwatts das Sonnenlicht.

Landschaftliche Abwechslung brachten im Keuper jene Flüsse, die es dank regenreicher Perioden dreimal bis in die hiesige Gegend schafften. Allerdings waren das nur kurzzeitige Abweichungen vom klimatischen Grundmuster. Die Regelmäßigkeit der Ablagerungen ist ein Hinweis auf weitgehende tektonische Ruhe. Erdbeben rumpelten – wenn überhaupt – fernab von Mitteleuropa.

Richtig interessant wird es wieder zu Beginn des Juras vor 200 Millionen Jahren. Da war das Harzgebiet per Kontinentaldrift bei etwa 35 Grad nördlicher Breite angelangt. Von nun ab unterlag die hiesige Erdoberfläche – wie überall auf der Welt – gewaltigen Veränderungen. Ursache dafür war das Auseinanderbrechen des Uraltkontinentes Pangäa. An der Grenze zum Erdmantel drängten gegenläufige magmatische Strömungen zur Teilung der riesigen Landmasse. Auf Höhe des damaligen Äquators begann das einstige Freundschaftsband zwischen Nord- und Süderde zu reißen, aus globaler Sicht in bedenklicher Nähe zum Harz. Erdbeben ließen Festland und Meeresboden erzittern. Mitteleuropa zerbrach in ein Schollenmosaik, in dem auch Harz, Kyffhäuser und Flechtinger Höhenzug ihre – zunächst noch unterirdischen – Konturen erhielten. Nach jeder tektonischen Zerstückelung des Grundgebirges »verheilten« die Risse und Spalten wieder.

Wegen häufiger Unterbrechungen sollte der Gesteinsheilungsprozess noch bis in das nächste erdgeschichtliche Kapitel andauern. Als Füllsubstanzen dafür dienten hauptsächlich Minerale wie Quarz und Kalkspat, die von Tiefenwässern herangebracht wurden. Bisweilen enthielten solche Lösungen auch Kupfer-, Blei- und Silberminerale. Deren Kristallwachstum verschloss die zumeist nur schmalen Hohlräume der Spaltensysteme recht bald. Manchmal jedoch waren sie derartig aufgeweitet, dass Tausende von Tonnen an Füllmaterial hineinpassten. Dieser als Gangvererzung bezeichnete Lagerstättentyp sorgte dafür, dass Bergleute viel, viel später emsig zu tun bekamen – im Oberharz mehr, im Unterharz weniger.

Turbulent ging es auch auf der Erdoberfläche zu. Nicht nur die Neuverteilung der Landmasse, sondern auch die Vergrößerung der Küstenlinien und neue Meeresströmungen bestimmten dort die Entwicklung des Klimas. Selbst als sich das Harzgebiet anschickte, im Oberen Jura den Wärmegürtel der Erde zu verlassen, war bei ihm von Abkühlung keine Rede. Dort, wo es die Reinheit des Wassers zuließ, lebten Korallenriffe – wie die in Süddeutschland – richtig auf. Unter 25 °C Wassertemperatur hätten sie sich dort nicht angesiedelt. Auch die Inseln des Harzarchipels befanden sich damals am nördlichen Rand des Ur-Mittelmeeres, der Tethys. Ihren Pflanzenfossilien sind die mehr als sommerlichen Temperaturen noch immer anzusehen. Die einstigen Gewächse hatten sich zum Schutz vor intensiver Sonnenstrahlung und Trockenheit derbes Laub zugelegt.

Als globale Durchschnittstemperatur werden für den Mittleren Jura 20 °C angenommen. Damit war es in den unteren Luftschichten der Erde um 5 °C wärmer als heute. Kein Wunder, dass die Pole eisfrei waren. Verantwortlich für die damalige Wärme dürfte der hohe Wasserdampfgehalt der Luft gewesen sein. Dieser (Treibhaus-)Effekt wurde zusätzlich durch den Kohlendioxidgehalt verstärkt, der auf das Dreifache heutiger Werte geschätzt wird.

Abb. 133. Eine ehemalige Erdbebenspalte der Saurierzeit wurde zum Erzgang im Kleinformat, gefüllt mit Siderit, Kalzit, Dolomit, Quarz und silberhaltigem Bleiglanz; Neudorf, 2004.

Etwa gleichzeitig zur Entstehung neuer Oberflächenformen in Mitteleuropa stieg der Wasserspiegel des Weltmeeres langsam an und übertraf den Höhengewinn der aufsteigenden Bruchschollen. Der Pegel erreichte schließlich ein Niveau, das gut 100 Meter über dem heutigen lag. Als Ursache werden sowohl die Eisfreiheit der Polarregionen, als auch die zunehmend Raum beanspruchende Bildung der mittelozeanischen Rücken angesehen. Die Lebewesen der Niederungswälder im Uralt-Europa waren dieser Bedrohung schutzlos ausgeliefert. Ihnen verblieben nur wenige Zufluchtsorte. Für die zahlreichen flachen Küstenregionen und viele der Inseln gab es allerdings keine Rettung. Dazu gehörte auch der mitteleuropäische Archipel mit dem Harz.

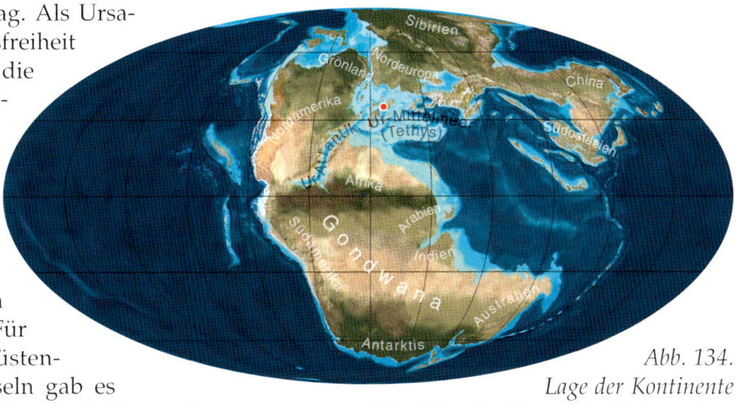

Abb. 134. Lage der Kontinente und Position des Harzes im Unteren Jura vor 200 Mio. Jahren.

◁ Abb. 135. *Saurierabschied im Oberen Jura. Die Trennung der Kontinente ging allerdings so langsam vonstatten, dass selbst Menschenherzen sie weder bemerkt hätten, noch daran zerbrochen wären.*

Alles deutet darauf hin, dass dessen Eilande ganz allmählich vom Meer überspült wurden. Manchen der heutigen Südsee-Inseln steht ein solches Schicksal unmittelbar bevor.

Im Jura nahmen die Kontinentalplatten annähernd ihre heutige Gestalt an und begaben sich auf neue Wege. Selbst wenn die Saurierinsulaner des Harzarchipels nicht durch den Meeresspiegelanstieg umgekommen wären, hätten sie ihre langhalsigen Verwandten nie wieder gesehen. Die saßen zusammen mit anderen Bewohnern des Festlandes auf der Kontinentalscholle Nordamerika. Mit ihr gingen sie auf lange Fahrt. Die Reisegeschwindigkeit betrug 5 bis 15 Zentimeter pro Jahr.

Wer sucht, der kann auch finden – Exkursionsziele

Ermsleben: Steinbruch im Unteren Muschelkalk; 🅿 am westlichen Ortsrand.

Gernrode: Steinbruch im Unteren Muschelkalk, Abschnitt des Nationalen Geotops Nördlicher Harzrand; 🅿 nördlich der Bahngleise.

Thale: Keuperton und Fasergips, stark verbuschte Tongrube am südöstlichen Ortsrand von **Stecklenberg** (teilweise Angelgewässer).

Dedeleben: Keupersandsteine im nördlichen Huy-Vorland;
1. Steinbrüche westlich von **Schlanstedt**;
2. Sandgrube nördlich der Siedlung **Westerburg**; 🅿 ehemalige Grubenzufahrt.

Quedlinburg: Gips des Mittleren Muschelkalks, stark verbuschte Abbaue in den Seweckenbergen östlich der Stadt; Anfahrt auch über **Badeborn** möglich; 🅿 auf Wirtschaftswegen.

Quedlinburg: Fossilreicher Kalksandstein des Unteren Juras (Lias), Ackerfläche in westlicher Verlängerung des Weinbergweges Richtung **Westerhausen**; 🅿 am Rand des Feldweges.

Oker: Kalksteinserie des Oberen Juras zwischen nördlichem Ortsrand und **Schlewecke**; 🅿 am Rand des Wirtschaftsparkplatzes Röseckenbach östlich der Harlingeröder Straße; Rundwanderweg um den Kalksteintagebau Langenberg, zeitweilig aktiver Betrieb, begrenzter Zutritt (www.rohstoffbetriebe.de); Abschnitt des Nationalen Geotops Nördlicher Harzrand.

Bernburg: Kalksteintagebau der Solvay Chemicals GmbH im Muschelkalk, aktiver Betrieb, begrenzter Zutritt u. a. am »Tag der offenen Tür« (Kontakt: Betriebsleiter Tagebau/Solbetrieb, J. LISCHKA, 03471 323-359; joachim.lischka@solvay.com).

Königslutter (Elm): Geopark-Informationszentrum, Freilicht- und Erlebnismuseum, regionale Geologie.

Salzgitter:
1. Museum im Schloss Salder, u. a. regionale Geologie und Flossensaurier;
2. Endlager Schacht Konrad, regionale Geologie und Grubenbefahrung (Anmeldung: 05341 8673099; info@endlager-konrad.de).

Halberstadt: Museum Heineanum, u. a. Skelette der Halberstädter Saurier *(Plateosaurus, Plesiosaurus)*.

⑥ Amerika lässt grüßen

Der April des Jahres 1945 sollte zum Schicksalsmonat für das Harzgebiet werden. Trotz der absehbaren Niederlage im 2. Weltkrieg hatte ein Teil der Deutschen Wehrmacht den Harz zur Festung erklärt und sich dort verschanzt. Mehrere Orte – Halberstadt, Blankenburg und Nordhausen – gingen im Bombenhagel der alliierten Streitkräfte unter. Am 14. April standen deren Truppen vor Quedlinburg und beschossen die Stadt. Hierzu boten die Türme der Stiftskirche ein weithin sichtbares Ziel. Im Krachen der Artilleriegranaten erstarb das Glockenläuten. Drei Tage später marschierten die Amerikaner ein. Abgesehen von einigen Blessuren, war die Fachwerkstadt noch einmal glimpflich davongekommen. Der mittelalterliche Kirchenschatz, heute als Domschatz bekannt, erlitt keinen Schaden. Bereits seit 1942 befanden sich die Kostbarkeiten wegen befürchteter Luftangriffe in Sicherheit. Dazu war im ehemaligen Steinkohlenbergwerk am südwestlichen Stadtrand die »Verwahrstelle Altenburg« eingerichtet worden. Außer dem Domschatz lagerten dort unter Bewachung noch weitere Kunstgüter aus Quedlinburg und Halberstadt. So weit, so gut. Wäre da nicht ein kunstbesessener amerikanischer Leutnant gewesen, der längst vom verborgenen Schatz wusste. Ihn interessierte nur der Inhalt bestimmter Kisten des Depots. Was der uniformierte Kunstliebhaber dann entgegen den Landkriegskonventionen mitgehen ließ, blieb lange sein Geheimnis. Erst im Jahr 1990, als die Erben Teile des Raubgutes zu Geld machen wollten, kam die Sache ans Tageslicht. Spannend wie ein Kriminalstück war die Geschichte der Rückführung. Seit 1992 befinden sich fast alle der mittelalterlichen Raritäten wieder an ihrem angestammten Platz.

Die ehrfurchtsvollen Betrachter des Domschatzes ahnen jedoch nicht, dass noch gänzlich andere Wertsachen die Harzer Kaiserstadt mit den USA verbinden. Bereits eine Ewigkeit vor den Kriegswirren gelangten wertvolle Stücke von hier in die Weiten der Prärie. Nicht heimlich, wie beim Kunstraub, sondern in geografischer Offenheit wanderten Teile des Naturerbes schon vor 100 Millionen Jahren in Richtung Westen – auf der von Eurasien abgetrennten amerikanischen Kontinentalplatte. Die Neue Welt nahm in der Kreidezeit ihr damals noch lebendiges Inventar mit auf die weite Reise. Diebstahl war ausgeschlossen, denn vor der Separation hatten beide Erdteile einvernehmlich Halbe-Halbe

Abb. 136. Der Schlossberg von Quedlinburg ist ein kreidezeitlicher Sandsteinfelsen und trägt Bauwerke aus dem Hochmittelalter bis zur Renaissance. Wie die Stadt gehört auch er zum Weltkulturerbe. Die Stiftskirche aus dem 12. Jahrhundert beherbergt den Domschatz.

gemacht. Das zumindest lassen die Pflanzenfossilien im Quedlinburger Höhenzug »Altenburg« vermuten. Wer dort gräbt, stößt immer wieder auf Blätter oder Zweigfragmente, die den in Nordamerika freigelegten Arten überraschend ähnlich sehen.

Gesteine mit dem Grünen Punkt

Eine Insel, aus Träumen geboren .... Nicht Hawaii ist gemeint, sondern die Harzinsel während der Kreidezeit. Damals herrschten auf jenem Breitengrad, an dem sie lag, nahezu paradiesische Lebensbedingungen. Den urzeitlichen Biotopen standen an Land und im Wasser alle Möglichkeiten offen. Die Gegend lockte mit angenehmer Wassertemperatur, abwechslungsreichen Küstenformen und vielgestaltigem Meeresboden – es stimmte fast alles. Sandige Untiefen, Klippen, Unterwasserfelsen, stille Buchten und Flussmündungen erfüllten die unterschiedlichsten Ansprüche von Pflanze und Tier.

Nur einen Makel hatte das Ganze: Bruchschollentektonik und Schwankungen des Meeresspiegels lösten wiederholt gewaltige Unruhe aus. Erdbeben ließen die Felsen erzittern, Uferschlamm rutschte in die Tiefe, Flutwellen drangen ins Landesinnere vor. Je höher der Meeresspiegel, desto größer der Schaden für den aufsteigenden Harzer Gebirgsrumpf. Die Brandungswellen machten vor keiner Steilwand halt. Zuerst verschlangen sie Stück für Stück der jungen, noch nicht verfestigten Kalk- und Sandsteinhülle. Dann kam die Bedeckung aus der Buntsandsteinwüste an die Reihe, später die Salzgesteine des Oberen Perms und schließlich die Dünen und Vulkanite des Unteren Perms. Nichts blieb mehr übrig von den roten Klippen, die einst den Brocken zierten. Zertrümmert, aufgelöst und weggespült landete das Harzer Helgoland als Erosionsschutt auf dem Meeresgrund der Blankenburger Mulde. Je mehr Sand, Kalkmergel und Ton dort hineingeschüttet wurde, desto mehr gab der trogförmige Untergrund unter der Auflast nach. Über 900 Meter dick sind allein die Ablagerungen im Muldenzentrum geworden.

Ohnehin scheint der »Grüne Punkt« eine geologische Erfindung zu sein, denn ununterbrochen verwandelte die Erosion alte Ablagerungen in neue Sedimente. Dabei erwiesen sich häufige Meeresspiegelschwankungen während der Oberen Kreidezeit als besonders hilfreich. Bei niedrigem Pegel des Weltmeeres rückte das Mündungsgebiet eines Urwelt-Flusses von Südosten bis in das Nordharzgebiet vor. Unmengen von Sand gelangten so in die Blankenburger Bucht. Dreimal fand ein solches Ereignis statt.

Abb. 137. *Vergleichslandschaft zur Quedlinburger Bucht der Kreidezeit: Küstendünen und Flussmündung am Pazifischen Ozean, Oregon (USA), 1992.*

Die erste Sandschüttung erreichte das Harzvorland vor 125 Millionen Jahren (Unterkreide: Barremium). Die spätere Gebirgsbildung machte daraus die »Kamelfelsen« von Westerhausen, den Quedlinburger Schlossberg nebst Hamwartenberg sowie die Felsklippen von Langenstein (Höhlenwohnungen!).

Nach Phasen kräftiger Meeresübergriffe mit Ablagerung von hellem Kalkstein erfolgte die zweite Sandlieferung vor 88 Millionen Jahren (Oberkreide, Coniacium). Auch sie hat felsige Denkmale geschaffen, zum Beispiel die »Gegensteine« bei Ballenstedt, die »Spiegelsberge« und den »Klusfelsen« bei Halberstadt.

Vor 84 Millionen Jahren (Oberkreide: Santonium) schüttete der Fluss eine dritte Fuhre des sandigen Baustoffs dem Harz aufs Haupt. Die reichte für den dicken »Regenstein« und die schlanke »Teufelsmauer«.

Dann war allerdings Schluss mit der Überdeckung des untergegangenen Herzynischen

△ Abb. 138. Die Kamelfelsen sind eine Schichtrippe aus quarzitisiertem Sandstein der Unterkreide (Barremium); Westerhausen (bei Quedlinburg), 1992.

Abb. 139. Die Sandsteingruppe der Klusfelsen bei ▷ Halberstadt (Oberkreide, Coniacium) war vor 150 Jahren noch unbewaldet; Gemälde von WILHELM STEUERWALDT, um 1860.

Faltengebirges durch jüngere Sedimente. Jetzt demonstrierte die zweite gebirgsbildende Epoche des Harzes ihre aktivsten Fähigkeiten. Sie beließ es nicht bei schmalen Rissen und Spalten in den Felsformationen, sondern schuf eine mehrere

Abb. 140. Die Sandsteinschicht der Teufelsmauer (Oberkreide, Santonium) wurde durch Kieselsäure und tektonischen Druck in erosionsbeständigen Quarzit ▽ umgewandelt; Weddersleben (bei Quedlinburg), 2009.

Abb. 141. Vergleichslandschaft zur Zeit der aktivsten Harzhebung (Oberkreide), als die über dem Gebirge lagernden Schichten von Zechstein bis Jura noch nicht erodiert waren; Steilküste bei Houlgate (Normandie, Frankreich), 1991.

Kilometer tiefe Störungszone am Nordrand der Harzscholle. Entlang dieser Bewegungsbahn wurde das alte Harzgestein durch sein Deckgebirge hindurch nach oben gepresst.

Aus der Zeit seiner Wiedergeburt legte der Harz einige Dokumente an. Unter anderem bediente er sich der Meisdorfer Steinkohlen (vgl. Kapitel 2). Die kamen nämlich zum Vorschein, als die Erosion das Deckgebirge abgetragen hatte und bis zum alten Grundgebirge vorgedrungen war. Dort rissen nun Brandungswellen die freigelegten Flöze in Stücke. Günstige Meeresströmung trug einige Kohlebröckchen ins tiefere Wasser. Bei Quedlinburg sank die leichte Fracht auf den Meeresgrund. Dort wurde gerade der Salzbergmergel zusammengespült. Weil der nicht nur aus Sand und Ton besteht, sondern auch aus den Schalenresten mariner Lebewesen im Range von Leitfossilien, weiß man, wann das war. Daher bietet sich im kommenden Jahr die Gelegenheit, den 85-millionsten Zweitgeburtstag des Harzes zu feiern.

Unweit des Klosters Michaelstein bei Blankenburg markieren die geologischen Verhältnisse den Höhepunkt jener Erdbewegungen. Die größte tektonische Aktivität fällt in das Obere Santonium vor 82 Millionen Jahren. Wie auch in anderen Aufschlüssen des gebirgsrandnahen Harzvorlandes, lässt sich die ungeheure Kraft erahnen, mit der die Sedimente des Deckgebirges aus ihrer ursprünglich horizontalen Position gerissen und steil aufgerichtet wurden.

Nur noch die bizarren Felsklippen des Harzvorlandes leisten der Erosion bis heute Widerstand. Allein um sie zu sehen, fahren die Touristen dorthin. Sie grübeln darüber, warum der Teufel bei den mauerartigen Sandsteinklippen zwischen Blankenburg und Ballenstedt auf die Bauzeichnung verzichtet hatte. Vermutlich kannte er die sagenhafte Gegend gut genug, um zu wissen, dass gegen die damals häufigen Erdbewegungen architektonisches Regelmaß keinerlei Chance gehabt hätte.

Über die Höhe des Meeresspiegels jener wilden Zeit kann man am besten in Goslar grübeln, den 350 Meter (ü. NHN) hohen Sudmerberg vor Augen. Der nämlich besteht bis hinauf zur Kuppe aus ufernahen Sedimenten und Schalenfragmenten von Meeresgetier. Demnach dürfte – abzüglich späterer Hebungen des Harzvorlandes um 150 Meter – der damalige Ozeanpegel etwa 200 Meter über dem heutigen Niveau gelegen haben.

Kaum vorstellbar, der Rammelsberg und die Kaiserpfalz unter Wasser, das Weltkulturerbe als Tauchparadies! »Nicht schlecht«, meint da jemand, und brettert auf der Küstenautobahn nach Wernigerode. »Herr Ober, bitte einmal

Abb. 142. Bruchtektonik im Sandstein des Kamelfelsens (Unterkreide), wo die einstigen Klüfte durch Quarzit »verheilt« sind; Westerhausen, 2009.

Abb. 143. *Die Spitze des Sudmerberges bei Goslar gilt als Orientierung für den Pegel des Weltmeeres in der Oberen Kreide (Campanium), der damals etwa 200 Meter höher lag als gegenwärtig; 2007.*

Haifischflossensuppe und ein Sauriersteak!«, »Bedaure, aber heute können wir keine warmen Gerichte anbieten. Der gestrige Erdrutsch hat unsere Energieversorgung unterbrochen. Nehmen Sie doch geräucherte Muscheln oder Kalmar in Aspik.«

Abb. 144. *Die Mergel und Kalksandsteine der Blankenburger Kreidemulde stammen aus dem einstigen Verzahnungsbereich von Land und Meer (Santonium, Heimburgschichten); Blankenburg, Platenberg, 2004.*

Abb. 145. *Beim Bau der Nordharz-Autobahn (B6n) trafen die Bagger auf große Mengen von Kalksandstein-Geoden. Einige wurden als Symbol für die einstige Meeresbedeckung am Rand der Schnellstraße zu zwei Pyramiden aufgeschichtet. Heimburg, 2010.*

Abb. 146. Die Stachelauster Spondylus aus den Formsandschichten (Coniacium) lebt in ähnlicher Gestalt noch heute in geringen Tiefen warmer Meere; Halberstadt, Winterberg, 1966.
Abb. 147. Kieselschwämme wie das fossile Exemplar aus dem ufernahen Abschnitt der Ilsenburgschichten (Campanium) sind noch heute Bewohner des Gezeitenbereichs warmer Meere; Ilsenburg, 2006.
Abb. 148. Die Grabspuren kreidezeitlicher Bohrwürmer (Santonium) sind ein Hinweis auf die zeitweilig marinen Verhältnisse in der weitläufigen Flussmündung am Nordrand der kreidezeitlichen Harzinsel; Quedlinburg, Altenburg, 1972.

Ist dieses fiktive Gespräch zu weit hergeholt? Vor 83 Millionen Jahren hätte man durchaus auf dem Wernigeröder Schlossberg das aus eigener Quelle sprudelnde Mineralwasser trinken können. Die »Schlossterrassen« hätten mit ziemlicher Sicherheit »Strandterrassen« geheißen. Nur wenige Meter unterhalb der Schutzmauern hätten sich die Wellen des Nordmeeres gebrochen. Muschelschalen, Schwämme, Haifischzähne, Tintenfischgehäuse, Saurierknochen, Treibholz, Blätter, Nadelzweige – so vielfältig ist die fossile Ausstattung im damaligen Grenzbereich zwischen Land und Meer.

Der Wald des damaligen Küstensaums und flussnahen Schwemmlandes hinterließ mehrere Wurzelhorizonte. Bisweilen bedeckten fossile Blätter und Koniferenzweige ganze Schichtflächen.

Gut erhaltene Baumstämme blieben als Treibholz in sandig-tonigen Fluss- und Brackwasserablagerungen stecken. Örtlich reicherte sich von dem angeschwemmten Treibgut soviel an, dass daraus Steinkohle entstehen konnte. Abgebaut wurden die dünnen Flöze gegen Mitte des 19. Jahrhunderts bei Quedlinburg. Jedoch standen die Mühen des Stollenvortriebs in keinem wirtschaftlich vertretbaren Verhältnis zur geringen Fördermenge. Außerdem stank die Kohle beim Verheizen entsetzlich. Man mochte sie nicht. Die Stollen des Bergwerks eigneten sich immerhin zur Champignonzucht. Auch der Domschatz kennt die Luft dort unten, in der »Verwahrstelle Altenburg«.

Der Brocken saß im Fahrstuhl

Es war eine ziemlich lange und sehr anstrengende Fahrstuhlfahrt von vier bis fünf Millionen Jahren, auf die sich der Brocken eingelassen hatte. Von Bequemlichkeit keine Spur. Es rumpelte und kippelte. Plötzlich blieb die ganze Kiste stehen.

Abb. 149. Sandsteine mit Wurzelhorizonten und Pflanzenabdrücken aus der Unterkreide; Quedlinburg, Hamwarte, 1985.

Nach einer Weile hatte sich das irdische Getriebe besonnen und wuchtete den behäbigen Harzer Kollos weiter hinauf. Wieder Stillstand. Diesmal schüttelte es den Granit so hin und her, dass er lauter Risse bekam. Die Tortour wollte scheinbar kein Ende nehmen. Inzwischen hatte es der Brocken aufgegeben mitzuzählen, wie oft die unterirdische Maschinerie aussetzte, um dann von neuem loszulegen. Schließlich schepperte es noch einmal gewaltig und nichts bewegte sich mehr. Immerhin, fast viertausend Meter waren im Verbund mit den anderen Harzgesteinen geschafft. Über tausend Meter sollten bis zum Ende des Tertiärs noch hinzukommen – ein tektonischer Rekord für Mitteleuropa (vgl. Kapitel 8)! Doch mittlerweile drang ein platschendes Geräusch, kaum wahrnehmbar, zum Granit herab. Der Brocken wusste noch nicht, dass bereits die Brandung an seine harte Hornfelsrüstung prallte.

Strandgewächs und Küstenwald

Dem Sammlungseifer eines Quedlinburger Lehrers ist das vollständige Arteninventar aus dem ältesten Kreidesandstein des Nordharzvorlandes zu verdanken. Leider hatte der Preußische Staat an der RICHTER'schen Sammlung kein Interesse. Durch Vermittlung des schwedischen Wissenschaftlers NATHORST schmückt sich das Naturhistorische Reichsmuseum Stockholm seit 1908 mit den Welteinmaligkeiten aus Quedlinburg. Einen Wald hat RICHTER in den Sandgruben an der Hamwarte (Untere Kreide, Barremium) zwar nicht entdeckt, wohl aber einen küstennahen Biotop von eigenartiger Zusammensetzung. Wie die vielen urtümlichen Farnarten vermuten lassen, hatte in Mitteleuropa das Zeitalter der Blütenpflanzen noch nicht begonnen. Die fossile Gemeinschaft lebte auf küstennahen Sandwällen und Schwemmland. Salziges Grundwasser scheint sie nicht sonderlich gestört zu haben. Mit dem Sand herangespülte Holzkohlebröckchen deuten aber darauf hin, dass im Hinterland der farnbewachsenen Küstenwälle andere Verhältnisse den Jahreslauf bestimmten. Dort sorgten in Trockenzeiten Waldbrände für Abwechslung. Wollte man lebende Verwandte der Quedlinburger Strandgesellschaft kennenlernen, müsste die Reise nach Indonesien führen.

Abb. 150. Strand- und Dünenfarn Weichselia (Barremium), dessen Verwandte gegenwärtig noch im subtropischen Teil von Neuseeland vorkommen; Quedlinburg, Hamwarte, 1970.

Unter den weltweit berühmten Fundstellen kreidezeitlicher Pflanzen hat auch Blankenburg am Harz seinen festen Platz. Bis Mitte des vorigen Jahrhunderts lieferte der Sandsteinbruch im Heidelberg (Mittleres Santonium) so manchen Bausandstein. Aus ihm stammen die weltweit ersten wissenschaftlich beschriebenen Laubbaum-Blätter namens *Credneria*. Sie gelten als das Symbol des beginnenden Zeitalters der Blütenpflanzen. Als man sie auf den Namen eines Geologen des 19. Jahrhunderts taufte, war ihre in Mexiko lebende Verwandtschaft noch unbekannt. Die Platanen der Sierra Madre hielten sich in den subtropischen Nebelwäldern versteckt. Inzwischen sind Forstleute und Botaniker von der Vielgestaltigkeit der stattlichen Bäume überrascht. An ein und demselben Exemplar können dreilappige und ovale Blätter mit entsprechenden Übergangsformen vorkommen. Solche genetischen Kunststückchen sind selten im Pflanzenreich. Das experimentierfreudige Laub schmückt sich teilweise mit einem kleinen Kragen am Stielansatz, der geschlossen oder aufgeknöpft getragen wird. Dieses modische Beiwerk kannten bereits die fossilen Kragenplatanen des Harzvorlandes vor 85 Millionen Jahren.

◁ *Abb. 151. Strand- und Dünenfarn Matonidium (Barremium), dessen verwandte Arten gegenwärtig noch im tropischen Indonesien leben; Quedlinburg, Hamwarte, 1970.*

Abb. 152. Die Blätter der Formengattung Credneria aus kreidezeitlichen Fundstellen des Harzvorlandes (Santonium bis Campanium) kommen auch in Nordamerika vor. Beiden gemeinsam ist die derbe Beschaffenheit der Blattsubstanz, welche als Verdunstungsschutz bei saisonaler Wasserknappheit in wechselfeuchten Subtropen/Tropen angesehen wird. Die lappenartige Vergrößerung des Blattgrundes gilt als verwandtschaftliches Merkmal und reicht vom stielumfassenden Kragen bis zu flügelartigen Ansätzen. Dadurch haben sie große Ähnlichkeit mit einer mexikanischen Platanenart der Gegenwart (Abb. 153a).
a, Fragment der dreilappigen Variante von Credneria mit Stielkragen; Quedlinburg, Altenburg, 1972.
b, Rekonstruktion der dreilappigen Variante von Credneria mit Stielkragen; Quedlinburg, 1972.
c, Credneria oval mit Stielkragen; Blankenburg, Platenberg, 2005.
d, Credneria oval ohne Stielkragen; Blankenburg, Westend, 1962.
e, Credneria oval mit geteiltem Stielkragen; Blankenburg, Heidelberg, 1959.

Abb. 153. Auch die Platanen gelten als lebende Fossilien. Die wohl urtümlichste unter ihnen kommt in Mexiko vor. Sie bewohnt u.a. die wechselfeuchten Wälder des subtropischen Berglandes rund um die Stadt Xalapa (Veracruz). Ihre Blätter sind äußerst vielgestaltig. Die beiden abgebildeten stammen vom gleichen Baum, bei dem die gesamte Bandbreite möglicher Zwischenformen – einschließlich der Kragengestaltung des Blattgrundes – vertreten war. ALEXANDER VON HUMBOLDT könnte sie gesehen haben, als er 1804 die Gegend besuchte. a, Blatt von Platanus chiapensis als dreilappige Variante; b, Blatt von Platanus chiapensis als ovale Variante.

Als ergiebigster Fundort der kreidezeitlichen Pflanzenwelt des Harzes gilt die ehemalige Tongrube an der Altenburg bei Quedlinburg (Mittleres Santonium). Einst gehörte diese Gegend zu einem weitläufigen Flussmündungsgebiet. Dichter Mischwald wuchs an den Rändern abgeschnürter Flussschlingen, ähnlich den Altwässern heutiger Flussauen. Herabgefallenes Laub, Zweige und Holz wurden bisweilen durch Hochwasser- und Gezeitenschlick überdeckt. Dank dieser ausgezeichneten Konservierung blieben bei etlichen Blättern anatomische Einzelheiten von Ober- und Unterseite erhalten. Der Blick durch das Mikroskop offenbart die Vielfalt derartiger Zellstrukturen. Erst durch diesen unverwechselbaren botanischen »Fingerabdruck« lassen sich äußerlich ähnliche Blattfossilien voneinander unterscheiden. Andererseits entpuppte sich eine Reihe formenreicher Blätter als nur zu einer Art gehörig.

Das Laub mehrerer Arten der Quedlinburger Urwaldbäume glänzte durch wachsartigen Überzug, der die Blätter vor der schädlichen Wirkung intensiver Sonnenstrahlung schützte. Diese Anpassungsstrategie an klimatische Härte ist noch heute in den Tropen und Subtropen verbreitet. So grünte schon damals der Wald munter drauflos, was das feucht-warme Klima hergab. Regelmäßige Vegetationspausen gab es offenbar nicht, denn auf wiederkehrende Unterbrechungen hätten die Bäume

Abb. 154. *In den Wäldern der Blankenburger Bucht existierte noch eine weitere Platanenart. Im Gegensatz zu den Credneria-Platanen besaß sie deutlich zarteres Laub. Aus dem keilförmigen Blattgrund konnten sich drei- bis fünflappige Formen mit glattem bis grob gezähntem Rand entwickeln. Blätter (a) und Blütenstand (b) von Platanus intermedia; Quedlinburg, Tongrube Altenburg, 1994; Sammlung* TROSTHEIDE, *Wolmirstedt.*

sofort mit der Herstellung von Jahresringen reagiert. Die jedoch fehlen bei den fossilen Hölzern, abgesehen von unregelmäßigen Zuwachszonen. Demnach waren die Niederschläge recht gleichmäßig über das Jahr verteilt, obwohl etliche der als Treibholz angeschwemmten Stämme Waldbrandspuren aufweisen. Ausnahmsweise muss wohl zeitweilige Trockenheit am Oberlauf der Quedlinburger Ur-Bode den Brennstoff für zündbegierige Blitze vorbereitet haben.

Die fast eine Million Jahre jüngeren Schichtabschnitte der Blankenburger Kreidemulde (Oberes Santonium) offenbarten in den zeitweiligen Aufschlüssen in und um die Stadt ein fossiles Sammelsurium. Da fanden sich »Nester« von zusammengespülten *Credneria*-Blättern und Zweigen etlicher Koniferen gleich neben Überbleibseln von allerlei Meeresgetier, wie Muscheln, Ammoniten und Haifischzähnen. Selbst Knochen von behäbigen Landsauriern waren in das Sediment hineingeraten. Neben kleinen Geröllen aus Buntsandstein und Muschelkalk gibt es dort sogar welche aus Harzgestein. Dieses bunte Nebeneinander spricht für die seinerzeit reich gegliederte Küstenlandschaft, wo der Wald selbst die kleinen, lang gestreckten Inseln vor dem Harzrand begrünte.

Insgesamt wurden aus dem Harzwald der Oberkreidezeit Reste von 65 Pflanzenarten überliefert (Laubgehölze, Koniferen, Farne). Leider haben nicht alle Blätter und Früchte bis ins fotogene Zeitalter durchgehalten. Besonders in sandigen Schichtabschnitten ließ die Grundwasserchemie nicht viel von der Substanz übrig.

Abb. 155. Blatt des Hartlaubgehölzes Monimia, welches vermutlich noch auf der Südhalbkugel, in den Wäldern von Tasmanien, lebt; Quedlinburg, Tongrube Altenburg, 1972.
Abb. 156. Koniferenzapfen Geinitzia, Treibgut aus dem kreidezeitlichen Küstenwald (Santonium); Blankenburg, Platenberg, 2003; Sammlung TROSTHEIDE, *Wolmirstedt.*
Abb. 157. Zweig der Konifere Widdringtonia, ein Zypressengewächs, dessen Verwandte gegenwärtig noch in Südafrika zuhause sind; Quedlinburg, Tongrube Altenburg, 1972.
Abb. 158. Zweigspitze der Konifere Geinitzia als Treibgut von der kreidezeitlichen Harzinsel (Campanium); Ilsenburg, 1997.
Abb. 159. Zapfen der Konifere Elatocladus als Treibgut von der kreidezeitlichen Harzinsel (Campanium); Ilsenburg, 1997.
Abb. 160. Zweig der Konifere Elatocladus, die vermutlich mit der Japanischen Spießtanne Cunninghamia näher verwandt ist; Quedlinburg, Tongrube Altenburg, 1972.

Abb. 161. Zweig von Brachyphyllum, einer Konifere aus der Familie der Zypressengewächse; Quedlinburg, Tongrube Altenburg, 1992; Sammlung TROSTHEIDE, *Wolmirstedt.*

Nicht nur die Kragenplatanen künden von der florengeographischen Nähe Europas zu Nordamerika. Auch etliche andere Gattungen verweisen auf den einstigen kontinentalen Zusammenhang, unter anderem die Blätter der ausgestorbenen *Debeya*-Bäume. Hier wie dort reicht der Formenbestand von der Dreilappigkeit bis hin zu den fünfteiligen Varianten. Dass sich hinter der so unterschiedlichen Gestalt wieder einmal nur die gleiche Art verbirgt, geht aus der mikroskopischen Analyse der Quedlinburger Artverwandten hervor.

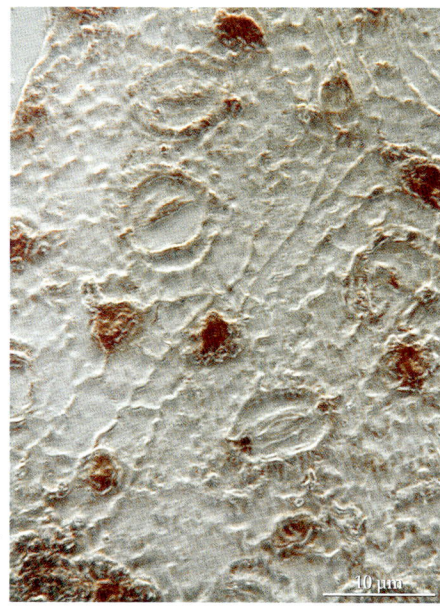

Abb. 162. Epidermisanalyse als Zuordnungshilfe für fossile Blätter; hier die Unterseite der Kutikula von Debeya westerhausiana; Quedlinburg, Tongrube Altenburg, 1972.

Abb. 163. Auch das ausgestorbene kreidezeitliche Gehölz Debeya stand mit seinen formenreichen Blättern in den ersten Laubwäldern von Europa und Nordamerika. Bei der großen Variationsbreite der äußeren Blattgestalt ermöglicht jedoch erst der mikroskopische Vergleich von Zellstrukturen die sichere Unterscheidung bzw. Artzuweisung der Quedlinburger Blätter (Santonium).
a, Debeya als dreilappige Variante mit gezähntem Rand; Quedlinburg, Altenburg, 1972.
b, Debeya als dreilappige Variante mit glattem Rand; Quedlinburg, Altenburg, 1972.
c, Debeya als dreilappige Variante mit glattem Rand; Dakotasandstein, Ellsworth County (Kansas, USA), 1992.
d, Debeya als fünflappige Variante mit glattem Rand; Dakotasandstein, Ellsworth County (Kansas, USA), 1992.

Der Harz und die Welt

Auf seiner interkontinentalen Reise gönnte sich der Harz bei 40 Grad nördlicher Breite eine Verschnaufpause. Hätten ihn nicht gebirgsbildende Kräfte ständig weiter nach oben bugsiert, wäre auch er dauerhaftes Opfer der großen kreidezeitlichen Sintflut im Cenomanium geworden, so wie andere Teile Europas ringsherum. Von einem ruhigen Badeurlaub konnte trotzdem keine Rede sein. Je nach Höhe des Weltmeer-Pegels ragte der Gebirgssporn mal mehr, mal weniger in die See hinaus. Dessen ungeachtet verbreitete sich der Atlantik weiter. Da die noch in Nordeuropa bestehenden Landbrücken zu Nordamerika keine Gummibänder waren, brachen sie eine nach der anderen endgültig weg. Zu dem einstigen Nachbarn Afrika gab es schon lange keine Verbindung mehr. Jeder Kontinent ging von nun an seine eigenen Wege, hatte aber zur Belebung etwas Pflanze und etwas Tier aus der gemeinsamen Vergangenheit mitgenommen. Denen eröffneten sich eigene Entwicklungsmöglichkeiten, vorausgesetzt, sie kamen mit den Herausforderungen der neuen Umwelt zurecht und starben nicht aus.

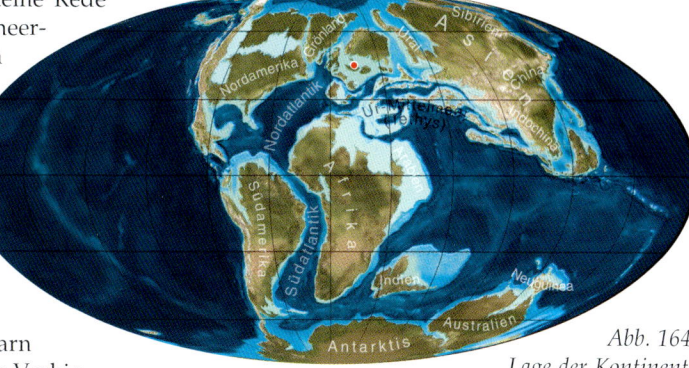

Abb. 164.
Lage der Kontinente
und Position des Harzes in der Oberkreide
vor 90 Mio. Jahren.

Nach all dem, was Blatt- und Baumfossilien der Harzer Küstenwälder mitzuteilen haben, herrschte in der hiesigen Gegend fast das ganze Jahr über eine feucht-warme bis heiße Witterung. Dafür hätte die allein per Kontinentaldrift erreichte Position nicht ausgereicht. Vermutlich liegt die Ursache beim hohen atmosphärischen Kohlendioxidgehalt, der neben Wasserdampf den extremen Treibhauseffekt bewirkte. Die damalige Konzentration des Klimagases übertraf die heutigen Werte von 380 ppm (parts per million, 1 ppm = 0,0001 %) wahrscheinlich um das Sechsfache!

Folglich stöhnte der Harz unter der schwülen Tropenhitze von 28 °C im Jahresdurchschnitt. Selbst 34 °C gehörten im Sommerhalbjahr zur Normalität. Damals fiel der Temperaturgradient vom Äquator zu den Polen von 35 °C bis auf 0 °C relativ moderat ab. Seinerzeit war die Blankenburger Bucht, also das Südufer der werdenden Nordsee, durchschnittlich 25 °C und in Extremsituationen kurzzeitig bis zu 30 °C warm. Alle Kontinente genossen eine überwiegend eisfreie Erde. Nur als flüchtige Episode wird neuerdings eine Vergletscherung der Antarktis zu Beginn der Oberkreidezeit angenommen.

Auf jeden Fall wuchs damals alles Grünzeug massenhaft und ohne Unterbrechung heran – wie im Glashaus botanischer Gärten. Kein Wunder, dass die Saurier nach den tödlichen Wirren zu Beginn der Kreidezeit wieder runde Bäuche bekamen.

Zum besseren Nachempfinden der extremen Klimaverhältnisse während der Oberkreide seien einige Vergleichswerte aus der Gegenwart angefügt. Im Badeparadies Thailand ist es mit seinen 26 °C vergleichsweise kühl. Der Harzrand muss aktuell mit 10 °C im Jahresdurchschnitt auskommen. Der Brocken erreicht nur lausige 3,1 °C. Vom Äquator zum Südpol fallen die Temperaturen von angenehmen 25 °C auf klirrende minus 50 °C! Und die Helgoländer Robben brauchen eine dicke Speckschicht, um sich vor den 12 °C kalten Fluten der Nordsee zu schützen.

Wer sucht, der kann auch finden – Exkursionsziele

Quedlinburg: Sandstein der Unterkreide; zwei (noch) bewaldete Steinbrüche im Höhenzug Hamwarte am nördlichen Stadtgebiet, Bereich der Straßenkurve B79 Richtung **Halberstadt**/B6n, P Abzweig Steinholzweg, nördliches Teilstück des Quedlinburger Sattels; geschützter Geotop.

Quedlinburg: Sandstein der Unterkreide; Schlossfelsen als südliches Teilstück des Quedlinburger Sattels, Einschaltungen von Brauneisenerz; geschützter Geotop; P unterhalb Münzberg.

Langenstein: Sandstein der Unterkreide; alte Burg mit Höhlenwohnungen am südlichen Ortsrand; P am Waldbad.

Westerhausen: Sandstein der Unterkreide nördlich des Ortes (Kamelfelsen); Naturschutzobjekt; P an der Landstraße zwischen **Börnecke** und **Westerhausen** am Weinberg Kirmann.

Ballenstedt: Sandstein der Oberkreide (Gegensteine); P an der Zufahrt zum Verkehrslandesplatz; Abschnitt des Nationalen Geotops »Harznordrand und Teufelsmauer«, Flächennaturdenkmal.

Quedlinburg: Salzbergmergel; Wipertistraße Richtung **Weddersleben**; P am Straßenrand.

Halberstadt: Sandsteine der Oberkreide; Spiegelsberge mit Klusfelsen am östlichen Ortsrand, Harslebener Berge am südlichen Ortsrand; teilweise Naturschutzgebiet; P an den Zufahrtstraßen.

Quedlinburg: Sand- und Tonsteine der Oberkreide im Bereich des Höhenzuges der Altenburg; verbuschtes und bewaldetes Gelände, anstehende Tonschichten am westlichen Ende des Tagebaus (ruhender Betrieb); P an der Straße Richtung Weddersleben oder an der Zufahrt zur ehem. Gaststätte »Zur Altenburg« bzw. P vor der gesperrten Zufahrt zur Tongrube.

Blankenburg: Sandstein der Oberkreide mit Quarzitklippen Teilstück der Teufelsmauer vom östlichen Ortsrand bis **Timmenrode**; P an der Gaststätte »Großvater«; Rundweg über die Klippen und den Heidelberg (die klassische Fossilfundstelle Steinbruch Heidelberg auf der Nordseite des Höhenzuges wurde verfüllt); teilweise Naturschutzgebiet, Abschnitt des Nationalen Geotops »Harznordrand und Teufelsmauer«.

Blankenburg: Sandstein der Oberkreide (Regenstein); P an der Zufahrtstraße, 1 km Fußweg zur Burg.

Blankenburg: Kalksandstein-Geoden der Oberkreide, fossilführend; denkmalartige Stapelpyramide bei **Heimburg**, Einfahrt Wirtschaftsweg am Heimburger Berg 200 m östlich des Ortes; P im Bereich des Objektes; aus Haftungsgründen eingeschränkte Betretungsmöglichkeit.

Blankenburg: Mergel der Oberkreide im Teufelsbachtal südlich **Heimburg**; P in der Einmündung des Forstweges in die Straßenkurve Heimburg–Kloster Michaelstein; bedeutsamer Geotop des Landes Sachsen-Anhalt.

Quedlinburg: Sandstein der Oberkreide; Teilstück der Teufelsmauer nördlich von **Weddersleben**; Abschnitt des Nationalen Geotops »Harznordrand und Teufelsmauer«, ältestes Naturdenkmal Deutschlands; P am Ende der Teufelsmauerstaße in Weddersleben oder an der Bodebrücke Richtung **Neinstedt**.

Wasserleben: Ilsenburgmergel (Campanium) im Ilsetal; 300 m südlich des Freibades auf dem rechten Ilse-Ufer, Fossilfundpunkt; P am Freibad.

Osterwieck: Kalkmergel der Oberkreide (Plänerkalk aus dem Cenomanium/Turonium) nördlich des Ortsteiles **Hoppenstedt**; reicher Fundpunkt mariner Fossilien; flächenhaftes Naturdenkmal, bedeutsamer Geotop des Landes Sachsen-Anhalt; geologische Exkursionen nur außerhalb der Brutzeit möglich, Anmeldung beim Umweltamt des Landkreises Harz erforderlich; P am Ortsausgang.

Goslar: Kalksandstein der Oberkreide; ehemalige Steinbrüche am Sudmerberg (Baumaterial u.a. der Kaiserpfalz), teilweise begehbar; Zufahrt über Goslarer Stadtteil Sudmerberg; P am Straßenrand, kurze Wanderung bergauf.

Vienenburg: Kalkmergel der Unterkreide des Harly-Höhenzuges östlich von **Weddingen**; marines Äquivalent zum festländisch geprägten Sandstein der Hamwarte von Quedlinburg, Fossilfundpunkt (Muscheln); Zufahrt über den Wirtschaftweg zum ehem. Kalischacht 3 im Kreuzungsbereich an der Brücke des Weddebachs; P am Aufschluss.

Wernigerode: Harzmuseum; regionale Geologie.

Magdeburg: Museum für Naturkunde; Entwicklungsgeschichte des Lebens, u.a. Großexponat mit kreidezeitlichen Platanenblättern von Quedlinburg (Tongrube Altenburg).

7 Als noch Gold vom Baume tropfte

Ob im Juli, März oder Oktober – in diesen Monaten erinnert der Kalender an die von Pulverdampf begleiteten gesellschaftlichen Revolutionen. Doch nach einem Feiertag für die technische Revolution sucht man vergebens, obwohl sie wesentlich mehr Qualm verursacht hat. Fauchend nahm die Dampfmaschine von England aus ihren Weg rund um die Welt. Mit der neuartigen Kraft konnte man verreisen, aber auch Kanonen schmieden. Unmengen von Energie wurden dazu benötigt. Als die Wälder verheizt waren, holte man fossiles Brennmaterial aus der Erde, auch im Harzvorland. Die Braunkohlevorkommen wurden erst im Tiefbau, später im Tagebau erschlossen. Dörfer und Felder mussten ihnen weichen. Die vormals sanftwellige Gegend erhielt tiefe Löcher und kantige Hügel. Kohle brachte »Kohle«.

Gut 150 Jahre reichte der Lagerstättenvorrat zwischen Nachterstedt und Aschersleben. Im Helmstedter Revier lohnt der Abbau noch heute. Das Kraftwerk Buschhaus bei Helmstedt verwandelt Braunkohle in Strom und das Abgas Kohlendioxid. Doch Strom treibt nicht nur Elektromotoren an, sondern auch Denkfabriken. Dort wird über die Energieversorgung der Zukunft nachgedacht. Eine Modellregion dafür gibt es bereits. Im Landkreis Harz wird versucht, unterschiedliche Quellen von regenerativer Energie zu koppeln und vielleicht neue zu erfinden. Die Zeit drängt. Ab dem Jahr 2018 gehen im Revier Helmstedt die Bagger in den Ruhestand. Welche Revolution kommt dann?

Abb. 165. Hinter Halden versteckt – ein Vulkan aus Menschenhand: Kraftwerk Buschhaus, 2005.

Gestein aus Sumpfland und Savanne

In der Braunkohlenzeit vor rund 50 Millionen Jahren hatte das Harzgebiet einfach Pech. Es schien die Rezeptur für die Herstellung von widerstandsfähigem Fels vergessen zu haben. Außer Lockergesteinen wie grünen, weißen und braunen Sanden nebst hellem Ton fielen der Erdgeschichte nur noch Braunkohleflöze ein. Allesamt waren die viel zu weich, um gebirgige Strukturen hervorzubringen. Kein Wunder, dass von deren ehemals flächenhafter Verbreitung nur isolierte Reste übrig geblieben sind. Selbst diese gäbe es nicht mehr, wäre nicht das 500 Meter mächtige Zechsteinsalz tief im Untergrund aktiv geworden. Das nämlich hat eine Eigenschaft, die man ihm im Salzstreuer nicht anmerkt: es kann fließen! Um diese Bewegung im Erdinneren auszulösen, sind ausreichend Wärme und sehr hoher Druck erforderlich. Beide Bedingungen waren in 2000 Meter Tiefe, wo die Salzschicht lag, seit langem erfüllt. In diesem Abschnitt ist die Erdkruste durchschnittlich 60 °C warm. Die gewaltige Auflast der Triasablagerungen lieferte den notwendigen Pressdruck. Auch der Auslöser für das Salzfließen fehlte nicht. Das waren tektonische Unruhen in Form kräftiger Erdbeben. Die öffneten im gesamten Harzvorland ein Spaltensystem, oft von nur wenigen Zentimetern Breite. In diese Schwachstellen drängte das unter Druck stehende Salz. Einmal in Gang gekommen, quetschte sich der zähe »Teig« Millimeter um Millimeter nach oben. Dabei wurden die Deckschichten durchstoßen und seitlich weggedrückt. Oft nahmen die herauf gequollenen Salzmassen die Gestalt überdimensionaler Sättel an. An deren Flanken entstanden im Idealfall zwei Mulden. Wenn nach mehreren Millionen Jahren das Salz unter beiden Randsenken ausgequetscht war oder der Druck von

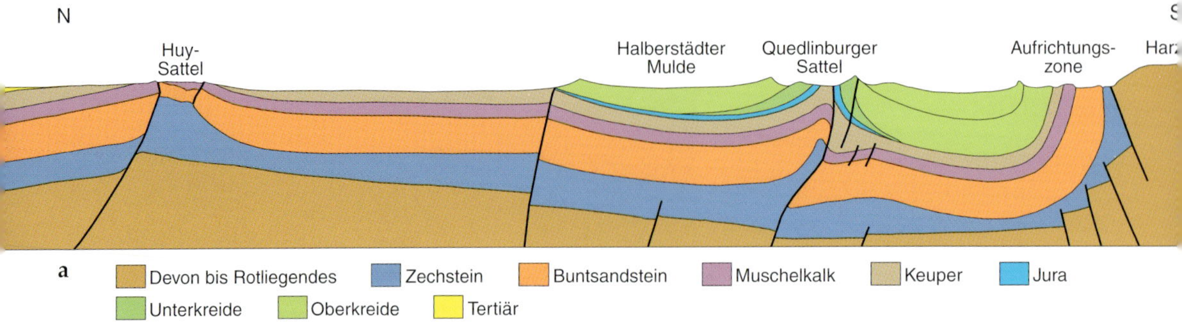

a

| Devon bis Rotliegendes | Zechstein | Buntsandstein | Muschelkalk | Keuper | Jura |
| Unterkreide | Oberkreide | Tertiär | | | |

Nördlich nach Süd: Huy-Sattel, Halberstädter Mulde, Quedlinburger Sattel, Aufrichtungszone, Harz

b

Abb. 166a. Geologischer Schnitt durch das nördliche Harzvorland, stark schematisiert.
Abb. 166b. Profil des nördlichen Harzvorlandes im Kleinstformat und bildlicher Vergleich zur Verformbarkeit des Zechsteinsalzes. Durch die Auflast überlagernder Sedimente wurde hier statt des Salzes eine plastische Feinsand/Tonschicht sattel- und muldenförmig deformiert. Braunkohletagebau Schöningen, 2009.

oben nicht mehr ausreichte, kam der Vorgang zum Erliegen. Schon mit Beginn der Salzbewegung hatten behäbige Tieflandflüsse von den kilometerlangen Senkungsgebieten Besitz ergriffen. Deshalb konnten dort auch üppige Moore gedeihen und als Braunkohle einlagert werden.

Auf die haben es die Baggerschaufeln abgesehen und geben nicht eher Ruhe, bis der letzte Kohlebrocken herausgeholt ist. Als erfreulichen Nebeneffekt liefern die Tagebaue bislang meilenweite Querschnitte durch 250 Meter mächtige Ablagerungen. Aus ihnen ist das landschaftliche Geschehen vor rund 50 Millionen Jahren ablesbar.

Das Gebiet zwischen Harz (Aschersleben) und Flechtinger Höhenzug (Magdeburg) war im Alttertiär (Eozän/Oligozän) eine Bucht der Ur-Nordsee mit häufig wechselnder Uferlinie. Bisweilen lag der Übergangsbereich zwischen Land und Meer nordwestlich von Helmstedt. Manchmal verschob er sich bis in den Raum Halle, stets bedeckt von der breiten Niederung der Ur-Saale, in die auch die ersten Harzflüsse mündeten. Deren Weg lässt sich leicht zurückverfolgen, denn sie brachten aus der Umgebung des Brockens widerstandsfähige Gerölle aus schwarzem Kieselschiefer mit.

Zweimal allerdings hieß es in diesem Zeitraum für große Gebiete Mitteleuropas »Land unter«. Im Mitteleozän vor 48 Millionen Jahren und dann im Unteroligozän vor 34 Millionen Jahren war der Wasserstand des Weltmeeres um gut 100 Meter angestiegen, aber wieder zurückgegangen. Über die Ursache dieser vorzeitlichen Sintfluten wird noch gerätselt. Wie den Überbleibseln mariner

Abb. 167. Staffelbruch an der Nordflanke des Büddenstedter Sattels, entstanden durch Salzaufpressung; linker (= östlicher) Teil abgesenkt, rechter (= westlicher) Teil gehoben; Braunkohletagebau Helmstedt, 2005.

Abb. 168. Schaufelradbagger bei der Abraumförderung im Bereich der nicht nutzbaren Flöze 12 bis 14. Die muldenförmigen Ablagerungen unterhalb des Baggers gehörten zu einem verlandeten Flusslauf aus dem Untereozän. Die bis 30 m mächtige Rinnenfüllung enthielt eine artenreiche Nadelgehölz-Hartlaubvegetation. Braunkohletagebau Schöningen, 2004.

Abb. 169. Südfeld des Braunkohlentagebaus Schöningen mit enger Wechsellagerung von Kohleflözen, Meeres- und Flussablagerungen sowie den Fundschichten einiger der abgebildeten Fossilien; 2005.
❶ *Palmenstubben;* ❷ *Kiefern, Magnolien;* ❸ *Palmenblätter;* ❹ *Holzkohlen;* ❺ *Palmenstämme, Farne, Lorbeer;* ❻ *Weichbernstein;* ❼ *Schefflera, Palmen, Eichen, Magnolien;* ❽ *Holzkohlen;* ❾ *versteinerte Hölzer.*
① *Eiszeitablagerungen;* ② *Meeressand;* ③ *Flusssand.*

Lebewesen zu entnehmen ist, umfasste deren Lebensraum sowohl flache Uferabschnitte, als auch Hochseeverhältnisse. Als weitere Zeitzeugen des Geschehens hinterließen die Fluten Strandgerölle, weiße, grüne und schwarzgraue Sande. Die widerstanden jedoch nur in geologischen »Fallen« der Erosion, beispielsweise in Lösungshohlräumen des Kalksteins bei Elbingerode sowie des Zechsteingipses zwischen Thale und Heimburg. Im Teufelsbachtal unweit des Klosters Michaelstein wurde der dunkle Meeresschlamm sogar bergmännisch abgebaut. Seine gesundheitsfördernde Wirkung trug erheblich zum guten Ruf von Blankenburg als Kurstadt bei. Das »Teufelsbad« gibt es noch immer, nur der mineralreiche Heilsand ist inzwischen aufgebraucht. Der Grünsand aus den Braunkohletagebauen des Nordharzvorlandes hatte leider zu wenig gesundheitsfördernde Inhaltsstoffe und verschwand auf Nimmerwiedersehen als Abraum in den Bergbauhalden.

Außer diesen Zeitzeugen überlieferte das Alttertiär auch eine fossile Landschaft. Das ist die Harzhochebene. Damals befand sich das Gebirge noch nicht auf seiner exponierten Position und das nördliche Harzvorland bildete gemeinsam mit der Harzscholle eine recht reliefarme Ebene. Nur das Brockenmassiv überragte die Gegend um etwa 600 Meter. Wann genau das Gebirge letztmalig auf sein heutiges Niveau angehoben wurde, ist nur vage zu ermitteln (vgl. Kapitel 8). Auf jeden Fall geschah das kurz nach dem zweiten großen Meeresvorstoß, von dem der weiße Sand bei Elbingerode

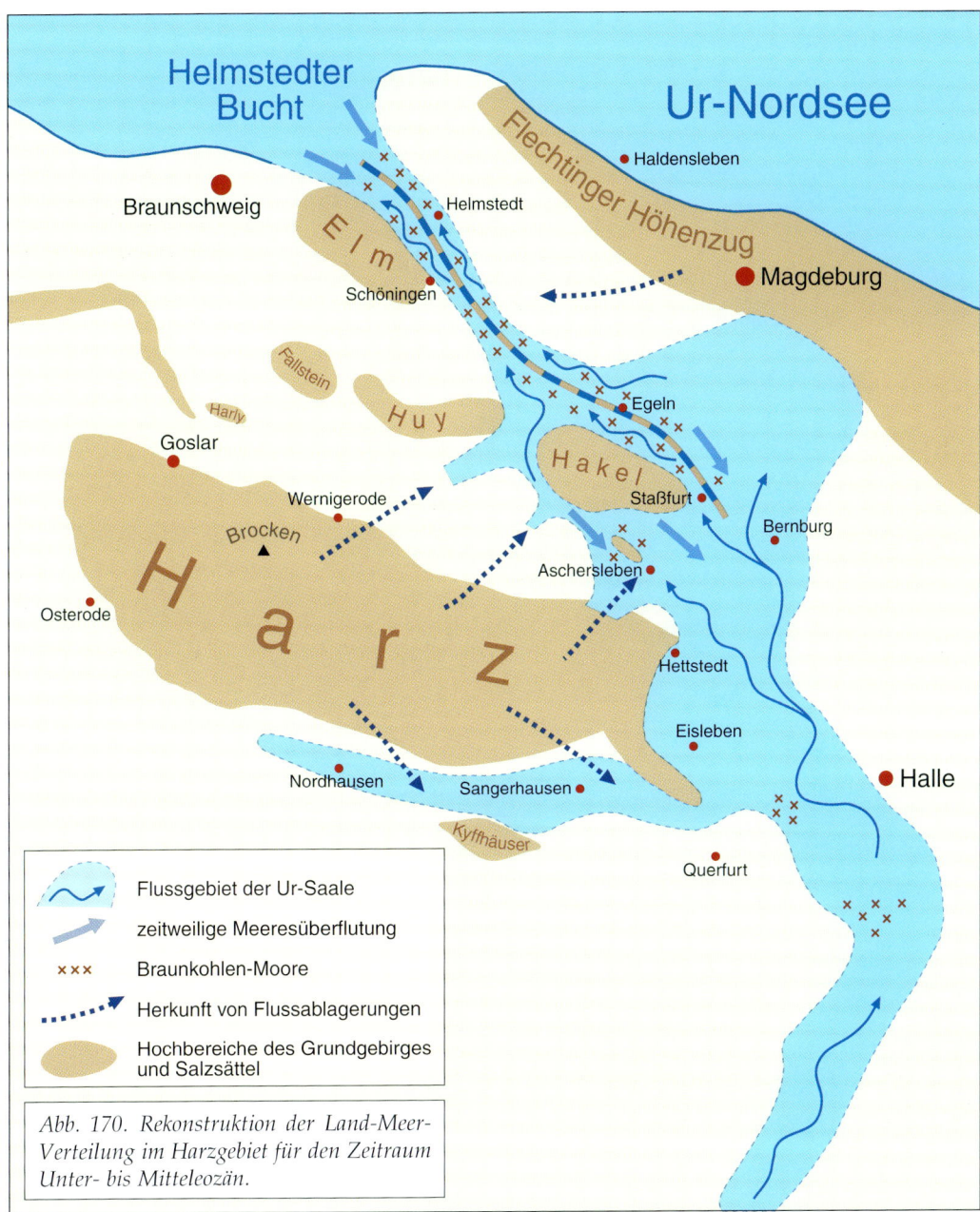

Abb. 170. Rekonstruktion der Land-Meer-Verteilung im Harzgebiet für den Zeitraum Unter- bis Mitteleozän.

stammt. Im gegenüberliegenden Teil der Vorharzer Meeresbucht, dem Flechtinger Höhenzug, lassen Gerölle zwischen den Uferklippen die Wucht einstiger Wellen erahnen. Allerlei Meeresgetier und sogar Wärme liebende Stockkorallen blieben in den Auswaschungen der Brandung erhalten.

Neben den beiden katastrophalen Überflutungen sorgten vor allem die weniger intensiven Schwankungen des Meeresspiegels für Abwechslung. Im trichterförmigen Mündungsgebiet der Ur-Saale dominierten weitläufige Wattflächen. Die flussaufwärts nachlassende Gezeitenwirkung begünstigte lagunenartige Flachwasserbildungen mit weißen Sandablagerungen. Die Braunkohlenmoore hatten

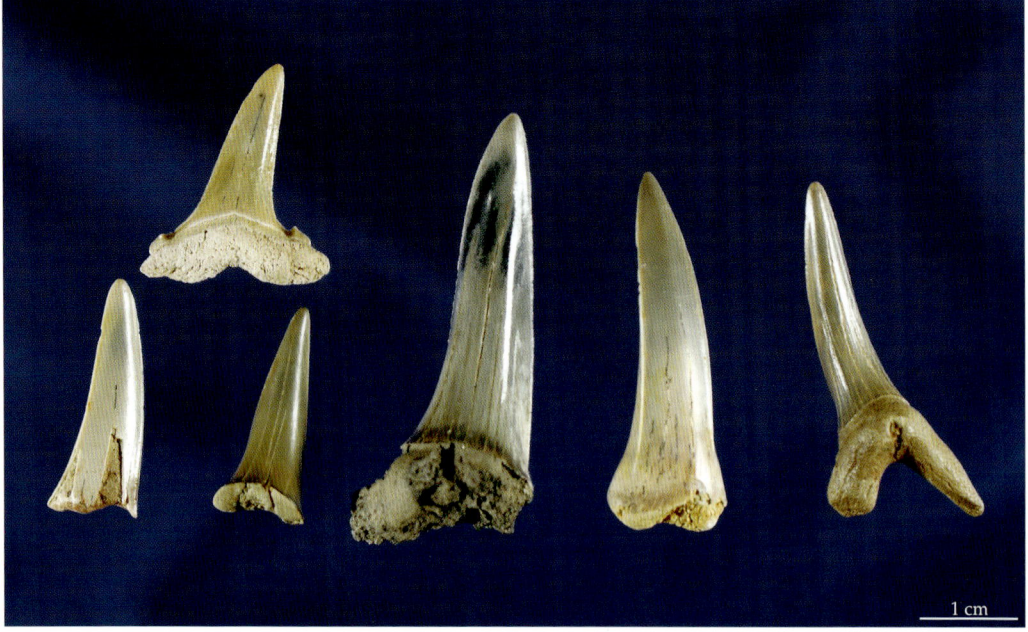

Abb. 171. Strandgerölle im Unteren Grünsand (Mitteleozän); Braunkohletagebau Helmstedt, 2006.

Abb. 172. Haifischzähne aus dem Oberen Grünsand (Obereozän); Braunkohletagebau Helmstedt, 1998; Sammlungen CORNELIUS, Schöningen, und TROSTHEIDE, Wolmirstedt.

Abb. 173. Wohnbauten von Krebsen (Ophiomorpha) aus den Flachmeer-Ablagerungen des Harzvorlandes (Mitteleozän); Braunkohletagebau Nachterstedt, 2006.

Abb. 174. Brunnen vor der Teufelsbad-Fachklinik Blankenburg – Erinnerung an den Heilschlamm aus dem Bergwerk im Teufelsbachtal bei Heimburg (Oligozän); 2009.

Abb. 175. Karsthohlraum im devonischen Kalkstein mit eingespültem Sand vom Südrand der Helmstedter Bucht (Eozän); Kalksteintagebau südlich Elbingerode, 2008.

Abb. 176. Brandungshohlkehle im einstigen Uferfelsen der Helmstedter Bucht, gefüllt mit Andesit-Geröllen und fossilreichem Grünsand (Oligozän); Hartgesteinstagebau Mammendorf, 2008.

Abb. 177. Korallen (Caryophyllia) besiedelten die einstigen Unterwasserfelsen am Nordrand der Helmstedter Bucht; Hartgesteinstagebau Mammendorf (Referenzgebiet Flechtinger Höhenzug), 2008.

immer dann eine gute Zeit, wenn der Meeresspiegel für längere Zeit konstant blieb. Außerhalb des Gezeitenbereiches entwickelte sich im Rückstaugebiet des Flusses und seiner Nebenarme üppiger Bruchwald. Häufig begann das Moorwachstum am Rand von alten Flussschlingen und breitete sich nach und nach über die gesamte Niederung aus. Immer neue Seen grub der mäandrierende Fluss in die Feuchtwaldlandschaft.

Fiel dann der Meeresspiegel, gab die See großflächig Küstenland frei und das Moorwachstum verschob sich in nordwestliche Richtung. Zeitgleich erhöhte sich das Gefälle der Ur-Saale, deren gesteigerte Kraft neue Tatsachen schuf. Ganze Uferabschnitte wurden unterspült, Hochwässer rissen kubikmetergroße Sediment- und Kohlebrocken aus den Böschungen. Als dann die Nordsee nach einigen tausend Jahren wieder auf das Festland zurückschwappte, hielt die Flusserosion inne. Dafür aber versank das Küstenmoor in den herandrängenden Meeresfluten. Dieser Vorgang wiederholte sich innerhalb von fünf Millionen Jahren mehrfach. Fast jeder Wechsel brachte sein eigenes, manchmal nur bescheidenes, Kohleflöz hervor.

Eine ganze Reihe der Pflanzenfossilien jener Feuchtwaldbiotope gelten als sichere Anzeiger tropenähnlicher Klimabedingungen. Daneben gibt es Hinweise auf konträre Klimaverhältnisse, wie die weißen Flusssande in den Begleitschichten der Flöze vermuten lassen. Normalerweise sind ja Sand- und Kiespartikel durch Transport und mehrfache Umlagerung abgerundet. Doch die Sandkörner aus den Tagebauen zeigen kaum Abnutzungserscheinungen. Scharfkantig und spitz, scheinen sie geradewegs aus

Abb. 178. Querschnitt durch Strömungsrippel in den Ablagerungen des eozänen Süßwasserwatts der Helmstedter Bucht. Ein Erdbeben verursachte die Neigung der unteren Schichtabschnitte. Die dadurch ausgelöste Flutwelle glich mit einem Schwall neuen Sandes die Bodendelle wieder aus. Braunkohletagebau Schöningen, 2009.

Abb. 179. Wattenmeer in der Bucht des Mont Saint-Michel (Frankreich) bei Ebbe mit Priel und Fata Morgana; Vergleichslandschaft zur Helmstedter Bucht, als die Ur-Saale im Gebiet von Schöningen zeitweilig in die Nordsee mündete, 2010.

Flöz 9

Flöz 8

Flöz 7

Abb. 180. Die Moorbildung für die Flözgruppe 7 nahm in verlandeten Altwasserseen ihren Anfang; Braunkohletagebau Schöningen, 2004.

Abb. 181. Das Flöz 13 wurde stellenweise durch Seitenerosion der Ur-Saale aufgearbeitet. Wegen der geringen Fließgeschwindigkeit blieben die abgespülten Flözbrocken auf dem einstigen Flussbett liegen. Braunkohletagebau Schöningen, 2004.

Abb. 182. Stubben aus dem versunkenen Braunkohlenwald und das geringmächtige – hier zweigeteilte – Flöz 4; Braunkohletagebau Schöningen, 2006.

Abb. 183. Braunkohlenflöze »Victoria« und »Treue« (Mitteleozän, Oberflözgruppe); Schöningen, Tagebau Treue, Restfeld Hauptwerkstatt, 2005.

Abb. 184. Splitterkies mit geringer Kantenrundung als Hinweis auf den kurzen Transportweg zwischen Bildungs- und Ablagerungsort (Mitteleozän); Kiesgrube Ermsleben, 1978.

einer Brechanlage zu stammen. Die kantige Gestalt von Sedimentpartikeln ist beileibe nicht neu im erdgeschichtlichen Archiv. Immer dann, wenn das Harzer oder ein anderes Urgebirge vegetationsfrei war, zerkleinerte trockenheißes Klima durch tägliche Temperatursprünge selbst harten Quarz und Kieselschiefer. Die Suche nach dem Ursprungsgebiet der Nachterstedter Splitterkiese führt über die alten Kiesgruben bei Ermsleben hin zu den quarzhaltigen Gesteinen und Kieselschiefern des Unterharzes.

Abb. 185. Roterdebildung aus Tonschiefer – Fragment eines Lateritbodens als Zeichen tropenähnlicher Klimabedingungen im Alttertär, Schlottenfüllung in devonischem Kalkstein; Kalksteintagebau Elbingerode, 2008.

Weitere Klimazeugen wurden in Karsthohlräumen des Elbingeröder Kalksteins entdeckt. Das sind Reste von Roterde-Böden bei Hüttenrode und Elbingerode. Sie gingen aus tropenähnlichem Wechselklima hervor.

Etwa 15 Millionen Jahre später war es schon deutlich kühler geworden. Belegt wird der Klimawandel durch das Polleninventar im Braunkohleflöz von Wienrode. Die aus den Kohlen von Nachterstedt oder Helmstedt bekannten Wärmeanzeiger haben winterharten Pflanzen Platz gemacht.

Der Brocken freut sich über Palmen

Irgendwann zu Moorwaldzeiten hatten Wind und Wetter die Hornfelsrüstung des Brockens aufgebrochen. Die Granitkuppe blinzelte ins Sonnenlicht und konnte endlich die floristische Modenschau genießen, mit der die Vegetation eine neue Kollektion nach der anderen vorstellte. Als sich gar einige Palmendamen zwischen seinen Klippen niederließen, zerbröselte er vor Wonne. Hartherzig aber, wie das heiße Wechselklima nun einmal war, schickte es die übermütige Gesellschaft schon bald zurück in die sumpfigen Niederungen. Seines wohltuenden Schattens beraubt, war der Brocken für längere Zeit den Unbilden der Tropenwitterung ausgesetzt. Regen, Hitze, Regen, Hitze hieß das zermürbende Dauerprogramm. Die Risse im Granitkörper, die einst bei der Abkühlung des Granits und der Gebirgshebung entstanden waren, verhalfen den erosiven Wässern zu ungeahnter Tiefenwirkung. Entlang tektonischer Schwächezonen wurde das Gestein so intensiv zersetzt, dass nur noch Krümel an den einst harten Granit erinnerten. Im Extremfall reichte die chemische Veränderung der Feldspäte bis zur vollständigen Umwandlung in das Tonmineral Kaolin. Leider sortierte die Erosion diesen Porzellanrohstoff nicht in ihr Harzer Vorratsregal ein.

Abb. 186. *Über Granit entwickelter Roterdeboden in der teilariden Klimazone Südamerikas; Valparaiso (Chile), 2001.*

Abb. 187. *In warmfeuchten Regionen der Erde ist die chemische Tiefenverwitterung aktiv. Sie hinterlässt bei grobkristallinen Tiefengesteinen rundliche Gebilde. Auch der Granit Nordafrikas wurde entlang von Klüften und mineralischen Korngrenzen durch Humus- und Kohlensäure in haldenähnliche Blockfelder zerlegt. Seit vor etwa 8000 Jahren die Niederschläge in der Sahara stark zurückgingen, stagniert dort der Prozess zugunsten physikalischer Verwitterungsvorgänge. Arabische Wüste bei Hurghada (Ägypten), 2000.*

Abb. 188. Durch Baustoffgewinnung wurde eine versteckte Granitklippe freigelegt. Deren Blöcke sind das Ergebnis chemischer Tiefenverwitterung im Alttertiär. Das damals warmfeuchte Klima begünstigte den Zerfall des Granits zu sandähnlichem Grus, der die noch unversehrten, kantengerundeten Kernsteine umhüllt. Ehemalige Sandgrube am Rehberger Graben südlich des Oderteichs, Nationalpark Harz, 2010.

Der Wald trägt einen Lorbeerkranz

Die Randsenken des Helmstedt-Staßfurter (Salz)Sattels einschließlich der Nachterstedter Kleinausgabe müssten eigentlich einen Antrag zwecks Aufnahme in das »Guiness-Buch der Rekorde« stellen. Die Rede ist vom Wettbewerb »Wer kann die meisten Wälder stapeln?«. Allein schon das Helmstedter Revier würde mit 20 übereinander angeordneten Waldfragmenten antreten und damit innerhalb des europäischen Alttertiärs nicht schlecht aussehen.

Ausschlaggebend für diese Vielfalt war die Rhythmik aus nahezu gleichmäßiger Bodensenkung, der Vegetationsvernichtung durch Meeresvorstöße und anschließender Wiederbesiedlung nach Rückzug des Meeres. Die meisten pflanzlichen Reste blieben vorwiegend in den Verlandungszonen der Ur-Saale erhalten, denn der bei Hochwasser eingespülte Schlick gab ein vorzügliches Konservierungsmittel ab. Die abgestorbene oder vom Wind losgerissene Belaubung der Uferbäume sank auf den Gewässergrund, wo sie der Schlamm in das tertiäre Herbarium einsortierte. Bestimmten im Gegensatz dazu ätzende Humussäuren die Chemie des Bodensatzes, blieb von allem Pflanzlichen nur brauner, mooriger Brei übrig.

Viele der in den Tagebauen entdeckten Blätter haben Ähnlichkeit mit Lorbeerlaub. Aber der Blick durch das Mikroskop beweist, dass nur ein minimaler Teil des Blattwerks tatsächlich zu den heute beliebten Gewürzpflanzen gehörte. Ohne die unterschiedliche Zellstruktur der Kutikula beider Blattseiten wäre eine Unterscheidung nicht möglich. Als eines der Merkmale von Lorbeerlaub gelten dessen winzige Tröpfchen ätherischen Öls. Die aus der Braunkohle stammenden haben wegen der fossilen Umwandlung ihren Duft verloren. Mit lederartig derben Blättern ähnelte die damalige Artengemeinschaft der heutigen Hartlaubflora. Im Gegensatz zu den Restvorkommen im Mittelmeergebiet oder

Abb. 189. Lorbeerblätter und Farne; Tagebau Schöningen, 2003.

auf den Kanarischen Inseln besaß sie eine ungleich größere Fülle. Auf jeden Fall waren mindestens 130 verschiedene Gehölze am Aufbau der damaligen Wälder beteiligt. Wie viele genau, wird die weitere Bearbeitung des floristischen Inventars aus dem Helmstedter Braunkohlenrevier zeigen.

Palmen gelten als die Symbolpflanzen südlicher Gefilde. Schon damals waren sie weltweit verbreitet und kamen mit mindestens drei Arten auch im sonnenverwöhnten Harzgebiet vor. An sumpfigen Stellen standen sie mitunter so dicht, dass aus den Anhäufungen ihrer Blätter sogar dünne Kohlenflöze entstehen konnten. An anderer Stelle, so in einer Lagune des Schwemmlandes der Ur-Saale, hielt ihr dichtes Wurzelwerk angespülten Sand fest. Die Vielfalt der damaligen Palmenbiotope lässt sich annähernd auf der Südspitze von Florida einschließlich der vorgelagerten karibischen Inseln nachempfinden. Dort wachsen dicht nebeneinander trockene Palmen-Kiefern-Wälder und feuchte Palmen-Sumpfzypressen-Wälder. Allein der Grundwasserstand entscheidet über deren Zusammensetzung, selbst wenn seine Abweichung nur wenige Zentimeter beträgt. In tieferes Wasser wagten sich urtümliche Seerosen mit geschlitzten Blättern vor. Sie besiedelten die Stillgewässer alter Flussschleifen.

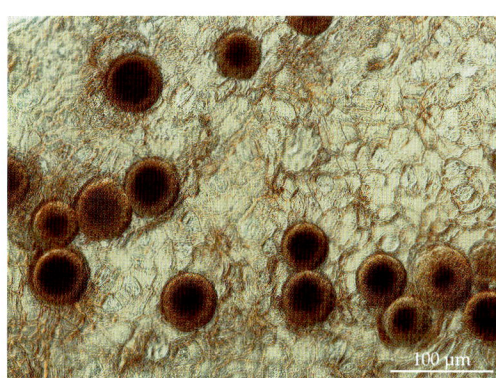

Abb. 190. Epidermispräparat eines Lorbeerblattes mit fossilen Ölzellen; Tagebau Helmstedt, 2005.

Abb. 191. Blatt einer Esskastanie; Tagebau Schöningen, 2007.
Abb. 192. Magnolienblatt; Tagebau Schöningen, 2007.
Abb. 193. Kiefernzapfen; Tagebau Helmstedt, 2001.
Abb. 194. Zweig der ausgestorbenen Konifere Doliostrobus; Tagebau Helmstedt, 2001.

Abb. 195. Mittelteil des Blattes einer Fiederpalme Phoenicites; Tagebau Schöningen, 2007.
Abb. 196. Fragmente von zwei Fächerpalmen der Formengattung Sabalites; Tagebau Helmstedt, 2001.
Abb. 197. Abgeblühtes Büschel des männlichen Blütenstandes einer Fiederpalme; Tagebau Helmstedt, 2002.
Abb. 198. Unteres Teilstück des Stammes einer Fächerpalme; Tagebau Schöningen, 2004.

Abb. 199. Mehrere Wurzelballen von Palmen in vertikaler Anordnung als Folge von Landabsenkung und nachfolgender Wiederbesiedlung des ehemaligen Flachwasserbiotops, darüber Wurzelkörper von Seegras, Binsen und Nadelbaumstubben nebst kleinem Braunkohlenflöz; Tagebau Schöningen, 2009.

Abb. 200. Wurzelballen von Palmen in der Tagebauböschung; Tagebau Schöningen, 2009.

Abb. 201. *Freigewehte Wurzelkörper von Kokospalmen; Key Biscayne, Florida (USA), 2008.*

Obwohl die Braunkohle vielfach aus fossilem Holz besteht, sind gut erhaltene Stämme – selbst von widerstandsfähigen Nadelbäumen – die Ausnahme. Laubhölzer und Palmen wurden ganz und gar bis zur Unkenntlichkeit deformiert. Dagegen lassen sich bei robustem Koniferenholz unterscheidungswichtige anatomische Einzelheiten problemlos erkennen. Nur wenn die Holzsubstanz durch Kalzit imprägniert wurde, geht das nicht mehr im Detail. Immerhin konnten sich die versteinerten Stämme im Hauptflöz des Tagebaus Schöningen ihre Wachstumsprotokolle vergangener Tage bewahren. Die »Jahresringe« künden als regelmäßige Zuwachszonen sowohl von einer Wachstumsperiode (warme und regenreiche Winter), als auch von einer Wachstumspause (heiße und trockene Sommer). Selbst wenn der Wald mal keinen saisonalen Wassermangel erdulden musste, blieb es beim »erlernten« Wachstumsrhythmus. Allerdings war das jährliche Dickenwachstum so oder so

Abb. 202. *So wie der lichte Bestand aus Sabal-Palmen ▷ könnte mancher Wald im Eozän des Harzvorlandes ausgesehen haben; Key Biscayne, Florida (USA), 2008.*

Abb. 203. Feuchtwald mit Sumpfzypressen und Palmen als weiterer Vergleichsbiotop zum Eozän des Harzvorlandes; Florida (USA), 2006.

Abb. 204. »Seegras« aus der Palmenlagune; Tagebau Schöningen, 2009.

Abb. 205. *Urtümliches Seerosenblatt aus der Uferregion eines Altwasser-Sees; Tagebau Helmstedt, 2001.*

recht bescheiden. Häufig kam nicht mal ein Millimeter pro Jahr zustande. Ursache dafür war die Nährstoffarmut der sauren Böden. So ist es kein Wunder, dass ein 1055 Jahre alter Baum nur 90 Zentimeter im Durchmesser erreichte. Auch heute sind ähnliche Resultate aus Niederungswäldern in Regionen mit heißem Wechselklima, z.B. aus Äquatorialafrika, bekannt.

Als ungewöhnliche Klimazeugen haben sich einige der Kristallkrusten rund um die versteinerten Bäume erwiesen. Die aus Kalziumkarbonat bestehende Umhüllung von Ast und Stamm bzw. um das, was nach Waldbrand oder Fäulnis davon übrig blieb, sieht manchmal Jahresringen täuschend ähnlich. Doch die Kristallhülle legte sich erst um die Holzfragmente, als diese längst im Moor versunken waren. Ähnlich dem Dickenwachstum des Holzes hing auch der mineralische Impuls vom saisonal wechselnden Wasserangebot ab. Die Kristallhülle wuchs, wenn in der Regenzeit mit dem Bodenwasser reichlich Mineralsubstanz in das Braunkohlenmoor gelangte. Trockenheit im Liefergebiet, vielleicht der Muschelkalkhöhe des nahegelegenen Elms, bedeutete dagegen Pause. Nach rund 80 Kalzitintervall-Jahren kam die mineralische Rhythmik womöglich durch Ausbleiben der Wasserzufuhr oder durch Verdichtung des Moores zum Erliegen.

Doch nicht nur die versteinerten Stämme fallen im Tagebau Schöningen auf. Häufig leuchten im zweiten Hauptflöz goldgelbe Bernsteintropfen auf, kontrastreich von dunkler Kohle eingerahmt. Oft klebt das fossile Harz noch an der Baumrinde oder durchzieht Schadstellen im einstigen Holz. Was mag die Gewächse dazu bewogen haben, sich ein Chemielabor einzurichten? Wie hatten sie herausbekommen, dass sich mit dem klebrigen Stoff lästige Schmarotzer abwehren ließen? Wer von ihnen kannte den Trick zuerst? Zumindest Kiefern und die ausgestorbene Sicheltanne *Doliostrobus* wussten seit langem, wie das geht. Vermutlich gelang dieses Kunststück auch einigen Laubbäumen. Flüssig wie Speiseöl rann das Harz bei dem warmen Klima selbst aus der kleinsten Verletzung eines

Abb. 206. Koniferenstämme (Sequoia) aus dem Flöz 1 (Hauptflöz), deren Holzsubstanz durch das Versteinerungsmineral Kalzit verdrängt wurde; Tagebau Schöningen, 2007.

Zweiges. Unablässig quollen hier und dort Goldtröpfchen hervor. Leider blieb der Kohlebernstein sehr weich. Er weckt nicht solche Begehrlichkeiten wie der Bernstein aus dem Baltikum. Auch irgendwelche Insekteneinschlüsse suchte man bei ihm bislang vergebens.

Besonders interessant sind jene Pflanzenfossilien, die erst unter dem Mikroskop sichtbar werden: Blütenstäube. Schon damals lieferte jeder Wald sein eigenes Pollengemisch an den Wind, der die gelbe Fracht weit im Land verteilte. Nicht wenige der robusten Winzlinge gelangten in konservierende Sedimente. Im Alttertiär Mitteleuropas kommen sie reichlich vor. Bei ihrer Bestandsaufnahme wurden deutliche Unterschiede zwischen dem Polleninhalt einzelner Schichten bemerkt. Über 20

Abb. 207. Querschnitt durch die Wurzel einer Konifere (Sequoia) mit regelmäßigen Jahresringen als Hinweis auf saisonale Unterbrechungen des Wachstums; Tagebau Schöningen, 2009.

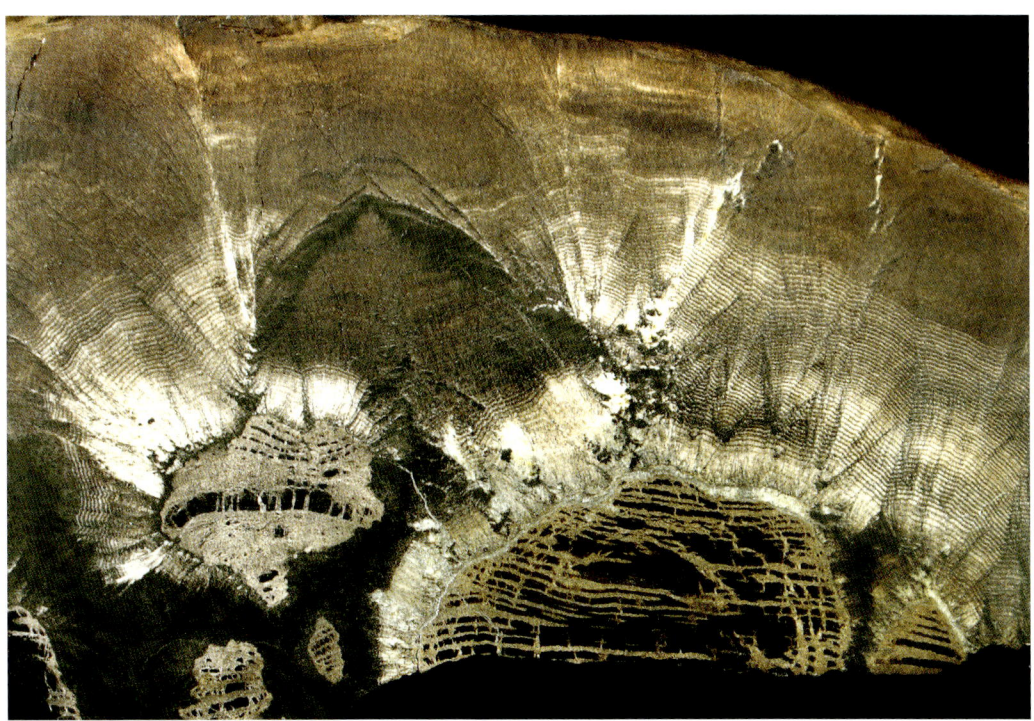

Abb. 208. Kristallisationsintervalle in der mineralischen Hüllsubstanz von versteinertem Koniferenholz belegen die saisonale Grundwasserschwankung im Braunkohlenmoor des Hauptflözes; Tagebau Schöningen, 2007.

Abb. 209. Weichbernstein Retinit; Tagebau Königsaue, 1978.

Abb. 210. Harzreiche Zapfenschuppen der Konifere Doliostrobus; Tagebau Helmstedt, 2006.

Pollenzonen ließen sich voneinander abgrenzen, wobei zum Schluss der Abfolge die Wärme lieben den Arten verschwinden und kälteverträgliche Formen an ihre Stelle treten. Begleitet von mancher Schwankung spiegelt sich darin der großräumige geografische Umbau jener Zeit wider, der gravierende Auswirkungen auf die klimatischen Verhältnisse hatte und damit das nahezu tropische Wechselklima in den hiesigen Breiten beendete. Neben recht detaillierten Aussagen zum Klimawandel ermöglicht die Pollenanalyse auch den Vergleich weit voneinander entfernt gebildeter Sedimente. Auf diese Weise erhielt die Erkundung von Braunkohlelagerstätten ein Kosten sparendes Hilfsmittel.

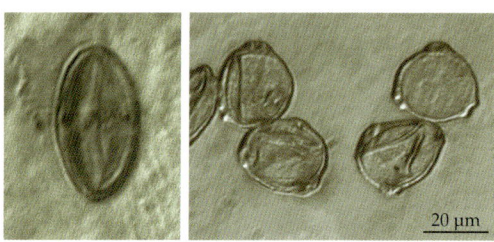

Abb. 211. Pollenkörner aus dem Verwandtschaftskreis von Eichen- und Birkengewächsen; Tagebau Schöningen, 2001.

Im Gegensatz zur pflanzlichen Fülle fehlen in den alttertiären Ablagerungen des nördlichen Harzvorlandes tierische Funde fast vollständig. Nur einmal glänzten zwischen kohlig erhaltenen Blättern bunte Insektenflügel hervor. Sie stammen von Prachtkäfern, deren Verwandte noch heute in subtropischen Wäldern leben. Auch Krokodile wohnten in den Gewässern. Allerdings wurden von ihnen keine Skelettreste gefunden. Das lag an den ungünstigen chemischen Verhältnissen in den einstigen Waldseen, die wie Säurebäder wirkten. Nur jene über den Kot ausgeschiedenen Magensteine bezeugen, dass die Wärme liebenden Reptilien hier zuhause waren.

Abb. 212. Mit dem Kot ausgeschiedene Magensteine belegen die Anwesenheit von Krokodilen in den Gewässern der Braunkohlenmoore; Tagebau Helmstedt, 2001.

Der Harz und die Welt

Während der frühen Braunkohlenzeit wurde das klimatische Geschehen Mitteleuropas von zwei deutlich voneinander abgegrenzten Jahreszeiten bestimmt. Den wenigen Monaten mit kräftigen Winterregen folgte die längere sommerliche Trockenzeit. Während die Vegetation der Niederungsgebiete durch Grund- und Flusswasser üppig wuchern konnte, fiel im Hügelland des Harzes die Wasserbilanz deutlich bescheidener aus. Zeitweise ließ sie nur kargen Bewuchs zu. Der reichte nicht zur schützenden Bedeckung des offenen Bodens. Der unter saisonalen Wüstenbedingungen zersplitterte Erosionsschutt des Harzes gelangte – freigewaschen vom Winterregen – ins Tiefland. Hier nahm ihn der Fluss eine kurze Strecke mit. Versiegte dessen Wasser, häufte der Wind Talsanddünen auf. Manche Gegenden der heute wechselfeuchten Subtropen, wo üppig grünende Flussniederungen Trockengebiete durchqueren, bieten anschauliche Vergleiche zur damaligen Situation.

Radikal veränderten die beiden großen Meeresüberflutungen das Bild Europas. Deren warmes »Badewasser« dürfte bei dem zur Insel gewandelten Brockengebiet angenehme Erinnerungen an die Kreidezeit geweckt haben. Als Auslöser dieser weltweit registrierten Meeresvorstöße bzw. für ihren Rückzug werden großräumige Bewegungen der Erdkruste vermutet. Die Kontinentaldrift war weiterhin aktiv, wie Alpen, Himalaja und andere Faltengebirge bezeugen. Den Harz platzierte die irdische Unruhe in die Nähe von 45 Grad nördlicher Breite.

Auf dieser Position wären in der Helmstedter Bucht eigentlich Lufttemperaturen von 18 °C im Jahresdurchschnitt zu erwarten gewesen, wie etwa heute am Mittelmeer. Zeitweise erreichten sie im Sommer 38 °C und sanken im Winter nicht unter 20 °C ab. Das ergab immerhin einen Jahresdurchschnitt von 25 °C, so wie heute im Tropengürtel der Erde. Allerdings bildete damals das Harzgebiet

Abb. 213. Begrüntes Flusstal im Trockengürtel des Mittleren Westens der USA als Vergleichslandschaft zu den teilarid geprägten Zeitabschnitten des Harzvorlandes im Alttertiär, 1992; Luftbild aus ca. 5000 m Höhe.

keineswegs die klimatische Ausnahme. Die ganze Welt litt unter der Hitze, denn die globalen Jahresmitteltemperaturen glichen wieder denen der Oberen Kreidezeit. Doch damit nicht genug. Vor 55 Millionen Jahren legten die Lufttemperaturen weltweit nochmals um gut 7 °C zu und Dauerfrühling von 15 °C umgab die Nordpolregion! Also weit und breit keine Spur von Gletschereis. Als Auslöser für jene weltweiten Klimaturbulenzen werden ungewöhnlich hohe Methan- und Kohlendioxidgehalte angesehen, die plötzlich in die Atmosphäre gelangten. Der Anteil dieser Treibhausgase überstieg die gegenwärtige Konzentration vermutlich um das Vier- bis Achtfache. Es dauerte immerhin 120 000 Jahre, bis diese Störung im Klimasystem durch natürliche Selbstregulierung beseitigt war.

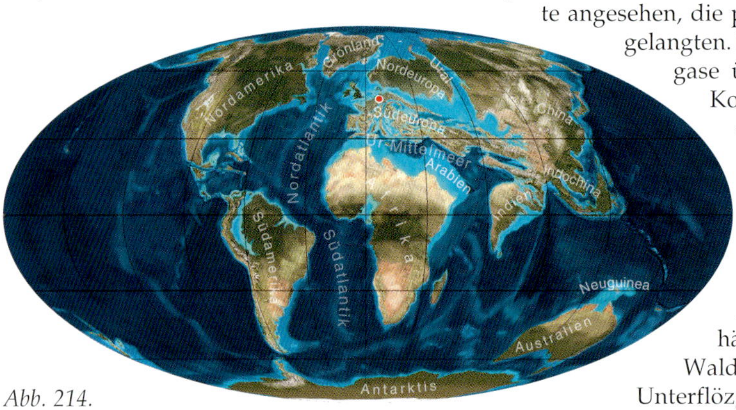

*Abb. 214.
Lage der Kontinente und Position
des Harzes im Eozän vor 50 Millionen Jahren.*

Angesichts derartiger Verhältnisse ist die Häufigkeit von Waldbränden in der Helmstedter Unterflözgruppe kein Wunder. Deren unheilvolles Wirken fällt in die Zeit jener klimatischen Kapriolen. Selbst der unscheinbarste

Abb. 215. Flächenbrand im subtropischen Trockengebiet der USA (Südkalifornien) als Vergleich zu den Vorgängen in den Braukohlemooren des Harzvorlandes, Oktober 2003.

Abb. 216. Fossile Holzkohle (Fusit) in Kohleflözen verweist stets auf Waldbrände; Tagebau Schöningen, 2009.

Abb. 217. Das Bodenfeuer hat trotz freiem Grundwasseraustritt einen saisonal abgetrockneten Biotop erfasst. Von Palmenblättern blieben teilweise nur noch die verkohlten Basisabschnitte übrig. Everglades National Park, Florida (USA), 2008.

Abb. 218. Nur weil das verkohlte Blattfragment einer Fächerpalme ins Wasser fiel, blieb es erhalten (fossiler Beleg zu Abb. 217); Tagebau Schöningen, 2009.

1 cm

Blitz mochte in diesem Brutkasten gezündet haben, wie die Unmengen von Holzkohlestückchen auf einigen Schichtflächen oder angekohlte Baumstämme belegen. Allein 52 Waldbrände konnten im ca. drei Meter mächtigen Flöz 10 von Schöningen gezählt werden. Da als Bildungszeit für einen Meter Braunkohle etwa 6000 Jahre angenommen werden, bedeutet das: hier hat es im Durchschnitt alle 350 Jahre gebrannt, bei dichter Folge sogar alle 60 Jahre.

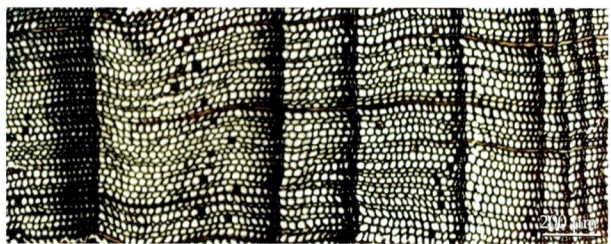

Abb. 219. *Astquerschnitt der Sicheltanne* Doliostrobus *als Dokumentation eines recht plötzlichen Klimawandels von feuchten zu sehr trockenen Verhältnissen innerhalb von nur fünf (!) Jahren; Tagebau Nachterstedt, 1981.*

Im Revier Nachterstedt wurde der letzte Wald des Braunkohlenmoores Opfer eines Großfeuers. Statt Sumpfwald wuchsen dort mangels ausreichender Feuchtigkeit schließlich nur noch niedrige Koniferen und Palmen. Dieser Trockenbusch hat beim nächsten Blitz wie Zunder gebrannt. Aber auch ohne das Flammeninferno hätte die anhaltende Dürre dem savannenartigen Wald das baldige Ende bereitet. Zu guter Letzt überdeckte weißer Dünensand pietätvoll die verkohlten Stämme.

Was allerdings mit all jenen Pflanzen geschah, die Feuersturm und andere Umwelterschwernisse überlebten, ist nur grob zu erahnen. In Mitteleuropa klopfte gegen Ende des Alttertiärs ein kühleres Klima an die Tür. Zusätzlich zerstückelten neue Hochgebirge das große euro-asiatische Verbreitungsgebiet der Hartlaubfloren. Immer höher aufragend bildeten sie unüberwindbare klimatische Barrieren. Der floristische Verwandtenbesuch gehörte damit der Vergangenheit an. Nicht wenige der Bäume mit subtropischer oder gar tropisch-feuchter Vorliebe starben in vielen Gegenden der Welt aus. Die in Mitteleuropa gehörten leider dazu.

Mit ihnen verschwand auch die attraktive Strahlenaralie *(Schefflera)*, von der ein vollständiges Blatt im Tagebau Schöningen 2008 zum Vorschein kam. Nicht nur die Harzregion gehörte zu deren einstiger Heimat. Letztmalig trat sie vor 30 Millionen Jahren in Frankreich auf. Dann wurde es ihr in

Abb. 220. *Aufrecht stehender verkohlter Stamm der Sicheltanne* Doliostrobus *aus dem letzten Braunkohlenwald von Nachterstedt, der nach dem Feuer von Dünensand zugeweht wurde; Tagebau Nachterstedt, 1981.*

Abb. 221. Das Blatt der Strahlenaralie ist das schönste Pflanzenfossil des Helmstedter Braunkohlenreviers; hier im Vergleich zur lebenden Art Schefflera actinophylla aus Südostasien; Tagebau Schöningen, 2007.

Abb. 222. Nahezu überall in den wechselfeuchten Tropen/Subtropen findet die in Südostasien beheimatete Strahlenaralie als Zierpflanze Verwendung; Miami, Florida (USA), 2008.

Abb. 223. Wüstenausbreitung in Tunesien als Folge des aktuellen Klimawandels und naturferner Bodennutzung (Jahresgeschwindigkeit: 150 Meter!); Olivenplantage bei Neffatia (Tunesien), 2010.

Europa zu kühl. Heute hat die Gattung ihren Verbreitungsschwerpunkt im tropischen Südostasien, in Nordaustralien und sogar in Südamerika. Um über den »Großen Teich« zu gelangen, mussten die botanischen Abenteurer frühzeitig, also weit vor der Braunkohlenära, ihre Koffer gepackt haben. Mit dem Transportmittel »Arche Amerika«, dürften sie vor ungefähr 100 Millionen Jahren zur langen Reise aufgebrochen sein, als vom Atlantik noch nicht viel zu sehen war. An Gesellschaft mangelte es nicht, wie schon die Quedlinburger Platanen aus der Kreidezeit berichtet hatten. Trotzdem hielten nur wenige der ausgewanderten »Altwelt-Arten« klimatischer Härte stand oder entgingen der Fressgier von vielerlei Getier. Sie überlebten – im Gegensatz zu den Sauriern – sogar das Inferno des Meteoriteneinschlags vor 65 Millionen Jahren. »Hasta la vista!« grüßt die *Schefflera* aus Ecuador, als wäre nichts geschehen.

Ganz unverhofft ist der Strahlenaralie – zusammen mit anderen Exoten – vor wenigen Jahren die Ehre eines Daueraufenthaltes in den Empfangsräumen hiesiger Banken und Hotels zuteil geworden. Auch der Lorbeer hält in der Wärme lichtdurchfluteter Räume Erinnerungen an den alten Hartlaubwald wach. Von seinen floristischen Siegereigenschaften waren schon die alten Griechen begeistert und ließen aus dem Blattwerk Kränze für ihre Olympioniken flechten. Mediterrane Gartenliebhaber nachfolgender Generationen mochten die dekorativen Kleinbäume ebenso. Ganze Schiffsladungen des immergrünen Gehölzes schafften sie aus seiner Heimat, den Wäldern der Georgischen Kolchis, in die Glashäuser des kühlen Nordens. Dort müssen die eingetopften Pflanzen nun ohne Winterregen auskommen und stattdessen die Gießkanne ertragen. Doch im Sommer dürfen sie sich auf Terrassen und Balkonen an den steigenden Durchschnittstemperaturen Mitteleuropas erfreuen.

Vielleicht schmiedet der Lorbeer schon in süddeutschen Wärmegegenden gemeinsam mit chinesischen Hanfpalmen und anderen tertiären Bekannten Wiederbesiedlungspläne für den Harz? Vielleicht erfüllt schon in naher Zukunft der rasant zunehmende Kohlendioxidgehalt der Luft ihre grünen Träume? Wird der Brocken bald wieder sein geliebtes Wellenrauschen vernehmen? Oder wird gar heißer Wind über das Land fegen und wieder einmal trockenen Boden zu Dünen auftürmen?

Wer sucht, der kann auch finden – Exkursionsziele

Rübeland: Kalksteinbruch am Blauen See; 1 km östlich des Ortsteiles **Neuwerk** Richtung **Hüttenrode**, tertiäre Verkarstung im devonischen Kalkstein des östlichen Geländeabschnitts, Brauneisenstein-Anreicherung und Silikatausfällungen in Trichterfüllungen; öffentlicher P nördlich der B27.

Oderteich: Sandgrube unterhalb des Oderteichs mit Wollsackverwitterung und Granitgrus; 4 km nördlich von **Andreasberg**; öffentlicher P am Oderteich, 800 m hinab zum Rehberger Graben; bester Aufschluss dieser Art im Brockengebiet, bedeutsamer Geotop des Landes Niedersachsen.

Aschersleben: Bergbaufolgelandschaft mit Halden und ansteigendem Wasserspiegel des Tagebausees »Concordia« bei **Nachterstedt**; südliche Randbereiche wegen Rutschungsgefahr seit Mitte 2009 gesperrt; Tagebausee bei **Königsaue** bereits mit Endwasserstand und Aussichtsplattform südlich des Ortes, Naturschutzgebiet; öffentlicher P.

Helmstedt: Bergbaufolgelandschaft mit Halden und ansteigendem Wasserspiegel des Tagebaurestlochsees; Aussichtspunkt südöstlich Helmstedt; öffentlicher P.

Schöningen:
1. aktiver Tagebaubetrieb bis 2017, begrenzter Zutritt für Besuchergruppen möglich (Kontakt: E.ON Kraftwerke GmbH, Helmstedter Revier, Tagebau Schöningen, Sekretariat 05351 183101);
2. Aussichtspunkt zwischen **Schöningen** und **Hötensleben** mit Fördertechnik und Findlingsgarten; öffentlicher P.

8 Blätterfall und Willifant

Kennt jemand Willershausen und Berga, die zwei netten Dörfer am West- und Südrand des Harzes? Beide haben einen ansehnlichen Kirchberg, hübsche alte Häuser und eine schöne Aussicht. Bekannt aber wurden sie bei erdgeschichtlich Interessierten durch ihre beiden Tongruben. Leider – oder zum Glück – sind die alten Löcher eingezäunt. Denn es gilt, einen Schatz zu bewahren, der vor Urzeiten an dieser Stelle versenkt wurde. Die Rede ist von Pflanzenfossilien, von Überbleibseln eines drei Millionen Jahre alten Waldes aus dem Jungtertiär.

Abb. 224. Das Maskottchen von Willershausen, frei nach dem Vorbild des Altelefanten Mastodon arvernensis, 2007.

In einem freilich unterscheiden sich beide Ortschaften. Willershausen präsentiert im Ortswappen stolz seine Raritäten und hat eine Straße nach dem Wissenschaftler Dr. ADOLF STRAUS benannt. Der emsige Paläobotaniker verhalf dem Dörfchen zu ausgefallener Berühmtheit. Als noch der Ziegelrohstoff abgebaut wurde, grub er Unmengen bestens erhaltener fossiler Blätter aus. Etliche Insektenreste, Krebse, Fische, Lurche und Kriechtiere ergänzen das Grabungsinventar ebenso wie Vogelfedern und Überbleibsel von Säugetieren. Im »Goldenen Löwen« kann man beim Bier eine kleine Auswahl davon betrachten.

Abb. 225. Stausee Kelbra – fast an derselben Stelle gelegen wie der See im Pliozän (ehemalige Tongrube Berga etwa in Bildmitte), 2005.

Abb. 226. Tonablagerungen des Pliozäns als Ziegelrohstoff; Berga, 1981.

Willershausen verdankt sogar sein Maskottchen der Tongrube. Aus den knöchernen Überbleibseln eines noch jungen Altelefanten gestaltete der Heimatverein den verschmitzt lächelnden »Willifant«. Wenig amüsant war offenbar das Ende des tapsigen Vierbeiners. Vielleicht hatte er sich unvorsichtig beim Trinken angestellt, rutschte ab und plumpste kopfüber ins Wasser. Keiner konnte ihm damals aus dem steilwandigen Loch heraushelfen. Nun ist die geologische Sammlung der Universität von Göttingen seine neue Heimat. Und sollte er Hunger bekommen: Das Laub seines einstigen Waldes liegt in den Schränken nebenan. Schade, dass die Fundstelle von Berga nahezu in Vergessenheit geraten ist. Aber auch hier bewahrt der Boden hinter dem Zaun seine Schätze – für Wissbegierige kommender Generationen.

Gesteine kamen in die Falle

Bei seinem letzten Höhenschub im Jungtertiär schleppte der Harz die Schichten aus Zechstein-, Buntsandstein- und Keupersedimenten abermals ein Stück mit nach oben. Das in ihnen enthaltene Salzgestein gelangte aus trockener Tiefe in den Einflussbereich des Grundwassers. Da dauerte es nicht lange, bis die löslichen Substanzen »weggewaschen« waren. Zuerst verschwanden die Stein- und Kalisalze, danach der Gips.

Irgendwann stürzten die Lösungshohlräume trichterförmig ein oder die Erdoberfläche nahm bei großflächiger Ablaugung muldenförmige Konturen an. Solche Vorgänge sind dem Harzrand nicht neu. Er kannte sie schon aus früherer Zeit in der Gegend um Sangerhausen.

Auch die Erdfälle von Willershausen und Berga füllten sich mit Wasser. Sie nahmen die sandigen Mitbringsel von Fluss und Bach auf und zusätzlich das, was als salzige Lösung aus dem Untergrund aufstieg. Jetzt gibt es dort Kies, Feinsand, Schluff und Ton, als Sonderfall auch Mergel und Dolomit. Grund für die Erschließung der beiden Lagerstätten war lediglich der zur Ziegelproduktion geeignete Ton. Die Pflanzenfossilien galten zunächst als Kuriosum. Doch Willershausen verschafften sie einen vorderen Platz in der europäischen Waldgeschichte.

Der Brocken ist grün zugedeckt

Jetzt endlich, im Pliozän, hatte der Brocken, was er wollte: eine schöne Aussicht und ein laues Lüftchen. Da störten die wenigen winterlichen Stürme und kühlen Temperaturen etwas unter der Frostgrenze nicht sonderlich. Ach, war das unterhaltsam, heimlich über den Wolken mit den wunderbaren Buchen auf seinen Klippen zu flirten, einfach paradiesisch! Da wurde die frostempfindliche Gesellschaft weiter unten richtig neidisch. Schade nur, dass kein Meeresrauschen mehr an sein Ohr drang. Dafür rauschte jetzt das Waldmeer: soweit der Blick reichte, nichts als Wald.

Wenn tatsächlich mal etwas Schnee fiel, so konnte er kein ästebrechendes Unheil anrichten. Der Granit selbst mochte über die tektonische und klimatische Beruhigung gegen Ende des Tertiärs recht froh gewesen sein, zu tief hatte sich die Erosion der vergangenen 60 Millionen Jahre in das steinerne Gedächtnis gegraben. Diesmal schützte ihn die dichte Pflanzendecke vor den aggressiven Witterungseinflüssen. Für fast zweieinhalb Millionen Jahre konnte er davon profitieren. Auch die Erdbeben gehörten nach dem letzten Höhenschub des Harzes der Vergangenheit an.

Der Wald färbt seine Blätter

Erstmals in seinem langen Leben lernte der Harz einen Wald aus Laub abwerfenden Gehölzen kennen. Der bestand aus verschiedenen Biotopen einer Waldbach/Waldsee-Gemeinschaft mit ausgeprägten

Abb. 227. Blätterfall im Herbst – das Klimaprodukt einst gletscherfreier Polregionen gehört heute zum Rhythmus der Wälder in allen gemäßigten Klimazonen der Erde; Wernigerode, 2008.

Abb. 228. *Buchenblätter, Fagus; Berga, 1981.*
Abb. 229. *Eichenblatt, Quercus; Berga, 1981.*
Abb. 230. *Birkenblatt, Betula; Berga, 1981.*

Abb. 231. Rosskastanie, Aesculus: Fragment eines fünfteiligen Blattes; Berga, 1981.
Abb. 232. Haselnussblatt, Corylus; Willershausen, vor 1988.
Abb. 233. Lindenblatt, Tilia; Willershausen, vor 1988.
Abb. 234. Weidenblatt, Salix; Willershausen, vor 1988.

Abb. 235. Blatt des Amberbaumes Liquidambar; Berga, 1981.

Abb. 236. Zweigspitze der Sumpfzypresse Taxodium und Eichenblatt Quercus; Berga, 1981.

Abb. 237. Der Tulpenbaum Liriodendron (Blattsilhouette am oberen Bildrand) wurde als exotischer Parkbaum vor 200 Jahren aus Nordamerika eingeführt. Er hat im gepflegten Landschaftspark Harbke bei Helmstedt länger durchgehalten als das dortige Schloss, 2007.

Abb. 238. Blühender Tulpenbaum in Ilsenburg, 2008.

Jahreszeiten. Auf den heutigen Betrachter würde jener Berga/Willershausen-Wald gar nicht so befremdlich oder exotisch wirken. Einige der fossilen Blätter sehen dem Laub hiesiger Bäume überraschend ähnlich.

In weiter südlich gelegenen, warmgemäßigten Gebieten der Nordhalbkugel begegnet man noch heute weiteren Arten der Waldgemeinschaft aus dem Jungtertiär. Das Verbreitungsgebiet der Wärme liebenden Arten reicht von der zentralen Türkei (Kappadokien) über Syrien, das persische Hochland (Elburs-Gebirge) und die Randgebiete des Himalajas, in die Bergwälder von China und Korea, ja sogar bis nach Japan. Auch in nordamerikanischen Wäldern konnten sich einige der Urahnen behaupten.

Angesichts ihrer Häufigkeit im städtischen Grün von Mitteleuropa scheinen Exoten wie Amber- und Tulpenbäume sowie Sumpfzypressen nie in der heimischen Parklandschaft gefehlt zu haben. Das jedoch ist ein Irrtum. Selbst in südeuropäischen Gefilden wurden sie durch die eiszeitliche Kälte ausgerottet (vgl. Kapitel 9).

Erst durch das feudale Interesse an exotischen Parkbäumen gelangten die botanischen Seltenheiten zurück in die einstige Heimat. Als einer der ersten Heimkehrer aus Nordamerika gilt der Tulpenbaum im Landschaftspark Harbke bei Helmstedt. Ebenso betagt ist auch der dortige aus China stammende *Ginkgo*. Ihr Alter von 230 Jahren macht sie unter den Zuwanderern nach Deutschland rekordverdächtig. Neben ihnen fühlt sich auch der Amberbaum aus den Bergwäldern der südlichen USA und von Mexiko als Rückkehrer in Europa wohl. Sein rot getöntes Herbstlaub begeistert Parkgestalter und Gartenliebhaber gleichermaßen.

Abb. 239. Junge Sumpfzypressen (mit Bromelienbewuchs) in ihrer Heimat; Everglades National Park, Florida (USA), 2008.

Der Harz und die Welt

Wie konnten sich Tulpen- und Amberbäume dereinst in Europa und Amerika gleichzeitig ausbreiten, wo doch die alten Landbrücken längst versunken waren und der Atlantik immer breiter wurde? Eine Antwort darauf geben Pflanzenfossilien von Spitzbergen, Grönland und Nordkanada. Das sind die Gegenden, in denen sich wahrscheinlich schon in der Kreidezeit – sicher aber seit dem Alttertiär – die sommergrünen Laubwälder entwickelten. Die Blattabdrücke von dort sind ein gutes Indiz für das einst zusammenhängende, gemeinsame Evolutionsterritorium. Damals formten gemäßigte Klimaverhältnisse am Nordpolarkreis eine neue Waldgeneration. Die hielt sich startbereit für den Weg gen Süden, also schon zu der Zeit, als im Harzgebiet noch tropenähnliches Wechselklima den Jahresablauf bestimmte und Bernstein als »Gold vom Baume tropfte« (vgl. Kapitel 7).

Während anderswo in der Welt die Kontinentaldrift für erhebliche Unruhe sorgte, ließ sie den Harz seit dem Alttertiär für etwa 20 Millionen Jahre in Ruhe. Deswegen konnten sich auch keine Vertiefungen für Erosionsabrieb und Waldfossilien bilden. Daher fehlen leider die »Tagebuchblätter« aus

Abb. 240. Amberbaum als Parkpflanze; Wernigerode, 2008.

jener Zeit. Erst wieder im Zeitraum Miozän/Pliozän wurde die Gebirgsbewegung aktiv. Sie drückte den Harz letztmalig etappenweise rund 350 m in die Höhe. Von den einzelnen Hebungsphasen künden die Abstufungen der nach Südosten geneigten Harzhochebene.

Seit dem Eozän war der Harz im europäischen Verbund um einige hundert Kilometer weiter nach Norden bugsiert worden und bei 52 Grad nördlicher Breite angelangt, fast genau dort, wo er noch heute liegt. Doch diese Distanz allein reicht nicht aus, um den auffälligen klimatischen Wandel zu erklären. Der zeigt sich – mangels eigener Harzer Nachweise – im fossilen Waldbild der nächstgelegenen Braunkohlenreviere von Sachsen, Brandenburg und dem Rheinland.

Anhaltspunkte für ein energetisches Sparprogramm bei der Sonne scheint es nicht zu geben. Also kommen für den veränderten Wärmehaushalt nur irdische Faktoren in Betracht. Dabei fällt der

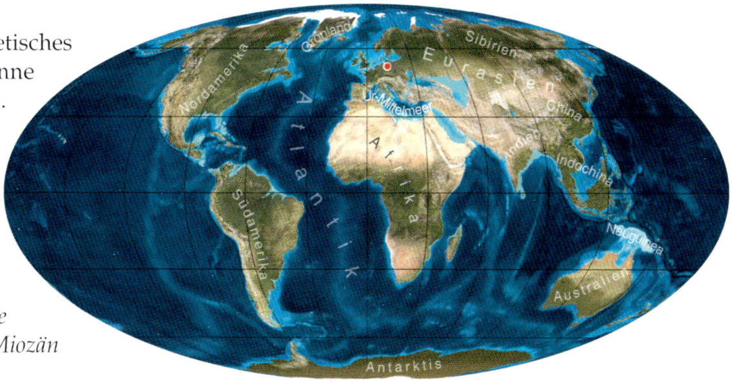

Abb. 241. Lage der Kontinente und Position des Harzes im Miozän vor 20 Millionen Jahren.

Abb. 242. *Die Harzhochebene befand sich im Alttertiär noch etwa auf Höhe des Harzvorlandes. Gemeinsam mit dem Brockenmassiv (1141 m ü. NHN) wurde sie im Jungtertiär auf ihre heutige Position gehoben (550 m ü. NHN). Fotostandort westlich von Tanne, 2010.*

Blick unweigerlich auf die Meeresströmungen, die je nach globaler Position entweder als Warmwasserheizung oder als Kühlaggregat wirken. Stets hängt ihr Verlauf von der veränderten Konstellation der Kontinente und von untermeerischen Barrieren ab. Beispielsweise wurde erst durch das Abdriften von Australien und Südamerika die Zirkulation kalten Wassers rund um die Antarktis ausgelöst. Das war gegen Ende des Miozäns. Zusätzlich beendete im Pliozän die Landbrücke zwischen Nord- und Südamerika den äquatorialen Wasseraustausch zwischen Pazifik und Atlantik. Dort verschloss nun Mittelamerika wie ein Stöpsel die Meerenge. Als Folge davon stellten sich in jedem der Ozeane eigene Strömungsverhältnisse mit neuen Mustern des Wärmetransports ein. Im Atlantik nahm der Golfstrom Gestalt an. Mit ihm gelangte eiskaltes Wasser aus dem Nordpolargebiet nach Süden und warmes vom Äquator zurück nach Norden. Das ist die noch heute tätige Wettermaschine für Europa.

Die neue Form der Energieverteilung machte sich vor allem in den Polargebieten von Europa und Nordamerika bemerkbar. Trotz regelmäßig eingeschobener Warmzeiten nahm durch dominante Kaltzeiten die Eisbedeckung stetig zu. Die großen Einschnitte wiederholten sich im Abstand von 100 000 Jahren. Sie entsprachen dem Rhythmus der Erdumlaufbahn, denn nach wie vor bestimmte vor allem der Sonnenabstand die zur Erde gelangende Strahlungsenergie (vgl. Kapitel 4).

Für den kühleren Klimatrend dürfte nicht allein die Konstellation der Kontinente verantwortlich gewesen sein. Auch der verminderte Kohlendioxidgehalt der Luft wird seinen Teil dazu beigetragen haben. Denn seit dem Alttertiär wurden große Mengen des Treibhausgases für die Bildung mariner Kalksteine verbraucht. Für ständigen Nachschub sorgten Meereswellen, die das CO_2 aus der Luft herausholten. Im Meerwasser gelöst, begünstigte es das Massenwachstum kalkschaliger Organismen. Das Ergebnis sind u. a. die gewaltigen Kalksteinablagerungen der jungen Faltengebirge. Doch auch die mächtigen Braunkohlevorkommen tertiären Ursprungs sind nichts anderes als eine Kohlendioxid-Deponie. Daher ähnelte die Luftzusammensetzung im Pliozän bereits den heutigen Verhältnissen.

Den Waldpflanzen nordischer Länder kam die weltweite Abkühlung nicht ungelegen. Sie wagten sich auf große Wanderungen gen Süden und marschierten in Gruppen los, jede auf ihrer eigenen Kontinentalscholle. Bewegungsfreiheit gab es genug, denn in den mittleren Breiten von Nordamerika wie auch in Europa hatten sich die Siedlungsräume gelichtet. Der ansässigen Wärme liebenden Hartlaubgemeinschaft waren nämlich die ungewohnt eisigen Winter zum klimatischen Verhängnis geworden. Gern hätte auch sie ihre Koffer gepackt und wäre nach Süden ausgewandert. Doch unüberwindliche Barrieren in Gestalt der jüngst aufgetürmten Hochgebirge vereitelten diese Absicht. Während die von Nord nach Süd ausgerichteten Gebirgsketten in Nordamerika der floristischen Wanderung nicht im Wege standen, verhinderten in Europa z. B. Alpen und Pyrenäen durch ihre ost-westliche Ausrichtung die lebensrettende Migration. Im Rhythmus von Kalt- und Warmzeiten sollten sich jene klimatischen Verhältnisse wiederholen, wie sie zuletzt vor 300 Millionen Jahren herrschten (vgl. Kapitel 2). Bald würde der Harz erfahren, was damals in der Nähe des Kältepols geschah, während er die Tropensonne genoss.

Doch die gerade in Mitteleuropa angekommenen sommergrünen Laubmischwälder nordischer Herkunft freuten sich zu früh über ihre neue Heimat. Noch ahnten sie nichts vom unerbittlichen Schicksal, das ähnlich tragisch enden sollte wie das der Hartlaubwälder. Sie wussten nicht, dass hinter ihnen die alte Heimat bereits unter einer dicken Schneedecke begraben lag. Von dort trugen Stürme immer öfter kalte Nachrichten heran (vgl. Kapitel 9).

Einige Anhaltspunkte für die Rekonstruktion des pliozänen Harzklimas bieten die heutigen Verbreitungsgebiete der Reliktfloren aus dem Jungtertiär. Ob nun in den Wäldern Asiens oder Nordamerikas – die gegenwärtigen Jahresmitteltemperaturen erreichen dort Werte um 11 bis 12 °C. Da kann der Harzrand mit seinen aktuell 8,5 bis 9 °C nicht mithalten – noch nicht. Aber nach Klimaprognosen aus dem Jahr 2008 sind angesichts menschlicher Einflussnahme auf die Zusammensetzung der Lufthülle solche um 2 bis 3 °C höheren Werte keineswegs Utopie. Weltweit könnte die Jahresmitteltemperatur mit 17 bis 18 °C schon in wenigen Jahrzehnten die des Pliozäns erreichen.

Damals lag der Meeresspiegel um fünf bis sieben Meter höher als heute. Nur: potenzielle Problemregionen wie Hamburg, Rotterdam oder Bangladesh gab es nicht …

Wer sucht, der kann auch finden – Exkursionsziele

Göttingen: Geowissenschaftliches Zentrum der Universität, Geologie des Harzes, Objekte aus der Tongrube **Willershausen** (www.geobiologie.uni-goettingen.de).

Willershausen: Heimatverein Willershausen e. V. (info@willershausen-harz.de).

9 Das Einhorn und sein scharfer Zahn

Jahrhundertelang wurde in den Seweckenbergen zwischen Quedlinburg und Badeborn ganz unspektakulär Gips abgebaut. Als man im Jahr 1663 zufällig auf einen lehmgefüllten Hohlraum stieß, kamen dort Knochen, ein »Horn« und etliche Tierschädel zum Vorschein. Der herbeigerufene Quedlinburger Ratsapotheker untersuchte den Fund und schlussfolgerte kühn, dass die zusammenhanglosen Gebeine Skelettreste des »Einhorns« seien. Was konnte er auch anderes herausfinden, spielte doch dieses Fabelwesen bereits in der vorchristlichen Symbolik eine bedeutende Rolle. Als Märchenfigur gelangte der Glücksbringer in Pferdegestalt durch die Gebrüder Grimm in die Kinderzimmer, und so mancher glaubt noch heute daran. Das Einhorn soll Stärke verkörpern, Heilkraft besitzen, Vitalität fördern und was man sich von Mannesseite noch so alles wünscht. Vor allem deshalb wurde pulverisiertes »Einhorn« damals teuer bezahlt. Wen interessierte schon, dass das vermeintliche Wundermittel nichts an-

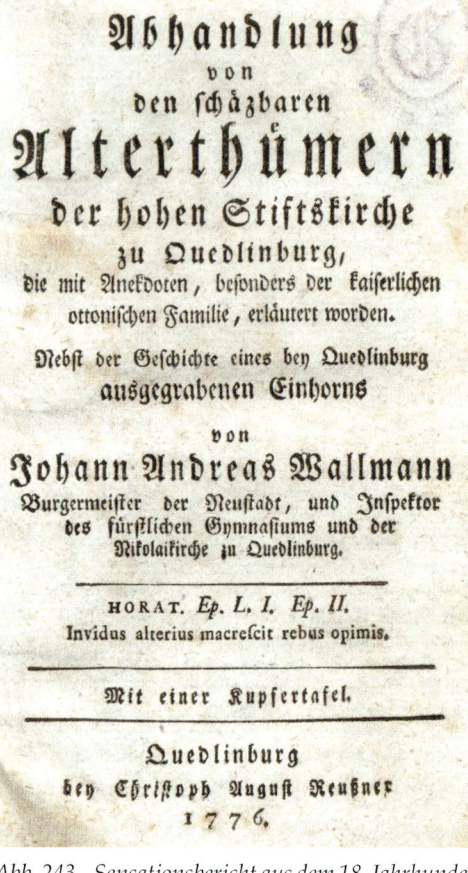

Abb. 243. Sensationsbericht aus dem 18. Jahrhundert über das vermeintliche Quedlinburger Einhorn.

deres war als fossiles Gebein einer erloschenen Tierwelt? Die »Einhornhöhle« bei Scharzfeld am südwestlichen Harzrand zog bereits im 16. Jahrhundert Scharen von Knochensammlern an. Ein wenig später ließ sogar Preußens König nach Einhornknochen graben. Doch seine Soldaten buddelten in den Quedlinburger Seweckenbergen nichts anderes aus als die zerfallenen Gerippe von eiszeitlichen Säugetieren. Immerhin versuchte sich die Wissenschaft des 18. Jahrhunderts an der Rekonstruktion des Einhornskeletts. Das »Ein-

◁ *Abb. 244. Rekonstruktion des Quedlinburger Einhorns, bestehend aus Kopien von Knochen eiszeitlicher Säugetiere in Originalgröße; Museum für Naturkunde Magdeburg, 2008.*

horn« des Gelehrten LEIBNITZ vereinte Fragmente von Wollhaarnashorn bzw. Wildpferd (Kopf) und Mammut (Wirbel, Rippen, Vorderbeine sowie Stoßzahn als Horn). Dass dem Fabelwesen die hinteren Gliedmaßen fehlten, fiel damals nicht weiter auf. Demnach hätte sich das arme Tier auf seinem rückwärtigen Körperteil rutschend fortbewegen müssen. Jüngst fügte künstlerische Phantasie der Einhorngalerie ein weiteres Exemplar hinzu, herausgesägt aus Eichenholz. Dieses Gerippe empfängt an der Einhornhöhle die Besucher.

Gesteine aus der Kältewüste

Das äußerst kontrastreiche Eiszeitalter (Pleistozän) umfasst nur 1,8 Millionen Jahre. Sein Hauptmerkmal: Das Klima spielte verrückt. Kälteperioden von rund 100 000 Jahren Dauer wurden jeweils für etwa 12 000 Jahre durch warme Abschnitte unterbrochen. Besonders die drei letzten klimatischen Großzyklen sind wegen ihrer landschaftsprägenden Wirkung für das Harzgebiet von erheblicher Bedeutung (Elster-, Saale- und Weichsel-Glazial).

Während der Kaltzeiten glitten mächtige Inlandeis-Gletscher von Norden her bis nach Mitteleuropa. Gut 500 bis 1000 Meter dick waren sie, womit

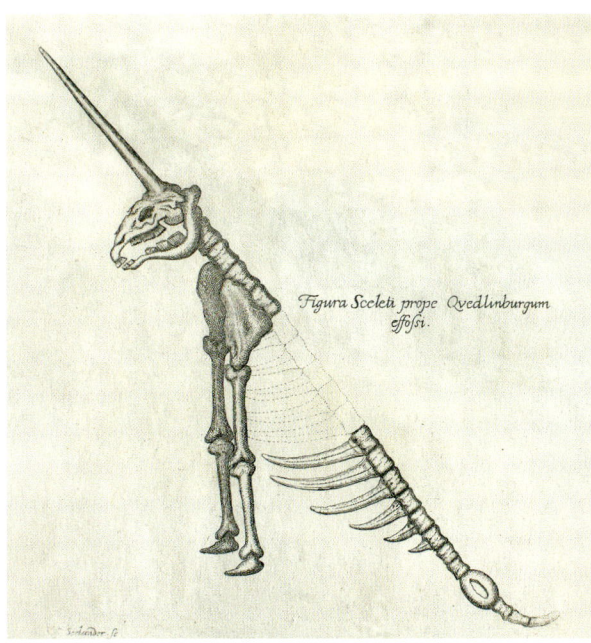

Abb. 245. Die Darstellung des Quedlinburger Einhorns durch GOTTFRIED WILHELM LEIBNIZ um 1700 war der erste Versuch einer paläontologischen Rekonstruktion überhaupt.

ihre Oberkante ungefähr bis dort hinauf reichte, wo heute die Wolken schweben! Zweimal erreichten die Eismassen sogar den Harz. Auf dem Weg dorthin schrammten sie wie schwergewichtige Erdhobel über den Untergrund und planierten das voreiszeitliche Relief, trennten manch hausgroße Scholle vom Untergrund ab und schleppten sie kilometerweit mit. Durch die gewaltige Auflast wurden die Gesteine an der Gletscherbasis zerbrochen, zerquetscht, zerrieben und in großer Menge vom Eis aufgenommen. Nach dem Abtauen blieben die steinernen Mitbringel in dicker Schicht als Grundmoräne (Geschiebemergel) zurück. In bunter Mischung sind dort Geschiebe aus Skandinavien und Norddeutschland versammelt. Als das auffälligste unter ihnen markiert der aus dem Ostseeraum stammende Feuerstein die Südgrenze der Vereisung. Auch am Harzrand erinnert die »Feuersteinlinie« an die größte Kälte vor 400 000 Jahren.

◁ Abb. 246. Hölzernes Einhorngerippe – Kettensägekunst vom Feinsten (Atelier Utermöhlen, Herzberg); Einhornhöhle Scharzfeld, 2009.

Abb. 247. Vergleichslandschaft zum Pleistozän des Harzgebietes: Abgetautes Gletschereis hinterlässt Grund- und Endmoränen aus Lehm, Sand und Geschieben; Kasbek-Gletscher, Kaukasus (Südossetien), 1988.

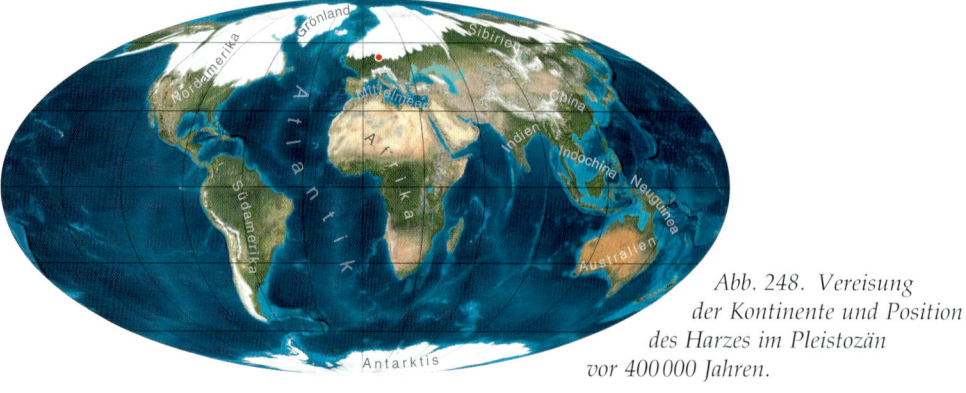

Abb. 248. Vereisung der Kontinente und Position des Harzes im Pleistozän vor 400 000 Jahren.

Abb. 249. »Hobelspan« aus deformierten Sand- und Tonschichten, aufgeschoben durch das Inlandeis der Elster-Kaltzeit aus Richtung Nordosten (rechte Bildseite); Braunkohletagebau Schöningen, 2009.

Abb. 250. Die Auflast des Inlandeises führte zu Staffelbrüchen im Untergrund, dabei zerbrachen die im Dauerfrostboden erstarrten Braunkohlensande wie Festgestein. Schöningen, 2009.

Abb. 251. Wo das Inlandeis über felsigen Untergrund schabte, hinterließ es Gletscherschrammen. Bernburg, Kalksteintagebau der Solvay Chemicals GmbH, 2010.

Abb. 252. An der Stirn des Inlandeises bildete sich Schmelzwassersand, der beim weiteren Vorrücken überschoben und später vom Geschiebemergel des abgetauten Gletschers überlagert wurde. Schöningen, 2009.

Die Klimaverhältnisse während der Kaltzeiten entsprachen etwa den gegenwärtigen am Polarkreis. Die Frostschuttwüste bestimmte über Tausende von Quadratkilometern das Bild in Mitteleuropa. In diesen Dauerfrostgebieten blieben freundliche Frühjahrs- oder beschauliche Herbstmonate die Ausnahme. Die rhythmischen Temperaturschwankungen um den Gefrierpunkt ließen in wasserreichen Niederungsböden ein Netz aus wabenartig vernetzten Spalten entstehen (Polygonböden). Trifft der Bagger auf solche Strukturen, zeigt sich, dass sie keilartig in tiefere Bodenschichten hineinreichen.

Auf den vegetationslosen Bergen hinterließ das kaltzeitliche Klima mehrere Lagen kantiger Gesteinstrümmer. Wenn zur Jahresmitte der Dauerfrostboden einige Dezimeter tief auftaute, glitt der erdige Gesteinsbrei auf seiner noch

Abb. 253. Stelen auf der »Feuersteinlinie« kennzeichnen in Ostdeutschland die Südgrenze des Inlandeises; hier: Wernigerode, Lindenallee, 2009.

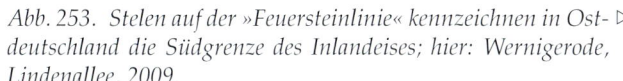

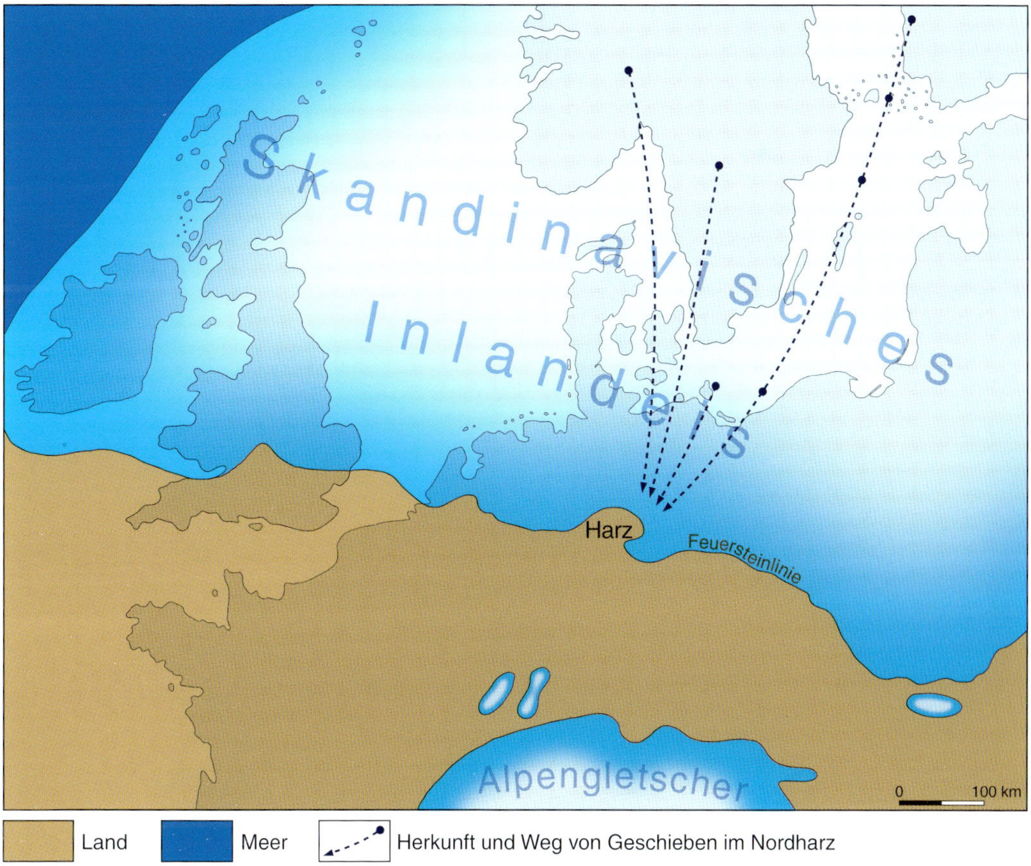

Abb. 254. Rekonstruktion der Eisrandlage während der maximalen Ausdehnung des Inlandeises (Elster-Kaltzeit).

Abb. 255. Eiskeile sind Klimazeugen für Dauerfrostgebiete. Sie gehören zu einem Netz von ehemals mit Eis gefüllten Bodenspalten (Saale-Kaltzeit). Beim Abtauen rutschte benachbarte Bodensubstanz hinein. Schöningen 2010.

Abb. 256. Querschnitt durch die Ablagerungen des Eisstausees am Elm (Elster-Glazial). Die einzelnen Lagen (Warven) entstanden im kaltzeitlichen Jahresrhythmus. Sie beginnen mit der hellen Sommerschicht und enden mit der dunklen Herbstschicht. Schöningen, 2009.

Abb. 257. Windkanter waren ursprünglich rundliche Geschiebe, die erst durch Windschliff kantige Konturen erhielten. Oft neigten sich die Steine auf instabilem Untergrund, wodurch weitere Flächen hinzukamen. Königsaue (bei Aschersleben), 2002.

Abb. 258. Steinwüste mit Sandlöss-Ablagerung; Arabische Wüste, Hurghada (Ägypten), 2001.

Abb. 259. Eiszeitsedimente, abgelagert über einen Zeitraum von fast 400 000 Jahren. Die dunkle, 300 000 Jahre alte Torfschicht gehört zum Fundhorizont von altsteinzeitlichen Speeren. Schöningen, 2009. ① *Geschiebemergel (Elster-Glazial);* ② *versandete Flussrinne (Elster-Glazial);* ③ *Schmelzwassersand (Elster-Glazial);* ④ *Seeschlamm und Torf (Holstein-Interglazial);* ⑤ *Schmelzwassersand (Saale-Glazial);* ⑥ *zugewehte Flussrinne (Eem-Interglazial);* ⑦ *Löss (Weichsel-Glazial).*

gefrorenen Unterlage die Hänge hinab. Auch größere Felsbrocken schlitterten mit hinunter. In der Enge der Täler gab es kein langes Verweilen, denn die von heftigen Sommerregen angeschwollenen Gewässer spülten den Erosionsschutt aus dem Harz heraus. An den Talausgängen formte ihre Fracht wiederholt weite Schwemmkegel. Fast »ertranken« die Flussniederungen im terrassenförmig abgesetzten Sand und Kies. Sehr oft vermischten sich die Harzschotter mit dem vom Eis angelieferten Gesteinsabrieb nördlicher Herkunft. Im Huy strudelte das Tauwasser die Gletschertöpfe in den Kalkstein.

Es gab auch Zeiten, da konnte das Schmelzwasser nicht abfließen. Den Weg nach Süden versperrten der Harz oder die lang gezogenen Höhenrücken des Harzvorlandes. Weil im Nordosten noch der Eispanzer lag und im Nordwesten Endmoränenwälle die natürliche Vorflut zur Nordsee verschlossen, entstanden hinter diesen Barrieren großflächige Eisstauseen. Im Rhythmus der Jahreszeiten setzte sich dort die Schwebfracht des Schmelzwassers, die Gletschertrübe, ab. In der warmen Jahreszeit war es immer allerfeinster heller Sand. Zum Winter hin, wenn die Transportkraft der Rinnsale durch das Wiedergefrieren erlahmte und die Materialzufuhr ausblieb, sank schließlich der dunkle Tonanteil zu Boden. Jedes Jahr kam eine neue Doppelschicht solcher Warven hinzu, Jahrtausende lang. Über das Auszählen der Bänder von verschiedenen Fundorten kam Nordeuropa zu seinem Kalender für die letzte Eiszeit. Von den Warven der Elster-Eiszeit bei Schöningen haben die späteren Gletschervorstöße der Saale-Eiszeit nicht viel übrig gelassen.

Doch nicht nur Eis und Wasser gestalteten die Landschaft. Jahrtausende lang wehten schneidend kalte Fallwinde vom Inlandeis herab und bliesen das Feinmaterial aus den vorgelagerten Gletschermoränen- und Schotterflächen heraus. Gleich einem Sandstrahlgebläse schliff der Flugsand kantige Konturen an die Gerölle. Bei nachlassender Windgeschwindigkeit setzten sich Sand und Staub als meterdicke Schicht ab. Der staubige Teppich aus dem Löss der letzten Kaltzeit (Weichsel-Glazial) blieb weitflächig erhalten. Einst reichte er bis zum Brocken hinauf.

Kaum dass die Kaltzeiten ihren Tiefpunkt erreicht hatten, kletterten die Temperaturen schon wieder. Klimatisch angenehme Warmzeiten gab es zuletzt vor etwa 300 000 (Holstein-Interglazial) und vor 126 000 Jahren (Eem-Interglazial). Dann hielt die Erosion inne und raspelte weniger intensiv an den Bergen. Die Seen verlandeten und an ihrer Stelle breiteten sich Moore aus.

Reichliche Niederschläge ließen vielerorts ergiebige Quellen sprudeln, so auch am Fuße der Muschelkalkhöhen von Huy und Fallstein. Das vom Grundwasser gelöste Kalziumkarbonat nahm im Quellaustritt wieder seine kristalline Gestalt an. Der ausgefällte Kalk überzog manches Fragment der pleistozänen Waldgemeinschaft und bewahrte es auf diese Weise vor dem Vergessen. Die Quelle am Nordhang des Fallsteins sprudelt noch heute, also in der gegenwärtig noch andauernden Zwischeneiszeit.

Nicht nur Zweige und Blätter wurden mit der weißen Hülle aus feinen Kristallen verziert. Bei Schwanebeck gerieten im Holstein-Interglazial sogar Feuersteinsplitter in den Quellbach, und zwar auf eine in der bisherigen Harzgeschichte einmalige Weise. Die umstehenden Bäume konnten nämlich dabei zusehen, wie sich einige der ersten Harzbewohner mit der

Abb. 260. Heutige Quellkalkterrassen (Travertin) als Vergleich zu den bereits stark erodierten Vorkommen im nördlichen Harzvorland; Kaukasus, Region Kasbegi (Südossetien), 1988.

Abb. 261. Feuersteinartefakt, eingesintert in ▷ Quellkalk (Holstein-Interglazial): Schwanebeck (bei Halberstadt), 1993.

Abb. 262. Archäologische Grabung im Fundhorizont der Speere von Schöningen durch das Niedersächsische Landesamt für Denkmalpflege; Braunkohletagebau Schöningen, 2009.

Herstellung von einfachsten Steinwerkzeugen abmühten. Die altsteinzeitlichen Jagdgesellschaften waren wohl nur deshalb an der damaligen (Wald-)Steppenlandschaft des Harzgebietes interessiert, weil hier die Großwildherden durchzogen. Denen folgten sie im Jahresrhythmus und suchten neben Schwanebeck auch andere Rastplätze auf, unter anderem den damals noch nicht verlandeten See bei Schöningen. Sein Bodenschlamm hat die wohl weltweit ältesten Fernwaffen des »aufgerichteten« Menschen konserviert: Holzspeere. Wie aus den Beifunden hervorgeht, gehörten Wildpferde zu den beliebtesten

◁ *Abb. 263. Wildpferdknochen aus der Jagdbeute der ältesten Harzer (Holstein-Interglazial); Schöningen, 1995.*

Abb. 264. Salzausblühung von Kochsalz (Natriumchlorid) durch Verdunstung von salzreichem Bodenwasser in Steppengebieten. Vergleich zu den ehemaligen Salzstellen im Harzvorland; Wüstensteppe bei Medenine (Tunesien), 2010.

Abb. 265. Schwarzerdeboden über eiszeitlichem Kies und Tertiärsand; Ermsleben, 2009.

Beutetieren. Wurden die Tiere vielleicht von den Salzquellen am Rand des Elms angelockt? Würzten etwa die Steinzeitjäger ihre Spießbraten schon mit dem Staub der Salzwiesen?

Das für den Menschen wichtigste Resultat der Eiszeit sind die land- und forstwirtschaftlich nutzbaren Böden. Je nach Gesteinsuntergrund und Niederschlagsmenge entstand ein ganzes Mosaik unterschiedlichster Bodenformen. Die fruchtbarsten unter ihnen sind die tiefgründigen Schwarz- und Braunerden des Harzvorlandes und des Unterharzes. Verantwortlich dafür ist der hohe Lössanteil.

Der Brocken baut sich Felsentürme

Allmählich hatte sich der Brocken an den Wechsel von Kalt- und Warmzeiten seit Ende des Tertiärs gewöhnt. Deshalb weckten anhaltend kalte Winde aus nordöstlicher Richtung noch keinen Verdacht bei ihm. Erst beim Anblick der heranrückenden Eiswand am nordöstlichen Horizont wurde ihm mulmig zumute. Als gar vor 400 000 Jahren die Gletscherfront den Unterharz unter sich begrub, packte ihn das blanke Entsetzen. Zum Glück erlahmte die Schubkraft des Inlandeises, das mit einer Geschwindigkeit von 600 bis 900 Metern im Jahr herangerückt war. Für etliche tausend Jahre hatte der Brocken – jeglichen Waldes beraubt – die gefrorene Kulisse vor sich.

Seine Angst vor einer eigenen Gletscherkappe war durchaus verständlich. Allerdings bewahrte die trockene Luft kontinentaler Herkunft den Berg vor der eisigen Kopfbedeckung. Es fiel zu wenig Schnee, weshalb die wenigen Flocken des arktischen Winters nicht zur Umwandlung in Gletschereis ausreichten. Dafür aber war der Granit den Frösten schutzlos ausgeliefert. Die peinigten ihn zwar beträchtlich, noch schlimmer war der ständige Jahresrhythmus von Gefrieren und Tauen. Vor allem dadurch verlor das Brockenmassiv an Substanz. Nicht nur, dass die Granitblöcke im arktischen Sommer auf der noch gefrorenen Unterlage die Hänge herabrutschten, auch tiefe Täler gruben sich während der regenreichen Zeit in die Flanken.

Also machte der Brocken aus der Not eine Tugend und stellte seine beeindruckenden Blockhalden zur Schau. An vielen Stellen hatte die Tiefenverwitterung des Tertiärs mittels Kohlen- und Humussäuren bereits Vorarbeit geleistet. Hier brauchte nur noch das zermürbte Gestein, der sandähnliche Granitgrus, weggespült zu werden, und fertig waren Teufelskanzel, Schierker Feuerstein, Kästeklippe und wie sie sonst noch heißen. Es scheint, als seien tonnenschwere Granitblöcke gleich prall gefüllten Baumwollsäcken aufeinander gepackt worden. Was wohl wird aus den felsigen Stapeln mit der Zeit geschehen?

◁ Abb. 266. Die Granitklippen des Brockenmassivs gelangten erst im Pleistozän ans Tageslicht, als ihre unter subtropischem Klima entstandene Verwitterungshülle aus sandigem Granitgrus fortgespült wurde: Schnarcherklippe bei Schierke (Wernigerode) im Nationalpark Harz, 2010.

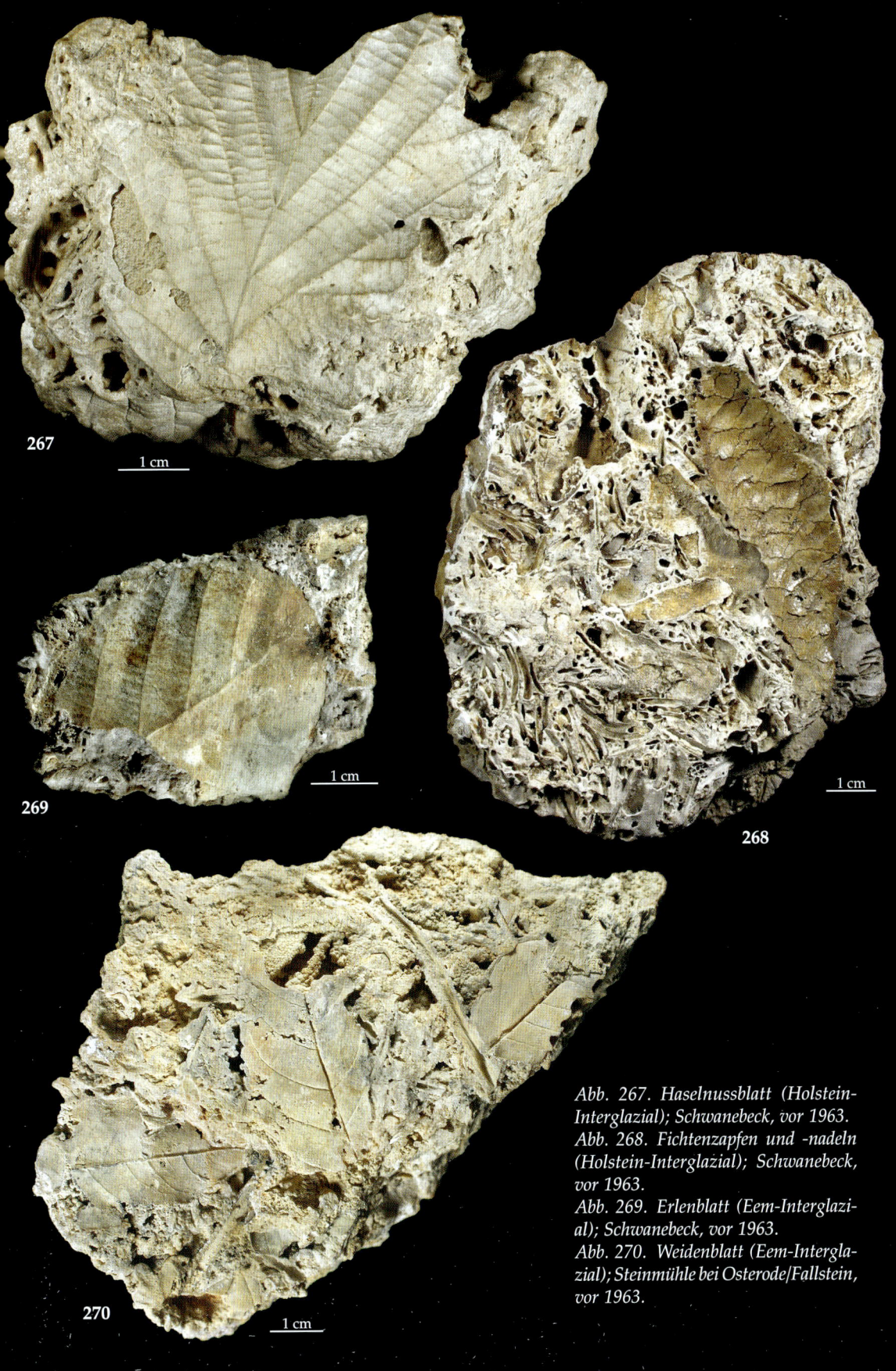

Abb. 267. Haselnussblatt (Holstein-Interglazial); Schwanebeck, vor 1963.
Abb. 268. Fichtenzapfen und -nadeln (Holstein-Interglazial); Schwanebeck, vor 1963.
Abb. 269. Erlenblatt (Eem-Interglazial); Schwanebeck, vor 1963.
Abb. 270. Weidenblatt (Eem-Interglazial); Steinmühle bei Osterode/Fallstein, vor 1963.

Abb. 271. *Ulmenblatt (Eem-Interglazial); Steinmühle bei Osterode/Fallstein, vor 1963.*

Werden sie von der erfindungsreichen Erosion weiter aus ihrer Umgebung herausmodelliert oder stürzen sie – wie schon andere vor ihnen – in sich zusammen? Achtermann sowie Wurm- und Winterberg überragen nur deshalb ihre Umgebung, weil die Gipfel noch von Resten der Hornfelshülle geschützt werden. Wer also meint, Steine könnten wachsen, der irrt auch diesmal.

Noch immer waschen Regen-, Schmelz- und Quellwasser den Granitgrus zwischen Klippen und Blockschutthalden aus. Im ockerbraunen Sediment fallen die Feldspat- und Quarzkörnchen nicht weiter auf. Aber die von den sprudelnden Waldbächen aufgewirbelten Glimmerplättchen glänzen in der Sonne. Noch bis in das frühe 19. Jahrhundert hinein sahen manche Leute darin ein Anzeichen für Goldvorkommen. Ganze Wagenladungen mit dem Lehm des Brockens wurden heruntergekarrt und durchgewaschen. Allein, es glänzte immer nur der Glimmer, das »Katzengold«.

Für den Wald sind die beiden gesteinsbildenden Komponenten Feldspat und Glimmer dennoch Gold wert, weil die Verwitterung daraus die für ihn lebenswichtigen Tonminerale gemacht hat. Ohne die bekämen die Bäume arge Wachstumsprobleme, wie ihre traurig-dünnen Artgenossen der nährstoffarmen Moore zeigen.

Der Wald trägt Wanderschuhe

Es grenzt schon an ein Wunder, dass trotz der kaltzeitlichen Erosionsaktivität Pflanzenfossilien erhalten geblieben sind. Etliche Abdrücke bewahrten die gletschersicheren Tresore der Quellkalkvorkommen von Huy und Fallstein auf. Leider erregten sie während der Steinbruchtätigkeit nur ein geringes Interesse und sind demzufolge selten in Sammlungen. Neben einigen Laubbäumen wie Erle, Weide, Pappel, Hasel und Ulme gehörte auch die Fichte zu dieser fossilen Gemeinschaft. An anderer Stelle, so am Elm bei Schöningen, zog die Salztektonik Bach- und Seeablagerungen in die schützende Tiefe. Kürzlich legte dort der Kohlebagger u. a. Holzreste von Kiefer und Eiche frei.

Die Nachkommen der Gehölze aus den Ablagerungen der beiden Zwischeneiszeiten leben gegenwärtig noch im Harz. Aber von der Buche gibt es bislang keine Nachweise in den eiszeitlichen Fundstellen. Eigenartig, denn im Jungtertiär war sie noch eine der Hauptbaumarten des Harzwaldes. Seit ihrer ersten großen Vereisung scheint sie für lange Zeit Mitteleuropa den Rücken gekehrt zu haben.

Die Wiederbewaldung des in den Kaltzeiten leer gefegten Landes erfolgte stets nach dem gleichen Muster. Anfangs bedeckte eine kälteunempfindliche Tundren-Vegetation die öde Landschaft. Ihr folgte die wärmegetönte Grasflur der Steppe. Je nach Boden- und Niederschlagsverhältnissen gelang es zunächst Einzelbäumen, dauerhaft Fuß zu fassen. Später entwickelte sich daraus eine parkähnliche, offene Waldgesellschaft.

Birken und Kiefern waren von den Waldbäumen immer die Ersten bei der Wiederbesiedelung. Ihr Verbündeter hieß Steppenwind. Der nahm die geflügelte Saat in die entferntesten Gegenden mit. Beim Wettlauf der Gehölze »spurtete« der Birken-Kiefern-Wald wahrscheinlich mehr als 1000 Meter im Jahr in die baumlose Weite.

Buchen und Eichen mussten dagegen »zu Fuß gehen«. Ihre Samen, die Bucheckern und Eicheln, eigneten sich wegen des hohen Gewichts nicht als Luftpost. Zumindest die Eiche wusste sich zu helfen und mietete die Schnäbel von Specht und Eichelhäher. Zwar war das Unternehmen gefährlich, aber wegen der einkalkulierten Verluste durchaus erfolgreich. Nicht alle der angelegten Wintervorräte fanden die schlauen Vögel wieder. Daher konnte der Baumwuchs im Rhythmus von Samenbildung, Keimen und Aufwachsen vielleicht 200 Meter pro Jahr überwinden. Warum allein die Buche in den Warmzeiten wegblieb, ist immer noch rätselhaft. Dürfte doch auch sie manches Getier mit ihren nahrhaften Früchten gelockt haben.

Was oder wer könnte deren Lust am Wandern gebremst haben? Vielleicht verhinderte gar der Appetit des eiszeitlichen Großwildes die Wiederbesiedlung von Tundra und Steppe? Der Blick auf die riesigen Tierherden in der heutigen afrikanischen Savanne lässt vermuten, dass auch damals gigantische Rasenmäher am Werke waren. Die massigen Mahlzähne der »Einhorn«-Gemeinschaft dürften geschrotet haben, was die Pflanzendecke hergab. Im Gegensatz zu den meisten Baumarten vertrug Grasland den fortwährenden Verbiss ohne Schäden. So konnte es durch seine Vitalität vielerlei Steppentiere ernähren. Die zogen durch halb Europa, immer auf der Suche nach frischen Weidegründen, dicht auf ihren Fersen die Steinzeitjäger. Ihren Hunger stillten die Neandertaler zu 90 Prozent mit fleischlicher Kost. Wie die in Rübeland und Scharzfeld ausgegrabenen Steinwerkzeuge belegen, hielten sich einige von ihnen über Generationen an den geschützten Rastplätzen auf. Selbst für die später zugewanderten Neumenschen bestanden zunächst keine Beschaffungsprobleme. Mit der Zeit aber, und obwohl sie zunehmend schlauer wurden, verschlechterte sich mit wachsender Bevölkerungsdichte die Versorgungslage.

Zuerst waren solche Tierarten mit geringer Nachkommenschaft (Mammut, Nashorn und Bison) von der Ausrottung betroffen. Etwa mit Beginn des Holozäns vor rund 12 000 Jahren brutzelte der letzte Großwildbraten über dem Feuer der Jägerhorden. Da halfen keine Zaubersprüche mehr – das Wild kam nicht wieder. Die kärglichen Restbestände an Wildschwein, Hirsch, Reh und Bär wurden zwar eifrig gejagt, jedoch reichten sie nicht mehr aus, um den Hunger der Steinzeitmenschen zu stillen. Erst die Erfindung von Ackerbau und Viehhaltung führte aus dem selbst verschuldeten, durch Überbeanspruchung der Wildbestände hervorgerufenen Versorgungsdilemma heraus.

Das endlich mag die Stunde der Buche gewesen sein. Unbehelligt von rupfenden Mäulern startete sie aus ihren Refugien in Südfrankreich und im Balkan, wohin sie sich verzogen hatte. Sogar »Sponsoren« könnten den langen Weg zurück in

Abb. 272. *Wurzelstock einer kleinen Kiefer (Holstein-Interglazial); Schöningen, 2008.*

Abb. 273. Backenzahn vom Mammut. Ein Mammut zerkleinerte mit seinen vier Mahlzähnen etwa 200 kg Pflanzenkost am Tag (!). Kiestagebau Wegeleben, 1971.

die einstige Heimat unterstützt haben. Zu auffällig ist die zeitliche Übereinstimmung ihrer Ankunft in Mitteleuropa mit der Ausbreitung der ersten bäuerlichen Kulturen im Harz.

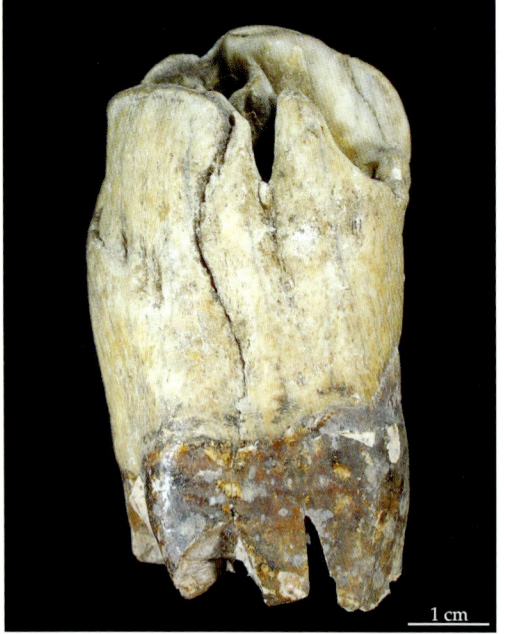

Abb. 274. Backenzahn vom Wollhaar-Nashorn. Vier Nashörner brauchten so viel Nahrung wie ein Mammut. Wegeleben, 1971.

Abb. 275. Backenzahn vom Pferd. Zehn Wildpferde fraßen so viel wie ein Mammut. Meisdorf, 1970.

Abb. 276. Steinbeile aus der Jungsteinzeit; Harzvorland, genaue Fundorte unbekannt, 1969.

Hätte nicht vor rund 10000 Jahren die Vermoorung des Hochharzes eingesetzt, wüsste man fast gar nichts über den Verlauf der Wiederbewaldung. Zwar bietet ein Moor hinsichtlich der pflanzlichen Großreste nicht sonderlich viele Anhaltspunkte für die Rekonstruktion des Waldbildes, aber es enthält eine ganze Menge Pollen. Der eingewehte Blütenstaub spielte Chronist für Wald und Feld. Gleich zu Beginn der Nacheiszeit berichten die Pollen vom Kiefern-Birken-Wald. Bald darauf hätten Allergiker die Gegend verlassen müssen, denn die Haselzeit war angebrochen. Unmengen von Wärme liebenden Haselsträuchern bildeten vor gut 8000 Jahren das Unterholz der lichten Eichen-Mischwälder, fast bis zur Brockenkuppe hinauf. Beim Bau der Brockenbahn fand man etliche Haselnüsse im moorigen Aushub. Ohne die einst milden Temperaturen wären sie dort nicht gewachsen. Jenen Wärmetrend bestätigt auch der pollenanalytisch untersuchte Bodensatz des Juessees von Herzberg für das südliche Harzvorland.

Abb. 277. Pollenstaub von Fichten und Kiefern als »Schwefelregen«; Wernigerode, 19. Mai 2004.

Abb. 278. Brockenanemone – eine pflanzliche Erinnerung an die Eiszeit; Brockenkuppe, 1990.

Vor 5000 Jahren erklomm die Buche – angelockt durch das günstige Klima – sogar den Brockenhang. Doch dieser Besuch gefiel der dort ausharrenden Tundrenflora überhaupt nicht. Die kältegewohnten Überbleibsel der letzten Eiszeit litten bereits unter den milden Temperaturen. Zusätzlich bereitete das dichte Kronendach der Neuankömmlinge den lichtbedürftigen Pflanzen zunehmend Unbehagen. Kaum noch blinzelte Licht bis auf den Waldboden hinunter. Daher fanden die Eiszeitrelikte höchstens an solchen Stellen ihr kärgliches Auskommen, die dem neuen Brockenwald nicht zusagten. Das war zwischen den Klippen der windigen, deutlich kühleren und daher fast baumfreien Brockenkuppe möglich. Hier fanden Zwergbirke, Brockenanemone sowie manches die Kälte vertragende Kleingetier begrenzte Zufluchtsorte.

Hatten bisher allein natürliche Vorgänge die Waldentwicklung bestimmt, sollte sich das bald ändern. Wie aus archäologischen Funden hervorgeht, erhielten Ackerbau und Tierhaltung einen immer größeren Stellenwert im Leben der Uralt-Harzer. Vor gut 7000 Jahren fielen die Siedler zum ersten Mal mit ihren scharfen Steinbeilen über Wald und Haselstrauch her. Die hohe Funddichte jungsteinzeitlicher Artefakte sogar auf der Harzhochfläche lässt vermuten, dass durch den menschlichen Einfluss nicht nur im Harzvorland die nacheiszeitliche Wiederbewaldung ins Stocken geriet.

An die Stelle des eiszeitlichen Großwildes traten immer mehr Haustiere in Freilandhaltung. Besonders die siedlungsnahen Laubwälder waren als Waldweide beliebt. Höchstwahrscheinlich wurden sie wegen des herbstlichen Futteraufkommens – Eicheln und Bucheckern – in ihrer Ausbreitung begünstigt. Ein ungestörter, natürlicher Gebirgswald dürfte nur an den damals wirtschaftlich unattraktiven Stellen, wie beispielsweise im Bodetal, zur Entfaltung gelangt sein.

Bereits in der Bronzezeit, also vor gut 3500 Jahren, wurde der Wald erstmalig für Bergbau und Hüttenwesen interessant. An vorderster Stelle der Begehrlichkeit standen wegen ihres harten und daher energiereichen Holzes Buchen und Eichen. Als schließlich die Eisenschmelzöfen rauchten, machten Axt und Säge selbst vor dem kaiserlichen Jagdgebiet, dem Bannforst, nicht halt. Zusätzlich verlangte die wachsende Bevölkerung nach immer mehr Fläche für Äcker, Weideland und Siedlungen.

Abb. 279. Federgras – ein botanischer Vorposten aus den Steppen von Südosteuropa; Harslebener Berge (nordwestlich Quedlinburg), Naturschutzgebiet, 2006.

Von der einstigen Waldbedeckung des Harzvorlandes waren im Hochmittelalter, also um das Jahr 1200, kaum noch 20 % übrig. Allerdings gefiel die Waldfreiheit solchen Steppenpflanzen wie Federgras, Adonisröschen oder Kuhschelle. Die breiteten sich bis in die wärmebegünstigten Täler des Ostharzes aus. Innerhalb des Waldes hätten die Steppenpflanzen kaum überleben können. Dennoch blühen sie bis heute auf den waldfreien Abschnitten der felsigen Vorberge, denn das karge Weideland gehörte für Jahrhunderte den Ziegen. Weder Baum noch Strauch überstand die dauernde Knabberei der meckernden Waldverhinderer, selbst in klippenreichem Gelände nicht.

Zu den wenigen Erholungsphasen des Waldes zählten einige gesellschaftliche Krisen, wie die Völkerwanderungszeit im 4. Jahrhundert, die Pestepidemie im 14. Jahrhundert und der Dreißigjährige Krieg im 17. Jahrhundert. Dennoch war bereits zur Mitte des 18. Jahrhunderts das natürliche Regenerationsvermögen des Waldes durch rücksichtslose Nutzung total überfordert. Lautes Gejammer über fehlendes Holz machte die Runde.

Der Harz und die Welt

Welche Luft atmeten eigentlich Pflanze, Tier und Steinzeithorde? Was die bisherigen Befunde aus den pleistozänen Ablagerungen nicht zu sagen vermochten, verrieten fossile Luftbläschen in den Bohrkernen des »ewigen« Eises von Grönland und der Antarktis. Den Untersuchungen zufolge wechselten die Gehalte von Sauerstoff- und Kohlendioxid innerhalb der Jahrtausende so extrem, dass die daraus abgeleitete Kurve fast Ähnlichkeit mit dem Konstruktionsplan einer Achterbahn hat. Erst bei genauerer Betrachtung fällt das darin verborgene Regelmaß der Temperaturschwankungen auf.

Aber auch die Tropfsteine in den Höhlen des Harzes erwiesen sich als Klima-Archiv. In den Quer- und Längsschnitten von Stalagmiten und Stalaktiten sind, ähnlich den Jahresringen der Bäume, Zuwachszonen erkennbar. Niederschlagsreiche Zeiten führten zu breiten Anlagerungen aus Kalziumkarbonat. Kälte- bzw. Trockenperioden schränkten wegen verminderter Tropfwasserzufuhr den

◁ Abb. 280. Tropfsteine – Naturwunder und Klima-Archiv; »Pagode« in der Baumannshöhle Rübeland, 1983.

Stofftransport erheblich ein. Zeiten mit Dauerfrost brachten schließlich das mineralische Wachstum gänzlich zum Erliegen. Zusätzlich gelten die im Kristallgitter der Tropfsteine eingebauten Sauerstoffisotope als verlässliche Temperaturanzeiger.

Als Langzeitthermometer lassen sich selbst gewöhnliche Ablagerungen wie Kiessand, Geschiebemergel und Moor verwenden. Einige Daten aus dem Harzgebiet fanden sogar bei der überregionalen Rekonstruktion des Klimas Berücksichtigung. Demnach sanken die Jahresdurchschnittstemperaturen in den Kaltzeiten weltweit auf 5 °C. In den Warmzeiten stiegen sie zeitweise auf 18 °C an und lagen damit um 3 °C über den heutigen. An den Verhältnissen innerhalb des Tropengürtels änderte sich dabei kaum etwas. Nur die Temperaturlinie vom Äquator in Richtung Polregion fiel erheblich steiler ab als in vorangegangenen Erdzeitaltern.

Am Harzrand betrugen die Jahresmitteltemperaturen der Kaltzeiten etwa −6 °C. Damit ließen sie in den hiesigen Gefilden ebenso wenig Gemütlichkeit aufkommen, wie sie es heute in der Vergleichsregion Spitzbergen tun. Dagegen luden die +11°C der Warmzeiten »Einhorn«, Wald und Mensch zum Verweilen ein. Dieses Angebot entsprach dem heutigen Klima auf dem Balkan.

Als Südwinde die Aschewolke vom Ausbruch des Laacher-See-Vulkans bis zum Harz wehten, ging die Eiszeit langsam ihrem Ende entgegen. Das war vor rund 12 900 Jahren.

Trotz aller durchlebten Veränderungen bleibt der Harz seinem Inseldasein treu. Es rauschen zwar keine Wellen mehr an die Ufer, dafür aber Stürme über die Bergrücken. Die sprichwörtliche Ruhe über den Wipfeln stellt sich nur selten ein, am allerwenigsten in den Hochlagen – zu weit ragt der wuchtige Gebirgsklotz in die Norddeutsche Tiefebene hinein. Unwirsch zausen die abgebremsten Luftströmungen aller Himmelsrichtungen an seinen Wäldern. Flach wurzelnde

◁ Abb. 281. Quer- und Längsschnitt durch zwei Tropfsteine (Decken- und Bodenzapfen) aus einer Höhle des Winterbergs mit niederschlagsabhängigen Zuwachszonen; Bad Grund, 2006.

Abb. 282. Tuffschicht vom Ausbruch des Laacher-See-Vulkans in der Eifel vor 12 900 Jahren; Nachterstedt, 1984.

Abb. 283. Föhnwetterlage über dem Harz, 1993.

Abb. 284. Fernsicht vom Brocken bei Inversionswetterlage; im Vordergrund die Granitklippen von Teufelskanzel und Hexenaltar, 1993.

Bäume haben es schwer hier oben, denn die oft nur dünne Bodenschicht über dem Festgestein des Gebirges verleiht ihnen nur geringen Halt. Deshalb hat die raue Luft ihren Spaß daran, reihenweise Fichten umzuwerfen.

Immerhin genießt das nördlichste der deutschen Mittelgebirge eine schöne Aussicht, muss dafür jedoch mehr Stürme in Kauf nehmen als die gebirgigen Kollegen weiter südlich. Der Harz ist auf seinem Breitengrad die höchste Erhebung zwischen Atlantik und Ural. Auch vom Norden her stellt sich den Luftströmungen keine nennenswerte Erhebung in den Weg. Westwinde haben den größten Anteil am Wettergeschehen des Harzes. Hauptsächlich sie bringen die Feuchtigkeit für Wald und Moor mit. Das östliche Harzvorland geht – weil im Regenschatten gelegen – oft leer aus. Kein Wunder, dass bei den steppenartig geringen Niederschlägen Dürreperioden keine Seltenheit sind.

Wenn der Wind aus Südwesten über das Gebirge rauscht, stellt sich über dem Brockenmassiv zuweilen Föhnwetter ein. Darum scheint in dem schmalen Streifen zwischen Ilsenburg und Blankenburg die Sonne im Jahresdurchschnitt ein paar Tage länger als anderswo in der Gegend. Zusätzlich wärmen bei Föhnwetter die Fallwinde. Im Winter liegt häufig Kaltluft über dem Harzvorland und den unteren Gebirgslagen. Der Brockenwanderer wird dann mit herrlicher Fernsicht verwöhnt, vorausgesetzt, die Luftströmungen stammen aus nordöstlich gelegenen Reinluftgebieten. Andererseits steigt bei austauscharmen Wetterlagen schon nach wenigen Tagen die Konzentration von Luftschadstoffen in Bodennähe bedenklich an und trübt nicht nur das Panorama.

Wer sucht, der kann auch finden – Exkursionsziele

Oker: Granitklippen im Okertal, Westseite des Brockenmassivs, 🅿 am Waldhaus oder am Romkerhaller Wasserfall, ein- bis mehrstündige Wanderung.

Wernigerode: Granitklippen im Hohne-Gebiet südwestlich der Stadt (Nationalpark Harz), 🅿 **Drei-Annen-Hohne**, 🅿 Ortseingang **Schierke**, jeweils ein- bis mehrstündige Wanderung zu den Klippen in der Umgebung und auf den Brocken, Nationaler Geotop »Blockhalden am Brocken«, mehrstündige Wanderung oder Fahrt mit der Brockenbahn.

Thale: Flusserosion im Bodetal, Granit und Hornfels, pleistozäne Verwitterungsstrukturen des Granits: Wanderweg von Seilbahnstation Richtung Treseburg oder Roßtrappe bzw. Hexentanzplatz, Naturschutzgebiet, Nationaler Geotop »Bodetal im Harz«, 🅿 Seilbahnstation.

Wegeleben: Pleistozäne Schotter des Saale-Glazials: Kiestagebau am Wedderstedter Weg, Trockenabbau, aktiver Betrieb, begrenzter Zutritt, Anmeldung bei Kieswerke Bodetal GmbH, Tel. 039423 6810.

Abbenrode: Pleistozäne Schotter des Saale-Glazials mit eisrandnahen Strukturen, Kiestagebaue im Trockenabbau, nördlich des Ortes, Hauptzufahrt über die B6n, Abzweig Abbenrode, aktiver Betrieb, begrenzter Zutritt; Anmeldung entweder bei Recycling-Park Harz GmbH Heudeber, Tel. 039458 86990, HPM Straßen- und Tiefbau GmbH Goslar, Tel. 05321 33733 oder bei Stratie-Bodenverwertungsgesellschaft GmbH Blankenburg, Tel. 03944 9270.

Quedlinburg: Höhlenbildung im Gips des Mittleren Muschelkalks, stark verbuschte Gipsgruben in den Seweckenbergen östlich der Stadt, Anfahrt auch über **Badeborn** möglich, 🅿 auf Wirtschaftswegen.

Huy-Neinstedt: Strudelkessel (Gletschertöpfe) aus dem Saale-Glazial, 800 m südlich des Ortes, bedeutsamer Geotop des Landes Sachsen-Anhalt, 🅿 an der Landstraße Richtung **Athenstedt** (Streuobstwiese).

Osterode am Fallstein: Quellkalkbildung im Ortsteil **Steinmühle**, 🅿 beiderseits der Landstraße Veltheim-Osterode, abzweigende Wirtschaftswege;
1. nördlich: ehem. Travertin-Steinbruch mit Quelle;
2. südlich: Bach und Teichgelände mit Sinterbildungen; schützenswerter Geotop.

Bernburg: Gletscherschrammen: Kalksteintagebau der Solvay Chemicals GmbH, aktiver Betrieb, begrenzter Zutritt u. a. am »Tag der offenen Tür« (Kontakt: Betriebsleiter Tagebau/Solbetrieb, J. Lischka, Tel. 03471 323-359; joachim.lischka@solvay.com).

Sangerhausen: Spengler-Museum, »Mammut«-Skelett (Waldelefant aus dem Altpleistozän), Geologie der Region.

Bad Grund: HöhlenErlebnisZentrum (Iberger Tropfsteinhöhle), nördlich des Ortes an der B242, museale Ausstellung u. a. zu Tropfsteinbildung, Altpleistozän und bronzezeitlicher Ahnenforschung der Region (Genealogie).

Bad Lauterberg/Herzberg: Einhornhöhle **Scharzfeld**, Direktanfahrt oder Wanderung vom 🅿 Andreasbachtal, pleistozäne Fauna und Werkzeuge des Neandertalers, Geopark-Infostelle.

Rottleberode: Heimkehle **Uftrungen**, Schauhöhle im Zechsteingips, museale Ausstellung, Objekt am Karstwanderweg.

Rübeland: Hermanns- und Baumannshöhle, Schauhöhlen und museale Ausstellungen, u. a. pleistozäne Tierwelt und Artefakte.

Braunschweig: Naturhistorisches Museum, u. a. regionale Geologie, pleistozäne Fauna von **Rübeland/Harz**.

10 Der Harz mit seinen Grenzen

So mancher Berg auf Erden muss sich mit Grenzen abfinden. Unter diesen sind geologische, klimatische oder floristische Trennelemente die harmlosesten. Bei politischen Grenzen ist dagegen Vorsicht geboten. Einige entfalten noch nach Jahrzehnten ihre tückische Eigendynamik, so auch auf dem Brocken. Aus Zeiten deutscher Kleinstaaterei stammend, wurde nach dem Zweiten Weltkrieg eine belanglose Gemarkungsgrenze quer über den Harz zum Eisernen Vorhang hochgerüstet. Selbst Wildschwein, Reh und Hirsch mussten erfahren, dass Stacheldraht und Elektrozaun Liebesbeziehungen zur jeweils anderen Seite des Harzes lebensgefährlich erschweren. Auf westlicher Seite lugten neugierige Touristenscharen über die Demarkationslinie. Auf östlicher Seite herrschte einsame Stille, denn bereits weit vor der eigentlichen Staatsgrenze behinderten Schlagbäume den Zutritt zum Sperrgebiet. Hier, im grenznahen Streifen am westlichen Rand der DDR, sagten sich Fuchs und Hase »Gute Nacht«. Grenzkompanien »pflegten« fast 30 Jahre lang den längsten Grünstreifen Deutschlands. Als 1990 die Grenzsicherungsanlagen zu Schrott wurden, erschienen dort stilisierte Eulen – auf Naturschutztafeln. Sie weisen den Weg entlang des Grünen Bandes, das verbindet und nicht mehr trennt, der Brocken mittendrin.

Steine wachsen im Bach

Noch immer fügt der Harz Bilder vom Wald in sein steinernes Album ein. Als gestalterische Vorlage dienen ihm die Sinterterrassen der beiden letzten Wärmeperioden des Eiszeitalters. Wenn ausgiebige Winterniederschläge die Quellen sprudeln lassen, kann man einigen von ihnen beim Versteinern zusehen. Dafür bietet der Bach im Kreuztal zwischen Hüttenrode und Rübeland ab und an Gelegenheit. Mit feinsten Kalkspatkristallen überzieht er das von benachbarten Bäumen hereingefallene Herbstlaub und fertigt eigene »Albumblätter« daraus an. Die jüngsten seiner filigranen Kunstwerke stammen aus dem Frühjahr 2008.

Abb. 285. Abbau der Brockenmauer, 1991.

Leider ist selbst auf die aktuelle Tagebuchaufzeichnung kein Verlass, denn ihre Präzision lässt erheblich zu wünschen übrig. Nur drei der dem Quellgrund am nächsten stehenden Baumarten wurden konserviert. Es fehlen jedoch Fichte, Esche, Weide, Birke und vier weitere Gehölze aus der Umgebung des Blauen Sees. Deren Blattwerk trug der Wind woanders hin.

Ähnlich ungenau geht es im Wiesengrund des Steinmühle-Bachs bei Osterode zu. Selbst nach kräftigem Sturm gelangte kein Blatt aus dem nur 1000 m entfernten Buchenwald des Fallsteins bis hierher. Wenn also schon bei den jüngsten Fossilien kaum Rückschlüsse auf die tatsächliche Waldzusammensetzung möglich sind, wie groß mögen erst die Abweichungen beim Waldinventar weit zurückliegender Epochen sein? Man wird wohl nie erfahren, welche Vielfalt die damaligen Wälder wirklich besaßen. Ganz zu schweigen von den zusätzlichen, erosionsbedingten Lücken.

Abb. 286. Zeitweilig aktive Quellkalk-Terrasse im Kreuztal-Bach; Neuwerk (Rübeland), unterhalb des Blauen Sees, 2008.

Abb. 287. Ahornblätter, von Quellkalk-Sinter umkrustet; Neuwerk (Rübeland), unterhalb des Blauen Sees, 2008.

Abb. 288. Eichen- und Buchenblatt, von Quellkalk-Sinter umkrustet; Neuwerk (Rübeland), unterhalb des Blauen Sees, 2008.

Abb. 289. Flutung des Tagebaus Nachterstedt, 1998.

Aus geologischer Sicht dürfte vom Quellkalk am Blauen See schon bald nicht mehr viel übrig sein. Er hat sich so ungünstig in den Talgrund gezwängt, dass die Erosion ein leichtes Spiel mit ihm haben wird. Nicht viel besser steht es um den Kalksinter des Steinmühle-Bachs am Fallstein. Hier ist der Gewässerunterhaltungsverband kein Freund filigraner Sinterbildungen. Bestünde jedoch kein Zwang zur regelmäßigen Beräumung des Bachbetts, dann könnte da ein schönes Naturdenkmal entstehen. Schließlich wäre das eine willkommene Gelegenheit zur floristischen Dokumentation unserer, also der dritten Zwischeneiszeit.

Könnten ferne Generationen wohl in weiteren versteinerten Niederschriften des Harzer Tagebuchs »blättern«? Durchaus, nur müssten sie jene Stellen finden, die heute als Seen stillgelegter Kies- und Braunkohletagebaue zum Baden einladen. Spätestens in einer Million Jahre werden diese mit Sand und Schlamm aufgefüllt und verlandet sein, dazwischen Baum und Blatt, begleitet von allerlei Beweisstücken unserer Wegwerfmentalität.

Der Brocken spitzt die Ohren

Nicht, weil der Granitklotz alt und runzlig geworden ist, bekam er vor 80 Jahren ein Hörgerät verpasst. Allein seine Höhe war ausschlaggebend für Verkabelung und rotweiße Masten. Zuerst wussten Radio- und Fernsehfunk den Vorteil der Höhe zu nutzen. Späterhin lauschten neugierige Militärexperten in den Wolkendunst und verheimlichten ihr Tun hinter einer drei Meter hohen Ringmauer.

Ab 1990, also seit dem Ende des Kalten Krieges, bestimmt vorwiegend das mediale Sendungsbedürfnis die Ausstrahlungskraft des Brockens. Auch die zivile Luftfahrt über Mitteleuropa wird von hier oben mit Daten versorgt. Ebenso fand die automatische Station des Luftüberwachungssystems in Sachsen-Anhalt ein Plätzchen. Sie registriert unter anderem die Veränderung des Kohlendioxidgehalts

Abb. 290. Funktechnik auf dem Horchposten des Kalten Krieges, Sendeturm der DDR-Volkspolizei; Brocken, 1990.

Abb. 291. *Funktechnik mehrerer ziviler Nutzer auf dem Brocken, 2008.*

der Höhenluft und gehört seit 2010 zum globalen Beobachtungsnetz der Atmosphäre. Nicht zuletzt funkt die Wetterwarte beständig eigene Messwerte zum Deutschen Wetterdienst.

Der größte Sendemast auf dem Berg ist 115 Meter hoch. Vermutlich reichte der Granit vor Beginn der Eiszeit fast bis in diese Höhe. Die Erosion hat in geologisch kurzer Zeit ganze Arbeit geleistet, etwa 100 Meter Abtragung in 1 000 000 Jahren. Pro Jahr wären das nur 0,1 Millimeter, also recht unscheinbar angesichts der massiven Veränderungen durch Bautätigkeit für Fundamente, Bahnanlagen und Gebäude. Immerhin tröstet der Brockengarten über den lieblosen Umgang mit dem einst klippenreichen Plateau hinweg. Der Nationalpark sorgt dafür, dass sich die Abtragung durch tausendfache Schuhsohlen in Grenzen hält und die Eiszeitrelikte auf der Kuppe nicht aussterben.

Harzwald in Etagen

Trotz jahrhundertelanger Holznutzung durch Bergbau, Köhlerei und Hüttenwesen hat der Harzwald stellenweise noch ursprüngliche Züge bewahren können. So bleibt dem aufmerksamen Wanderer nicht verborgen, dass die Waldzusammensetzung vom Brocken bis hinab in das Harzvorland keineswegs die gleiche ist. Aber auch bei Wiesen und Weiden, den Stellvertretern des Waldes, zeigt die Vegetation ihre enge Bindung an die jeweilige Höhenstufe. Allein das Klima bestimmte die Grenzen. Gegenwärtig wird ein Anstieg der Durchschnittstemperaturen beobachtet. Sie übersteigen – vor allem in den oberen Berglagen – seit 1950 mit rund 1,5 °C deutlich das langjährige Mittel.

Waldgrenze auf dem Brocken

Auf der Brockenkuppe geht es ruppig zu. Hier, oberhalb der Baumgrenze, finden nur wetterfeste Zwergsträucher zwischen den Granitblöcken Schutz. Unterhalb davon trotzen Fichten in Windflüchter-Gestalt der rauen Witterung. Zentnerschwerer Eisbehang beugt sie im Winter und bricht manchem Wipfel.

| Höhe: 1000–1141 m (subalpin) |
| Klima: Niederschlag 1400–2300 mm |
| Temperatur 1,5–4,3 °C |

Nebelwald im Oberharz. Am Brockenhang und noch etwas weiter unten »kämmen« genügsame Bergfichten das lebensnotwendige Nass aus den Nebelschwaden. Die Feuchtigkeit kommt Mooren und Quellbächen zugute. Neben Fichten wagen sich auch Ebereschen so hoch hinaus. Unter den Laubbäumen gelten sie als wahre Überlebenskünstler.

| Höhe: 750–1000 m (hochmontan) |
| Klima: Niederschlag 1000–1600 mm |
| Temperatur 3–6 °C |

Abb. 292. Klimatisch bedingte Waldzusammensetzung des Harzes in Abhängigkeit von der Höhenlage (Höhenstufengliederung): Blick über Darlingerode (bei Wernigerode) zum Brocken, 2006.

Abb. 293. Fichten an der Waldgrenze auf dem Brocken, 2005.

Abb. 294. Nebelwald und Hochmoor am Brockenhang, 2008.

Abb. 295. Bergfichtenwald bei St. Andreasberg, 1995.

Buchenwald auf der Harzhochfläche

Der Buchenwald mag die frostigen Höhen nicht. Deshalb ist er in den tiefer gelegenen Gebirgsteilen verbreitet. Die warmen Sommerregen dort sind für ihn eine Wohltat. Wenn die Schatten spendenden Bäume nicht zu dicht stehen, gesellen sich Traubeneichen zu ihnen. Leider wurde der ursprüngliche Laubwald zumeist durch Fichtenplantagen verdrängt. Die monotonen »Forstäcker« sind das Resultat (forst)wirtschaftlicher Zwänge der letzten 200 Jahre.

Höhe:	400–750 m (montan)
Klima:	Niederschlag 700–1000 mm
	Temperatur 5–7 °C

Bewaldung der Täler

Die Bewaldung der Täler weicht meist vom Muster der benachbarten Höhen ab. Auf den unteren Hanglagen und in feuchten Schluchten fühlen sich Ahornbäume wohl. Eschen und Erlen mögen die wasserreichen Böden der Bach- und Flussauen. Ebenso wie die Weiden haben sie mit saisonalen Überflutungen kein Problem. Hainbuchen und Linden dagegen meiden die feuchten Standorte. Eichentrockenwälder halten es auf sonnendurchfluteten Südhängen aus. Sie sind in den östlichen, also niederschlagsarmen Abschnitten des Gebirges beheimatet. Nur in den Felsfluren von Bode- und Selketal konnten sie wegen forstwirtschaftlicher Unzugänglichkeit der Hanglagen vieles von ihrer Ursprünglichkeit bewahren.

Höhe:	150–500 m
Klima:	Niederschlag 600–900 mm
	Temperatur 7–8 °C,
	wegen Kaltluftströmung am
	Talgrund mitunter nur 5–6 °C

Laubmischwald am Harzrand und im Harzvorland

Auf warmen Südhängen und im niederschlagsarmen Harzvorland gesellen sich zu den Traubeneichen auch Hainbuchen und Linden. Gerne würden sie wieder mehr von den mit Fichten bepflanzten Flächen besiedeln und große Laubmischwälder bilden. Das wird noch dauern, obwohl die ersten Schritte dazu gemacht sind. Borkenkäfer, Stürme und forstwirtschaftliche Einsicht halfen dabei. Als Beispiele für die zukünftige Bewaldung gelten jene Gehölze, die auf den Muschelkalkrücken des Harzvorlandes wie auf Inseln zwischen den Agrarflächen erhalten geblieben sind. Vor Flusslaufregulierung und Grünlandausbreitung gab es in den Auen des Harzvorlandes noch große Bestände an Stieleichen. Selten geworden sind dort auch die Erlenbruchwälder mit altem Baumbestand.

Höhe:	150–450 m (collin bis submontan)
Klima:	Niederschlag am Harzrand 600–700 mm, im östlichen Harzvorland weniger als 500 mm Temperatur 8–9,5 °C

Abb. 296. Buchenwald auf der Harzhochfläche bei Hasselfelde, 1988.

Abb. 297. Schluchtwald aus Ahorn und Esche mit Lerchensporn und Buschwindröschen; Selketal bei Mägdesprung (Harzgerode), im Frühjahr 2009.

Abb. 298. Bach-Auenwald aus Erlen und Weiden im Selketal bei Meisdorf (Stadt Falkenstein), 2009.

Abb. 299. Eichen-Trockenwald (forstlich beeinflusst) am Harzrand bei Wernigerode, 2004.

Abb. 300. Laubmischwald mit Linden, Traubeneichen und Rotbuchen am Harzrand bei Wernigerode, 2008.

Abb. 301. Naturbelassener Erlenbruchwald am Kloster Michaelstein (Blankenburg). Brettwurzeln verbessern die Standfestigkeit auf morastigem Untergrund, 2010.

Der Harz und die Welt

302 Klimatisch gesehen, weicht die gegenwärtige Nacheiszeit kaum vom Muster vorangegangener Warmzeiten ab. Immer wieder erfreuten Wärmeschübe Pflanze, Tier und (Steinzeit-)Mensch mit Sommertemperaturen, die um 1 bis 4 °C über den heutigen Werten lagen. Andererseits musste das Leben in Mitteleuropa auch schon mit 1 bis 3 °C kühleren Zeiten zurechtkommen. Wie bisher in der Erdgeschichte, lösen wechselnde Intensität der Sonneneinstrahlung (Sonnenfleckenaktivität), Veränderungen der Erdbahngeometrie und vulkanische Aktivitäten Klimaveränderungen aus. Deren Einflüsse werden durch das rein irdisch »organisierte« Energieverteilungssystem (Luftzusammensetzung, Meeresströmungen, Waldverteilung u. a.) miteinander kombiniert. Veränderungen an dem noch nicht durch den Menschen beeinflussten Wirkungsgefüge lassen sich bis in die jüngste erdgeschichtliche Vergangenheit beobachten.

Den Anfang soll die »Tundrenzeit« machen, die vor etwa 11 500 Jahren nach dem Rückgang der Inlandvergletscherung begann. Zunächst ließ die eisige Witterung weder im Harz noch im Vorland Bäume wachsen. Erst die massenhaften Birken- und Kiefernpollen in 10 000 Jahre alten Torfschichten des Brockengebietes markieren einen auffälligen Temperatursprung. Vielleicht hat in dieser Vorwärmezeit die Waldkiefer sogar den Brocken erklommen. Im darauf folgenden »Atlantikum« vor etwa 5000 Jahren verhalf das günstige Klima der Buche auf die Sprünge.

Das häufige Traumwetter bescherte selbst auf der Harzhochfläche den ersten Siedlern gute Ernten. Dennoch entschieden geringe Abweichungen vom Durchschnittswert um 0,5 °C darüber, ob in dieser Höhenlage überhaupt Getreide reifen konnte. Eine solche Situation ergab sich vermutlich vor etwa 3500 Jahren in der Bronzezeit, als die griechische Insel Santorin vom Ausbruch des Vulkans Thera zerfetzt wurde. Die gewaltigen Aschewolken verdunkelten die Sonne und brachten das mitteleuropäische Klima für Jahrzehnte durcheinander. Die Spärlichkeit archäologischer Funde im Harz lässt vermuten, dass es auch den hiesigen Gebirgsbewohnern zu ungemütlich wurde. Weit mussten sie nicht ziehen, wie die hohe Siedlungsdichte jener Zeit im wärmebegünstigten Vorland zeigt.

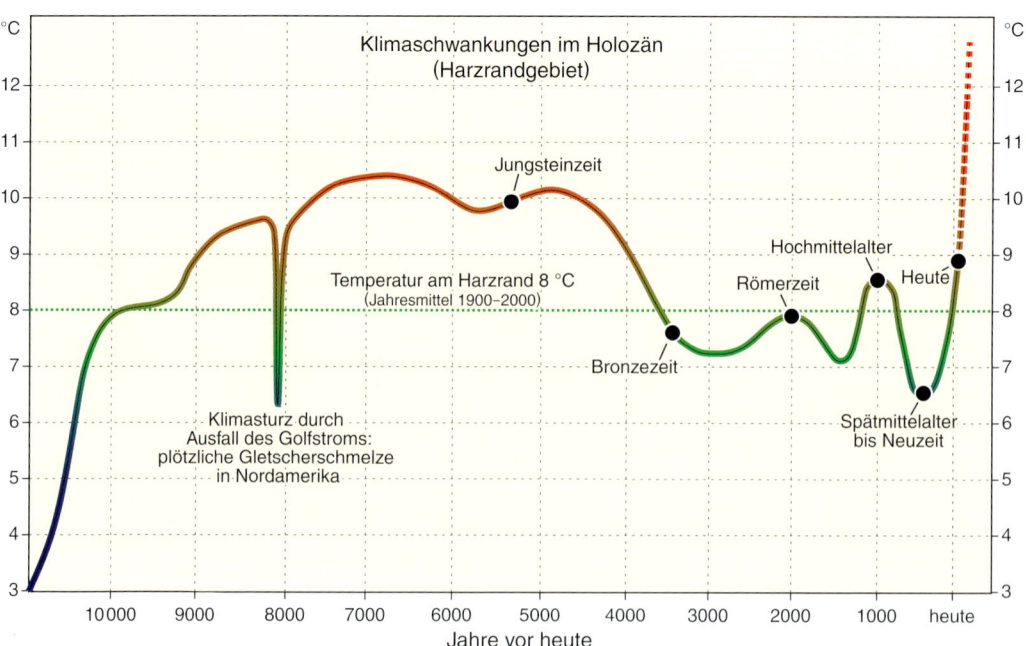

Abb. 302. *Temperaturverlauf in der Nacheiszeit für den südlichen Harzrand und vermutete zukünftige Entwicklung, zusammengestellt 2008.*

Verlief vor 2000 Jahren im Harz ein weiteres Klimaoptimum unauffällig, verschafften die milden Temperaturen den Römern logistische Vorteile bei ihren Eroberungszügen.

Dann aber setzte die nächste Kälte- und Trockenperiode ein. Sie trieb um das Jahr 400 asiatische Nomadenvölker bis nach Westeuropa. Den Harz erreichten die Hunnen zwar nicht, dennoch dürfte es auch hier Verteilungskämpfe um die wenigen Nahrungsmittel gegeben haben, wie übel zugerichtete Skelette aus Grabungen vermuten lassen. In diesen kritischen Zeiten lagen vielerorts die Felder brach. Hinweise darauf liefern die Pollenanalysen aus den Mooren des Harzes.

Im Frühmittelalter, etwa ab dem 8. Jahrhundert, wurde das Klima wieder erträglicher. Die einsetzende Erwärmung um 1 °C über dem heutigen Jahresmittel bescherte dem Harz für mehrere Jahrhunderte einen der vorderen Plätze in der gesellschafts- und wirtschaftspolitischen Mitte Deutschlands. Ihren Niederschlag fand diese Entwicklung in zahlreichen Ortsgründungen im Hochmittelalter, etwa um das Jahr 1200. Gerade im Ostharz häufen sich die Ortsnamen mit den Endungen »-rode« und »-felde«, wie z. B. Harzgerode und Siptenfelde. Als man großflächig Wald rodete, um Felder und Weiden anzulegen, verlor das Harzvorland einschließlich des östlichen Unterharzes über 80 % der Gehölze. Im schwerer zugänglichen Gebirge schwangen seit dieser Zeit Köhler, Berg- und Zimmerleute die Axt. Ohne die guten Ernten auf den Rodungsflächen wäre damals die Entwicklung des Bergbaus nicht so rasant verlaufen und der Harz nicht zu einer wichtigen Waffenschmiede der deutschen Kaiser geworden. Quedlinburg und Goslar stünden nicht auf der Liste des Weltkulturerbes.

Abb. 303. *Erinnerungsmedaille an das Ende des 30-jährigen Krieges von 1648. ⌀ 5,5 cm.*

Für die Besiedlungsetappe Hochmittelalter vermelden Pollenanalysen die Ankunft eines Wärme liebenden Neulings aus Südosteuropa. Der Walnussbaum gelangte sehr wahrscheinlich als Handelsware hierher und fand am milden Klima Gefallen. Von einer anderen wärmebedürftigen Kulturpflanze, der Weinrebe, schweigen die Untersuchungen. Offensichtlich sind deren Pollen nicht bis zu den Mooren des Hochharzes hinaufgeweht worden. Dafür aber künden uralte Flurbezeichnungen wie »Wien«- oder »Weinberg« vom südländischen Flair am Harzrand, beispielsweise bei Ilsenburg, Wernigerode und Halberstadt.

Ab Mitte des 14. Jahrhunderts war dann leider Schluss mit dem Rausch aus heimischen Trauben. In der Kälteperiode der sogenannten »kleinen Eiszeit« kam nicht einmal mehr saurer Messwein zustande. Darauf hätten ohnehin viele Harzer gern verzichtet, wären sie stattdessen von Pest, Hungersnöten und Siedlungsverlust verschont geblieben. Nicht zuletzt erwuchsen Hexenverfolgung und Dreißigjähriger Krieg aus den klimatisch verschärften sozialen Krisen.

Die Kälte hielt bis zur Mitte des 19. Jahrhunderts an und wurde zeitweise sogar noch verstärkt. Wieder einmal verfinsterte der Ausbruch eines Vulkans den gesamten Globus. Im April des Jahres 1815 war es die Eruption des indonesischen Tambora. Dessen hoch in die Atmosphäre getragener Staub löste

Abb. 304. Hammerschmiede Ilsenburg – Symbol für die hoch entwickelte Montanindustrie des Harzes, die bis um 1900 auf Holzkohlebasis beruhte; Gemälde von ROBERT RIEFENSTAHL, *um 1893.*

den Klimasturz aus und ließ jahrelang Sommer und Ernten ausfallen. Niemand zählte genau die vielen tausend Hungertoten. Kein Wunder, dass auch verarmte Harzer auf die Auswandererschiffe nach Amerika drängten. Erst ab der zweiten Hälfte des 19. Jahrhunderts glich die überregionale Wirtschaftsverflechtung einige der lokalen Probleme aus. Noch sicherte der Wald die Existenz von Bergbau, Köhlerei und Hüttenwesen.

Bereits im 18. Jahrhundert war der Holzvorrat arg geschrumpft. Ein makabrer Spruch machte sinngemäß die Runde, es seien nicht mehr genügend große Bäume vorhanden, um die für den miserablen Waldzustand Verantwortlichen daran aufknüpfen zu können. Doch die Not machte erfinderisch: in Ilsenburg entstand die erste Forstakademie Deutschlands. Leider geriet die dort entwickelte gute Lehre von der forstlichen Vielfalt schon wenig später ins Hintertreffen. Wirtschaftliche Erwägungen begünstigten schnell wachsende Fichten. Seitdem prägt zunehmender Flächenverbrauch durch Bauwesen und Verkehr, Rohstoffgewinnung und Wasserwirtschaft das Waldbild – bis heute. In Waldschutzgebieten unterschiedlicher Kategorie (Nationalpark, Natur- und Landschaftsschutzgebiete) soll die Vielfalt des einstigen Harzwaldes bewahrt bzw. wiederhergestellt werden. Soweit die (Klima-)Geschichte.

Jetzt, im 21. Jahrhundert, würde mancher ehemalige Weinberg statt Buche, Ahorn oder Obstbaum erneut Rebstöcke tragen, gäbe es den globalisierten Weinhandel nicht. Jedenfalls beweist der Weinberg am Königstein bei Westerhausen, dass sich das süffige Geschäft wieder lohnt. Dessen Rebstöcke tragen gut, denn die Jahresdurchschnittstemperaturen liegen mit denen des Hochmittelalters gleichauf.

Sonnenanbeter meinen beiläufig, dass etwas mehr Wärme doch gar nicht schaden könne. Bloß das nicht, flehen sofort Wintersportbegeisterte. Selten vergeht ein Tag, an dem nicht über das Thema Klimawandel berichtet oder gestritten wird. Obwohl bereits mit aller Eindringlichkeit vor katastrophalen Veränderungen unseres Lebens gewarnt wird, dient die Lufthülle immer noch als größte Müllkippe des Planeten. Da fliegen freilich keine Ölfässer, Kohlestücken oder alte Schuhe herum, wohl aber deren Verbrennungsprodukt Kohlendioxid. Weil dieses unsichtbare und geruchlose Gas keine Köpfe blutig schlägt, wurde es bislang als nicht sonderlich störend wahrgenommen. Ebenso steht es mit den Unmengen anderer Gase der Zivilisation, die um die Erde wabern, in erster Linie Methan und Stickstoffoxide.

Alle drei sind beileibe keine Unbekannten in der Atmosphäre. Schon seit Urzeiten gehören sie nebst dem Hauptakteur Wasserdampf zum Grundbestand der irdischen Lufthülle. Sie sorgen durch ihre Wärmeregulierung und den Strahlenschutz dafür, dass die Erde überhaupt bewohnbar wurde. Allerdings bekam das Leben schon bei geringen Abweichungen vom atmosphärischen »Sollwert« existenzielle Probleme. Mancher Klimawandel machte ihm zu schaffen, was mehrere Aussterbephasen belegen (vgl. Kapitel 1, 3, 4). Trotz weit gespannter Übergangszeiten zogen globale Klimaveränderungen stets unglaublich hohe

Abb. 305. *Der Weinberg von Westerhausen galt einige Zeit als der nördlichste in Deutschland; Weingut Kirmann, Westerhausen, 2008.*

Verluste in der Pflanzen- und Tierwelt nach sich. Und das passierte weltweit nicht allein auf dem Land, sondern auch im Wasser! Derartige Katastrophen werden in erdgeschichtlichen Tabellen, wo Millionen Jahre den Maßstab bilden, als plötzliche Ereignisse wahrgenommen. Doch natürliche Wandlungen des globalen Klimas dauerten Jahrhunderte und länger – selbst nach gewaltigen Meteoriteneinschlägen, bei Abweichungen der zyklischen Sonnenaktivität oder infolge von Veränderungen der kosmischen Strahlung. Einmal in Gang gesetzt, ließen sich solche Prozesse durch nichts mehr aufhalten.

Abb. 306. *Luftbelastung über der Norddeutschen Tiefebene. Die Grenzfläche zur Reinluft ist bei dieser Inversionswetterlage in ca. 900 m Höhe ausgebildet. Blick vom Brocken, 4. April 2009.*

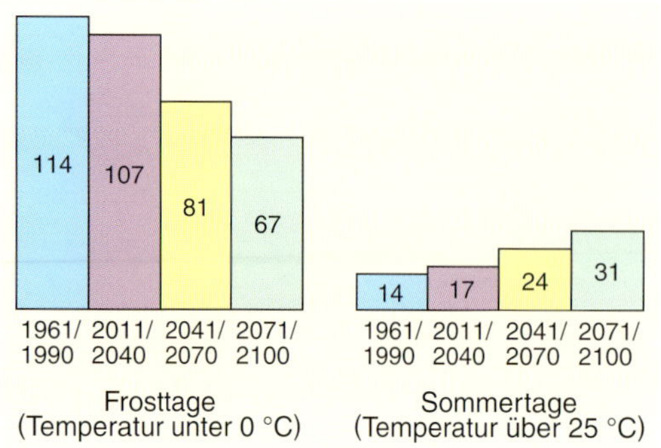

Im Vergleich mit den meisten jener vorzeitlichen Ereignisse vollzieht sich die aktuelle Temperaturerhöhung geradezu mit explosiver Geschwindigkeit. Die Überlagerung der natürlichen Klimafaktoren durch menschlichen Einfluss setzte zögerlich um 1850 ein. Gegenwärtig verläuft sie weitgehend ungebremst. Obwohl wesentliche Zusammenhänge dieses Prozesses einigermaßen beweisbar und anerkannt sind, fliegen zwischen Klimatologen und Wirtschaftslobbyisten immer noch die Fetzen. Inzwischen drucken Großrechner verschiedenster Betreiber fast übereinstimmend Karten aus, die mancher Gegend in Deutschland nichts Gutes verheißen.

Abb. 307. Prognose aus dem Klimamodell WETT-REG, Landesamt für Umweltschutz Sachsen-Anhalt, 2008.

Nachdem sich der Weltklimarat 2007 zu globalen Prognosen durchgerungen hatte, folgten modellhafte Berechnungen auch für einzelne Staaten. Weil die Basisdaten über die zukünftige Belastung der Luft mit wärmewirksamen Schadstoffen (Treibhausgase, Aerosole, Stäube) zwangsläufig einen großen Unsicherheitsfaktor bilden, gibt es immer mehrere Betrachtungsvarianten.

Der Nachteil solcher ständig präzisierten Prognosen ist freilich ihre Kurzlebigkeit. So haben Klimamodelle vom jeweils vorangegangenen Jahr längst an Aktualität eingebüßt, weil Messgeräte und Satelliten ununterbrochen die schnellen Computer der Forschungsinstitute füttern. Nicht mehr 2 °C Temperaturerhöhung werden weltweit für die kommenden 100 Jahre vorausgesagt, sondern – wie im Frühjahr 2009 gemeldet – bereits 4 °C. Das hieße im schlimmsten Fall: die Braunkohlenzeit wird wiederbelebt (vgl. Kapitel 7). Pflanzen, Tiere, Wald und Feld hätten bei diesem Tempo das Nachsehen – mit unabsehbaren Folgen für die Nahrungsgüterproduktion.

Für Sachsen-Anhalt wurde auf der durch den Weltklimarat definierten 2 °C-Basis die Klimatendenz der nächsten Jahrzehnte abgeleitet. Demnach sind durch den Anstieg der Temperatur wärmere Sommer und milde Winter zu erwarten. Die veränderte Niederschlagsverteilung hätte höhere Som-

Abb. 308. Waldschäden durch Borkenkäferbefall im Nordharz; Meineberg bei Ilsenburg, 2008.

Abb. 309. Erinnerungstafel an eine Aktion zur Walderneuerung im Forstrevier Ramberg bei Friedrichsbrunn, 1989.

mertrockenheit, mehr Winterregen und weniger Schnee zur Folge. Die Vegetationsperiode würde sich verschieben. Extremwetterlagen mit Stürmen, Dürreperioden und Starkregen dürften häufiger auftreten.

Die paar Grad mehr wären doch nicht weiter schlimm, meint mancher Tourismusexperte: Strandliegen statt Skilift! Talsperren-See kontra Mittelmeer! Doch welche Bäume könnten dann Schatten spenden? Welche Gehölze müssen Forstleute heute pflanzen, die den klimatischen Stress der Zukunft vertragen? Abgesehen von landeskulturellen Erwägungen steht die Holzwirtschaft schon jetzt vor erheblichen Problemen. Bis zur Hiebreife benötigen die Hauptbaumarten im deutschen Wald mindestens 100 Jahre. Es wird befürchtet, dass der zu erwartende rasante Wechsel der Standortbedingungen zu empfindlichen Ertragsausfällen führt, im Extremfall bis hin zu großflächigem Waldsterben.

Einen Verlierer der aktuellen Klimaveränderung gibt es bereits: die Fichte. Bei ihr rächt sich jetzt die monotone Zwangsanpflanzung außerhalb der natürlichen Verbreitung, also in den tieferen, weil wärmeren Lagen des Gebirges. Zwischen Baum und Borke hocken Millionen kleiner Käfer und fressen, fressen, fressen. Das geht so lange, bis sie ihrem Wirtsbaum alle Nährstoffbahnen durchgeknabbert haben. Besonders in etlichen sehr warmen Sommerhalbjahren seit 1990 vermehrten sie sich sogar zweimal. Die Bilder vom einstigen Wald schmerzen die Förster und erregen die Gemüter der Tourismuswirtschaft.

Bliebe die Natur sich selbst überlassen, würden sich bei anhaltendem Trend der Klimaerwärmung die gegenwärtigen Vegetationsstufen wieder einmal zur Höhe hin verschieben. Dann könnte der Bergahorn langsam weiter in Richtung Gipfel wandern, begleitet von Linde, Buche, Esche, Hasel und Birke. Wird dafür aber aus nutzungsorientierter menschlicher Sicht ausreichend Zeit zur Verfügung stehen?

Eine andere Betrachtungsvariante kommt zum gegenteiligen Schluss. Obwohl in den meisten der Klimaprognosen von einer beträchtlichen Erwärmung zu lesen ist, könnte nach dieser – zumindest in Westeuropa – genau das Gegenteil eintreten. Anlass für diese Annahme bietet die nacheiszeitliche Klimakurve. Nach dem Abtauen der Inlandeisgletscher stieg sie steil an. Aber vor 8200 Jahren knickte sie urplötzlich ein, um nach wenigen Jahrzehnten ihren bisherigen Verlauf fortzusetzen.

Erste Hinweise auf dieses Phänomen stammten von Pollenuntersuchungen. In den Ablagerungen des Juessees von Herzberg (Südwestharz) fiel inmitten Wärme liebender Arten eine dünne Schicht mit Kälte anzeigenden Pollen auf. Auch Tropfsteine weisen für diese Zeit Unregelmäßigkeiten im Kristallwachstum auf. Welches Ereignis mag den Temperatursturz um 3 °C ausgelöst haben? Die Antwort fanden Forscher auf der gegenüberliegenden Seite des Atlantiks. Im Osten der USA waren chaotische Ablagerungen aus der Nacheiszeit aufgefallen, die das katastrophale Ende eines riesigen Sees belegen. Vor einer natürlichen Barriere hatte sich Schmelzwasser der nordamerikanischen Inlandeisgletscher gestaut. Als der Damm schließlich dem Druck nachgab, ergossen sich ungeheure Mengen Süßwasser mit einem Mal in den Atlantik. Dort brachten sie die Zirkulation des Meerwassers so durcheinander, dass der Wärmetransport von der Karibik nach Norden unterbrochen wurde.

Erneut könnte der Golfstrom für Jahrzehnte ausfallen, wenn Massen von Süßwasser – diesmal vom abgetauten Grönlandeis – plötzlich in den Atlantik strömen würden. Die Auswirkungen wären katastrophal. Allein die Nahrungsgüterproduktion in West- und Mitteleuropa stünde vor unüberwindlichen Schwierigkeiten und würde weitgehend zusammenbrechen.

In der Steinzeit konnten sich die wenigen Urmenschen wärmere Gegenden noch aussuchen. Heute oder in absehbarer Zukunft ist ein Ausweichen nicht nur innerhalb Europas wegen der hohen Besiedlungsdichte kaum möglich.

Da sind sie wieder, die Grenzen! Längst hat das letzte Stück nutzbaren Bodens seinen Eigentümer gefunden. Mauer, Zaun und Stacheldraht dürften auch im landwirtschaftlichen Sektor keineswegs der Vergangenheit angehören. Nur die Luft, die lässt sich nicht aufteilen. Immerhin sind ihre Verträglichkeitsgrenzen hinreichend erforscht. Die Vereinten Nationen kennen sie, die Europäische Union plant Schutzvorkehrungen. Also, der Anfang ist gemacht. Doch die Zeit drängt, um möglichen Klimafolgen und den dadurch zunehmenden Auseinandersetzungen um Wasser und Nahrung entgegenzutreten. Teilen ist angesagt und zwar ohne zu herrschen. Trotz allgemeiner Unbeliebtheit: nichts geht mehr ohne (Konsum-)Grenzen, weder im Harz noch in der globalisierten Welt.

Seit Jahrmillionen haben Sonne, Wind und Regen das Erscheinungsbild der Erdoberfläche bestimmt. Nachdem sich die Menschheit unbedacht einmischte, trübt ihr der aufgewirbelte Staub zunehmend die Weitsicht. Hoffentlich gelingt es, die rosarote Brille rechtzeitig zu putzen, bevor die Übersicht ganz verloren geht. Ob und wie das klappt, wird der Harz in den zukünftigen Seiten seines Tagebuchs notieren. Bleibt zu hoffen, dass dann noch jemand darin blättern kann.

Wer sucht, der kann auch finden – Exkursionsziele

Rübeland: Quellkalkbildung zwischen dem Ortsteil **Neuwerk** und **Hüttenrode**, Waldparkplatz.

Osterode am Fallstein: Quellkalkbildung im Ortsteil **Steinmühle**, 🅿 beiderseits der Landstraße Veltheim-Osterode, abzweigende Wirtschaftswege;
1. nördlich: ehem. Travertin-Bruch mit Quelle;
2. südlich: Bach und Teichgelände mit Sinterbildungen, schützenswerter Geotop.

Nationalpark Harz: Informationen zum Gesamtkomplex Wald im Harz: Besucherzentrum **Torfhaus** und weitere Nationalparkhäuser in **Ilsenburg**, **Bad Harzburg**, **Drei-Annen-Hohne (Wernigerode)**, **Schierke (Wernigerode)**, **St. Andreasberg** und auf dem **Brocken**.

Quellenverzeichnis

Schriften

AHRENDT, H. et. al. (1995): Lithostratigraphie, Biostratigraphie und radiometrische Datierung des Unter-Eozäns von Helmstedt. – Z. dt. Geol. Ges., **146**: 450–457.

AUTORENGEMEINSCHAFT (2008): REKLI – Sachsen-Anhalt II. – Abschlussbericht zum Forschungsvorhaben des Landesamtes für Umweltschutz Sachsen-Anhalt, erstellt durch Inst. f. Hydrologie u. Meteorologie TU Dresden, Juli 2008.

– (2007): Erdgeschichte von Niedersachsen – Geologie und Landschaftsgeschichte. – GeoBerichte **6**, Landesamt für Bergbau, Energie und Geologie, Hannover.

– (2007): Late Palaeozoic Glacial-Interglacial Climate Changes … – GSA Denver Annual Meeting, 28–31 October 2007, Paper-No. 130, 2–11: Geological Society of America, Abstracts, **39** (6).

– (1989): Exkursionsführer zur 141. Hauptversammlung der Dtsch. Geol. Ges., 4.–7.10.1989, Braunschweig.

BACHMANN, G.-H., B.-C. EHLING, R. EICHNER & M. SCHWAB (Hrsg., 2008): Geologie von Sachsen-Anhalt. – E. Schweizerbart'sche Verlagsbuchhandlung.

BAIER, A. (2005): Von Wolkenschichten, Wärmespeichern und Vulkanen (einige Aspekte zur »Klimakatastrophe«). – www.angewandte-geologie.geol.uni-erlangen.de/klima1.htm.

BALASKE, P. (1999): Die marin beeinflussten Sande im Tertiär von Nachterstedt-Schadeleben in der östlichen Subherzynen Senke – Sedimentologie, Fazies und Stratigraphische Bewertung. – Hallesches Jahrb. Geowiss., Reihe B, Bh. 9: 1–92, Halle.

BALASKE, P. & H. BLUMENSTENGEL (2008): Das tertiäre Geiseltal aus palynostratigraphischer Sicht (paläoökologische Klimastratigraphie). – Workshop 9. Mai 2008, Exkursionsführer, Veröff. der Dtsch. Geol. Ges., Berlin/Hannover, **253**: 52 S.

BARTHEL, M. (1976): Die Rotliegendflora Sachsens. – Abh. Staatl. Mus. Mineral. Geol., **24**: 190 S., 47 Taf., Dresden.

BERNER, U. & H. STREIF (2004): Klimafakten – Der Rückblick – Ein Schlüssel für die Zukunft. – Schweizerbartsche Verlagsbuchhandlung Stuttgart.

BEUG, H.-J., I. HERION & A. SCHMÜSER (1999): Landschaftsgeschichte im Hochharz – Die Entwicklung der Wälder und Moore seit dem Ende der letzten Eiszeit. – Hrsg.: Gesellschaft zur Förderung des Nationalparks Harz e.V., Goslar, Papierflieger-Verlag.

BEUTLER, A. (1996): Die Großtierfauna Europas und ihr Einfluss auf Vegetation und Landschaft. – S. 51–106 in: Wo lebten Pflanzen und Tiere in der Naturlandschaft und der frühen Kulturlandschaft Europas? – Natur und Kulturlandschaft, H. 1; Höxter.

BLAKEY, R. (1994): Mollewide globes. – htpp://www.jan,ucc.nau.edu/~rcb7/glbaltext2.html.

BLÜMEL, W.-D. (2006): Klimafluktuationen – Determinaten für die Kultur- und Siedlungsgeschichte? – Nova Acta Leopoldina, NF, Nr. **346**: 13–36

BLUMENSTENGEL, H. & K. B. UNGER (1993): Zur Stratigraphie und Fazies des flözführenden Tertiärs der Egelner Mulde. – Geol. Jahrb., A **142**: 113–129, Hannover.

CHUMAKOV, N. M. (2004): Trends in Global Climate Changes inferred from Geological Data.- Stratigraphy and geological correlation, **12** (2): 117–138.

CHUMAKOW, N. M. & M. A. ZHARKOV (2003): Climate during the Permian-Triassic Biosphere Reorganisations. Article 2: Climate of the Late Permian and early Triassic. – Stratigraphy and Geological Correlation, **11** (4): 361–375.

CROWLEY, T. J. & G. R. NORTH (1996): Paleoclimatologie. – Oxford University Press.

DIETRICH, C.-G. & F. TROSTHEIDE (2007): Auf den Spuren der terrestren Muschelkalksaurier und aquatischen Sauropterygier vom obersten Röt bis zum Mittleren Muschelkalk von Sachsen-Anhalt. – Abh. u. Ber. f. Naturkunde, Museum für Naturkunde Magdeburg, **30**: 5–56.

ECKELMANN, K., u.a. (2013): Plate interactions of Laurussia and Gondwana during the Formation of Pangea-Constraints by U-Pb LA-SF-ICP-MS detrital zircon ages of Devonian and Early Carboniferous siliciclastics of the Rheinisches Schiefergebirge (Rhenohercynian zone, Central European Variscides). – Gondwana Research, 25 (2014), 1484–1500.

FRANZKE, H. J., ZEH, A. & S. MEYER (2007): Die metamorph-magmatische und strukturelle Entwicklung des Kyffhäuser Kristallins/Mitteldeutsche Kristallinzone – Vergleich mit der Wippra-Zone und dem Eckergneis/Harz. – Z. geol. Wiss., Berlin, **35** (1/2): 27-61

FRICKE, U. (2007): Untersuchungen an Speläothemen der Winterberghöhlen. – S. 157–158 in: Die Höhlen des Winterberg-Steinbruchs bei Bad Grund/Harz. – Karst und Höhle 2006/2007; Verb. dtsch. Karstforsch. e.V. München.

FRIEDEL, C. H. & P. BALASKE (2005): Das Tertiär im mitteldeutschen Ästuar. – Workshop, 25. November 2005, Halle/Saale, Exkursionsführer und Veröff. DGG, 230.

FRIEDERICH, A. (1872): Abbildungen von mittelalterlichen und vorchristlichen Alterthuemern in den Gauen des vormaligen Bisthums Halberstadt, gesammelt von C. F. B. Augustin. – Tafel I, Druckerei Angerstein, Wernigerode.

GLÄSSER, R. (1994): Das Klima des Harzes. – Verlag Dr. Kovac, Hamburg.

GOTHAN, W. & H. WEYLAND (1973): Lehrbuch der Paläobotanik. – Berlin.

GREGOR, H.-J. & D. H. STORCH (2000): Die Flora von Willershausen – kritische Bemerkungen zu den bisherigen Florenlisten und Elementen sowie zur Paläökologie, Soziologie und zum Paläoklima der Fundstelle. – Dokumenta naturae, **132**: 37–63, München.

HAUBOLD, H. & G. SCHAUMBERG (1985): Die Fossilien das Kupferschiefers. – Die Neue Brehm-Bücherei, A.-Ziemsen-Verlag Wittenberg.

HAUSCHKE, N. & J. BARNASCH (2005): Saaletal II (zwischen Wettin und Bernburg). – Exkursion zur Geologie/Paläontologie, Inst. Geol. Wiss. u. Geiseltalmuseum, MLU Halle/Wittenberg.

HEUNISCH, C. & G. RÖHLING (o.J.): BGR Klimaarchiv Buntsandstein: vor 240 Millionen Jahren war es heiß und trocken. – Beitrag zum Projekt: Klima und Umweltveränderungen während des Perms und der Trias, http://www.bgr.bund.de.

HEYDENREUTER, R. (1993): Kunstraub. Die Geschichte des Quedlinburger Stiftsschatzes. – Bechtle.

KARPE, W., C. MAI & M. THOMAE (1999): Geotopverzeichnis. – Hrsg. Geologisches Landesamt Sachsen-Anhalt, Mitt. Geol. Sachsen-Anhalt, Bhft. 3.

KATZUNG, G. & G. EHMKE (1993): Das Prätertiär in Ostdeutschland – Strukturstockwerke und ihre regionale Gliederung. – Köln.

KEHL, H. (2007): Vegetationsökologie tropischer und subtropischer Klimate. – http://www2./tu-berlin. de/~kehl/projekt/lv-twk/lv-twk/.

KNAPPE, H. & K.-A. TRÖGER (1988): Die Geschichte von den neun Meeren. – Der Harz – Eine Landschaft stellt sich vor, Doppelheft 19/20, Wernigerode.

KNOBLOCH, E. (1998): Der pliozäne Laubwald von Willershausen. – Documenta naturae, **120**.

KÖNIG, W. & H. BLUMENSTENGEL (2005): Die Oligozänvorkommen am Hartenberg und bei Hüttenrode im Mittelharz und ihre Bedeutung für die känozoische Harzentwicklung. – Mitt. Verb. dt. Höhlen- u. Karstforsch., **51**(4): 120–125, München.

KRIEBEL, U., P. RADTKE & I. RAPPSILBER (2002): Ergebnisse geowissenschaftlicher Untersuchungen im Becken von Wienrode (Harz). – Hallesches Jahrb. Geowiss., **24**: 23–34.

KRUTZSCH, W., H. BLUMENSTENGEL, Y. KIESEL & L. RÜFFLE (1992): Paläobotanische Gliederung des Alttertiärs. – N.Jb. Geol. Paläont. Abh., **186**(1-2): 137–253, Stuttgart.

LANDESAMT FÜR BERGBAU, ENERGIE UND GEOLOGIE NIEDERSACHSEN (2009) : Geologische Objekte in Niedersachsen.– www.lbeg.niedersachsen.de/master/C42397317_N43720460_L20_D0_I31802357.html.

LANDESAMT FÜR DENKMALPFLEGE UND ARCHÄOLOGIE SACHSEN-ANHALT (2007): Dinosaurierspuren bei Bernburg. – Pressemitteilung vom 02.10.2008.

LANDESAMT FÜR GEOLOGIE UND BERGWESEN SACHSEN-ANHALT (2009): Geotopkataster. – www.sachsen-anhalt.de/LPSA/index.php?id=19775.

LANDESAMT FÜR UMWELTSCHUTZ (2008): WETTREG – regionale Klimaänderungen – Analysen und Trends für Sachsen-Anhalt. – Berichte LAU Sachsen-Anhalt, Sonderheft 3/2008.

LEIBNIZ, G. W. (1749): Protogaea. – Hrsg. v. CHRISTIAN LUDWIG SCHEID, Göttingen [Anmerkung: Der Beitrag zum Einhorn entspricht dem Sachstand des um 1700 verfassten Manuskriptes.]

MÄGDEFRAU, K. (1968): Paläobiologie der Pflanzen. – 4. Aufl.; Jena (G.-Fischer-Verlag).

MAI, H.-D. & H. WALTHER (1988): Die pliozänen Floren von Thüringen. – Quartärpaläontologie, 7: 55–297, Berlin.

MANIA, D. & V. TOEPFER (1973): Königsaue – Gliederung, Ökologie und Mittelpaläolithische Funde der letzten Eiszeit. – Veröff. Landesmuseum f. Vorgesch. Halle, **26**.

MEISCHNER, D. & E. GRÜGER (2008): Entstehung des Erdfallsees Jues in Herzberg am Harz vor 12916 Jahren. – SDGG, H. 56 – Geotop 2008.

MINNICH, M. (1992): Hartlaubgehölze und ihre Anpassung an mediterrane Standorte. – Exkursionsführer Kreta, www.amleto.de/kreta/exkursi/referat12htm.

Mohr, K. (1993): Geologie und Minerallagerstätten des Harzes. – 2. Aufl.; Stuttgart.
Mutterlose, J. & A. Immenhauser (2007): Kreidezeit war Treibhauswelt – Klimawandel in der Erdgeschichte. – RUBIN, Sonderheft 2/2007: 6–12; www.rub.de/rubin.
Nielbock, R. (2008): Einhornhöhle bei Scharzfeld/Harz. – Veröff. d. Gesellschaft Unicornu fossile e.V.; www.einhornhöhle.de.
Potonie, H. (1901): Die Silur- und die Culmflora des Harzes und des Magdeburgischen. – Abh. preuß. Geol. LA, NF. H 36, Berlin.
Ramstorf, S. (2007): Die Wahrheit zum Klima. – Frankfurter Allgemeine Zeitung, 10.04.2007, Nr. 83, S. 39.
Ramstorf, S. & H. J. Schellnhuber (2007): Der Klimawandel. – 5. Aufl., C. H. Beck: Wissen.
Rappsilber, I. (2003): Struktur und Entwicklung des nördlichen Saalebeckens – Geophysik und Geologie. – Dissertation 07.02.2003, Math.-Nat.-Techn. Fakultät der Martin-Luther-Universität Halle-Wittenberg.
Remy, W. & R. Remy (1977): Die Floren des Erdaltertums. – Essen (Glückauf-Verlag).
Richter, U. (2007): Dinosaurier-Freilichtmuseum und Naturdenkmal Saurierfährten Münchehagen. – S. 82–86.
Riegel, W. et al. (2003): Eine Blätterkohle aus dem Mitteleozän von Helmstedt (Regierungsbezirk Braunschweig). – Cour. Forsch.-Inst. Senckenberg, **241**: 163–181.
Roscher, M. & J. W. Schneider (2006): Permo-Carboniferous Climate: Early Pennsylvanian to Late Permian climate development of central Europe in a regional and global context. – S. 95–136 in: Lucas, S. G., G. Cassinis, & J. W. Schneider (eds.): Non-Marine Permian Biostratigraphy and Biochronology. Geological Society, London, Special Publications, **265**.
Ries, G. (2004): Auswirkungen wechselnder Sauerstoffgehalte auf das Leben. – WebRing.
Scharf, W. (1924): Beitrag zur Geologie des Steinkohlengebietes im Südharz. – Jhrb. Hall. Verb., **4**: 404–437, Halle.
Schuster, A. K. & K. W. Strauss (1987): Exkursionführer in das Rotliegende und Zechstein. – 65. Jahrestg. Min. Ges., Fortschr. d. Mineralogie, **65**, Bhft. 2: 1–80, Stuttgart.
Schwab, M. (1974): Harz – verkehrt gestapelt. – Wissensch. u. Fortschr., **24**: 85–89.
Scotese, C. R. (2002): Palaeomap project. – www.scotese.
Seyfried, H. (2007): Ein Planet organisiert sich selbst. – http://elib.uni-stuttgart.de/opus/volltexte/2006/2853/.
Seyfried, H. & R. Leinefelder (1992): Meeresspiegelschwankungen. – Jahrb. 1992 der Universität Stuttgart, S. 112–127; www.geologie.uni-stuttgart/edu/msp_pop 1.html.
Wachendorf, H. (1986): Der Harz – variszischer Bau und geodynamische Entwicklung. – Geol. Jb., A **91**: 3–67, Hannover.

Karten und Tabellen

Geologische Karte Harz 1:100 000. – Hrsg. Landesamt für Geologie und Bergwesen Sachsen-Anhalt in Zusammenarbeit mit dem Niedersächsischen Landesamt für Bodenforschung, Halle, 1998.
Geologische Wanderkarte Braunschweiger Land 1:100 000. – Hannover, 1984.
Geologische Karte der Bundesrepublik Deutschland 1:1 000 000. – Bundesanstalt für Geowissenschaften. und Rohstoffe, Hannover, 1993.
Geologisch-montanhistorische Karte Mansfeld-Sangerhausen 1:50 000. – Hrsg. Landesamt für Geologie und Bergwesen Sachsen-Anhalt, Halle, 2008.
Geologisch-montanhistorische Karte des Harzes 1:100 000. – Hrsg. Landesamt für Geologie und Bergwesen Sachsen-Anhalt, Halle, 2006.
Stratigraphische Tabelle von Deutschland. – Deutsche Stratigraphische Kommission, Potsdam, 2002.
Stratigraphische Tabellen der geologischen Dienste von Deutschland (Länderauswahl Niedersachsen und Sachsen-Anhalt): www.lgb-rlp.de/fileadmin/extern/stratigraphie/all-strat.html.
Wandern im Harz 1:50 000. – Harzklub e. V., Landesvermessung und Geobasisinformation Niedersachsen und Landesamt für Vermessung und Geoinformation, 13. Aufl., 2006.

Mündliche Mitteilungen

Kirchenbauverein St. Stephani Osterwieck
Förderverein Oberkirche Bad Frankenhausen e. V.

Abbildungsnachweis

Fotos, Grafiken und Karten, soweit nicht vom Autor stammend

BLAKEY, RONALD, Flagstaff, USA, 2008:   Abb. 27, 69, 92, 111, 134, 164, 214, 241, 248
BLUMENSTENGEL, H. und W. KRUTZSCH, Das tertiäre Geiseltal aus palynostratigraphischer Sicht, Berlin/Hannover, 2008:   Abb. 170 (verändert)
BOGDANOV, DMITRY, Wikipedia, 2008:   Abb. 109
CORNELIUS, KLAUS, Schöningen, 1995:   Abb. 263
GOFF, DENNIS W. und ALEX KOENIG, U.S. Air Force photo, Wikipedia, 2007:   Abb. 215
HARRISON, PAUL, Wikipedia, 2005:   Abb. 101
HAUBOLD, H. u. G. SCHAUMBERG, Fossilien des Kupferschiefers, 1985: Die Neue Brehm-Bücherei, frdl. Genehmigung durch Westarp-Verlag 2010:   Abb. 91
HILPERT, HUBERT, München (Grafik):   Abb. 166a, 170, 254, 302, 307, Übersichtskarten S. 1, 192, Stratigrafische Tabellen S. 189–191
KEMPE, STEPHAN, Darmstadt, 2008:   Abb. 281
KNAPPE, NORA, Stendal, 2005:   Abb. 90
MEYER, THOMAS, Tagebau Schöningen, 2007:   Abb. 206a
NIELBOCK, RALF, Scharzfeld, 2009:   Abb. 246
PAPE, WOLFGANG, Echte, 2008:   Abb. 224 (verändert)
RÜTHRICH, HEINZ, Altenweddingen, 2008:   Abb. 35
SCHNEIDER, JÖRG W., TU Freiberg, 2008:   Abb. 63
SEYFRIED, HARTMUT, Stuttgart, 2005:   Abb. 135
WIELERT, SIEGFRIED, Goslar, 2008:   Abb. 143

Bundesanstalt für Geowissenschaften und Rohstoffe (BGR), Hannover, 2010: Geologische Karte der Bundesrepublik Deutschland 1:1 000 000 (GK1000) in digitaler Form: Übersichtskarte S. 192 (Datenquelle: GK1000, © BGR Hannover, 2007)
Dinosaurierpark Münchehagen GmbH, Rehburg-Loccum, 2008:   Abb. 131, 132
Fotostudio Mahlke, Halberstadt, 2007:   Abb. 123
Gleimhaus, Halberstadt, 2009:   Abb. 243
Landesamt für Denkmalpflege und Archäologie Sachsen-Anhalt, Halle, 2008:   Abb. 116
Landesamt für Vermessung und Geoinformation Sachsen-Anhalt, Magdeburg, 2010:   Übersichtskarten S. 1, 192 (DGM 50)
Landesamt für Vermessung und Geoinformation Thüringen, Erfurt, 2010   Übersichtskarten S. 1, 192 (DGM 50; © GeoBasisDE / TLVermGeo)
Landesvermessung + Geobasisinformation Niedersachsen, Hannover, 2010   Übersichtskarten S. 1, 192 (DGM 50)
Meyers Konversationslexikon, 5. Aufl., 16. Bd., Tafel III, Leipzig u. Wien, 1897:   Abb. 20
Museum für Naturkunde Magdeburg, 2010:   Abb. 108
University of Florida, Soil and Water Science Department, Gainesville, Florida, USA, 2008:   Abb. 203

Stratigrafische Tabelle und Legende zur geologischen Karte (Teil 1)

Alter [Jahre]	Stufe	Klimaperioden		Sedimente und Kartensymbole		Kapitel
11 500	Holozän	holozäne Warmzeit		Talsand, Auelehm — f Moor, Torf Niedermoor -Hn- Hochmoor -Hh-		**10**
12 900	Ober-Pleistozän	Weichsel-Kaltzeit	Spätglazial	Tuff des Laacher-See-Vulkans Sand, Kies — qwf	Niederterrasse	
23 000 40 000 60 000			Hochglazial 3 Eisvorstöße, nicht bis zum Harz	Löss — Lo Frostschutt im Harz Sand, Kies — qwf Höhlenfauna im Harz und im Harzvorland sowie Neandertaler		
			Frühglazial	Löss — Lo Sand, Kies — qwf Fließerde, Blockfelder im Granitgebiet		
115 000 126 000		Eem-Warmzeit		Torf von Schöningen Süßwasserkalk von Osterode am Fallstein		
?200 000 227 000	Mittel-Pleistozän	Saale-Kaltzeit	Hochglazial 3 Eisvorstöße, einmal bis zum Harzrand	Sand, Kies — qsgf Geschiebelehm, Geschiebemergel — qsg Sand, Kies — qsgf	Haupt- oder Mittelterrasse	**9**
			Dömnitz/Schöningen- Warmzeit	Torf von Schöningen		
			Frühglazial	Sand, Kies — qsgf		
300 000 315 000		Holstein-Warmzeit		Süßwasserkalk u. Frühmenschen von Schwanebeck Torf und Frühmenschen von Schöningen (Speere)		
		Elster-Kaltzeit	Hochglazial Eisvorstoß bis auf den Unterharz	Sand, Kies — qegf Geschiebemergel (u. a. Schöningen) — qeg	Oberterrasse	
			Frühglazial	Sand, Kies — qegf		
400 000 427 000		Cromer-Komplex	Voigtstedt-Warmzeit	Sand, Kies südlich von Sangerhausen (»Mammut«-Fundhorizont) — qpaf		
700 000			Warm- und Kaltzeiten außerhalb des Harzgebietes nachgewiesen			
1 800 000	Unter-Pleistozän			Warm- und Kaltzeiten außerhalb des Harzgebietes nachgewiesen Lieth-Kaltzeit (erste bedeutende Inlandeisbedeckung der Nordhalbkugel)		

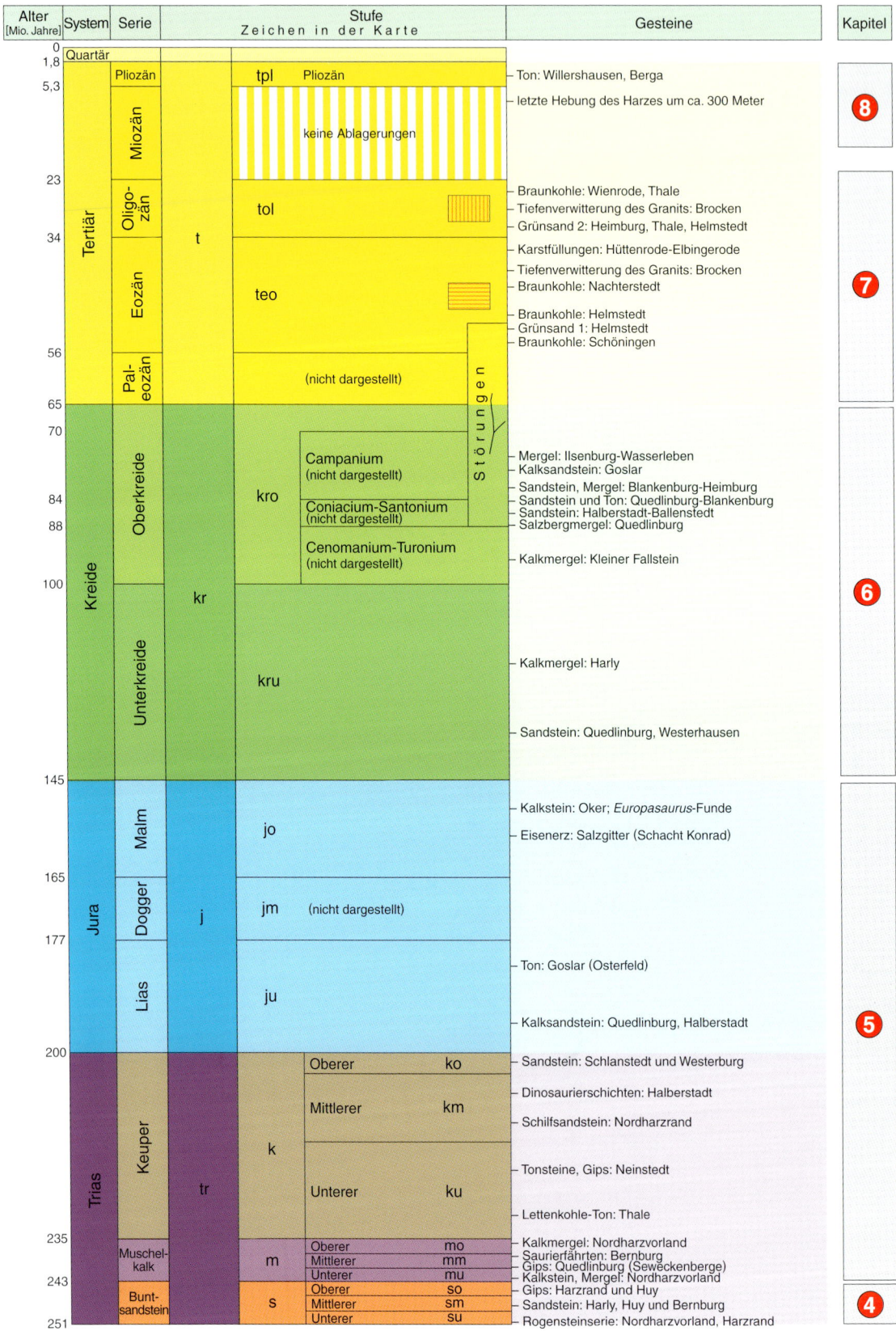

Stratigrafische Tabelle und Legende zur geologischen Karte (Teil 3)

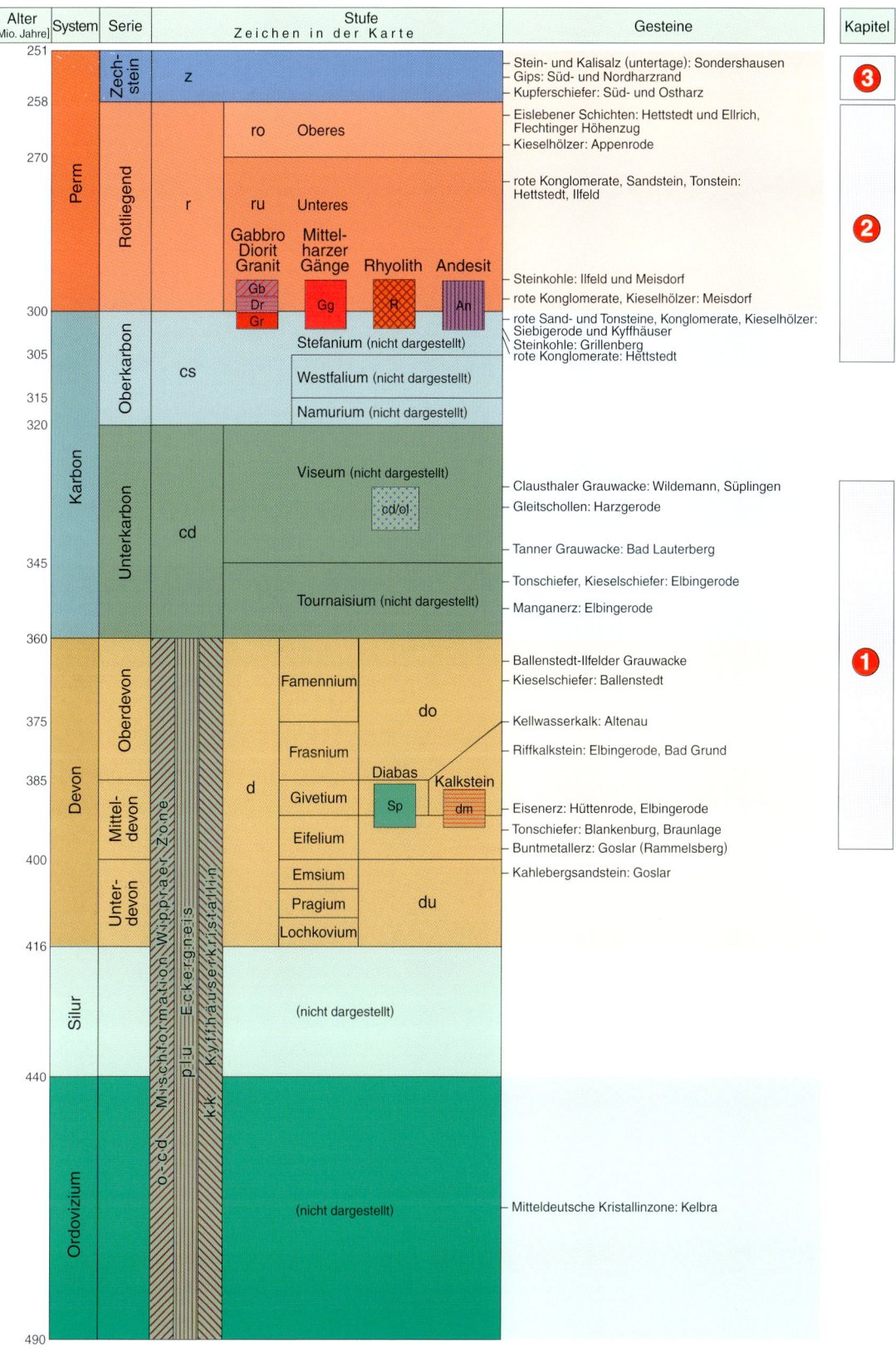

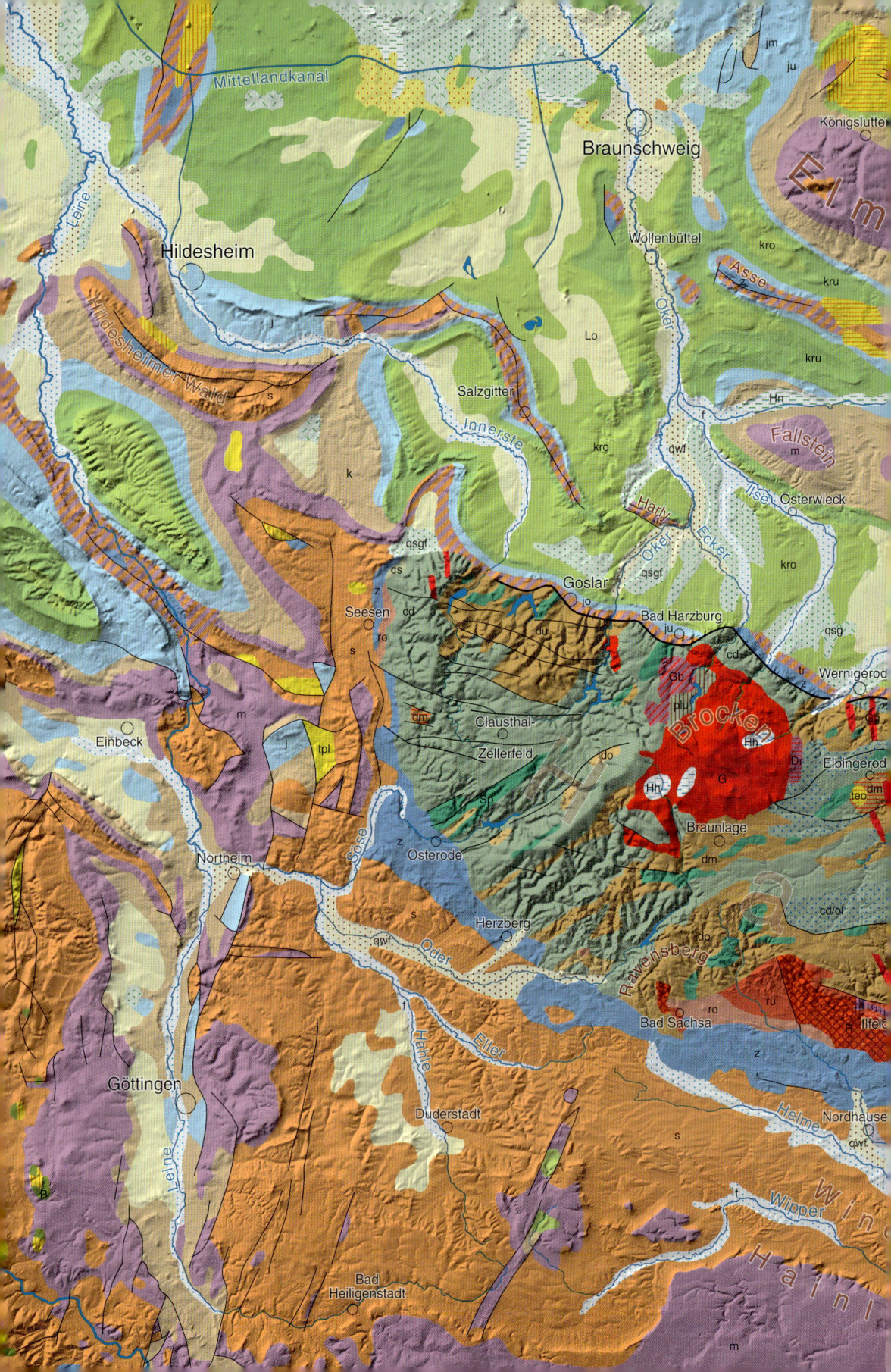